U0563479

中国社会科学院创新工程学术出版资助项目

冀祥德
程 雷 等著

Detention System Reform and
Violence in Detention Facilities

遏制监所暴力与监所体制改革

社会科学文献出版社
SOCIAL SCIENCES ACADEMIC PRESS (CHINA)

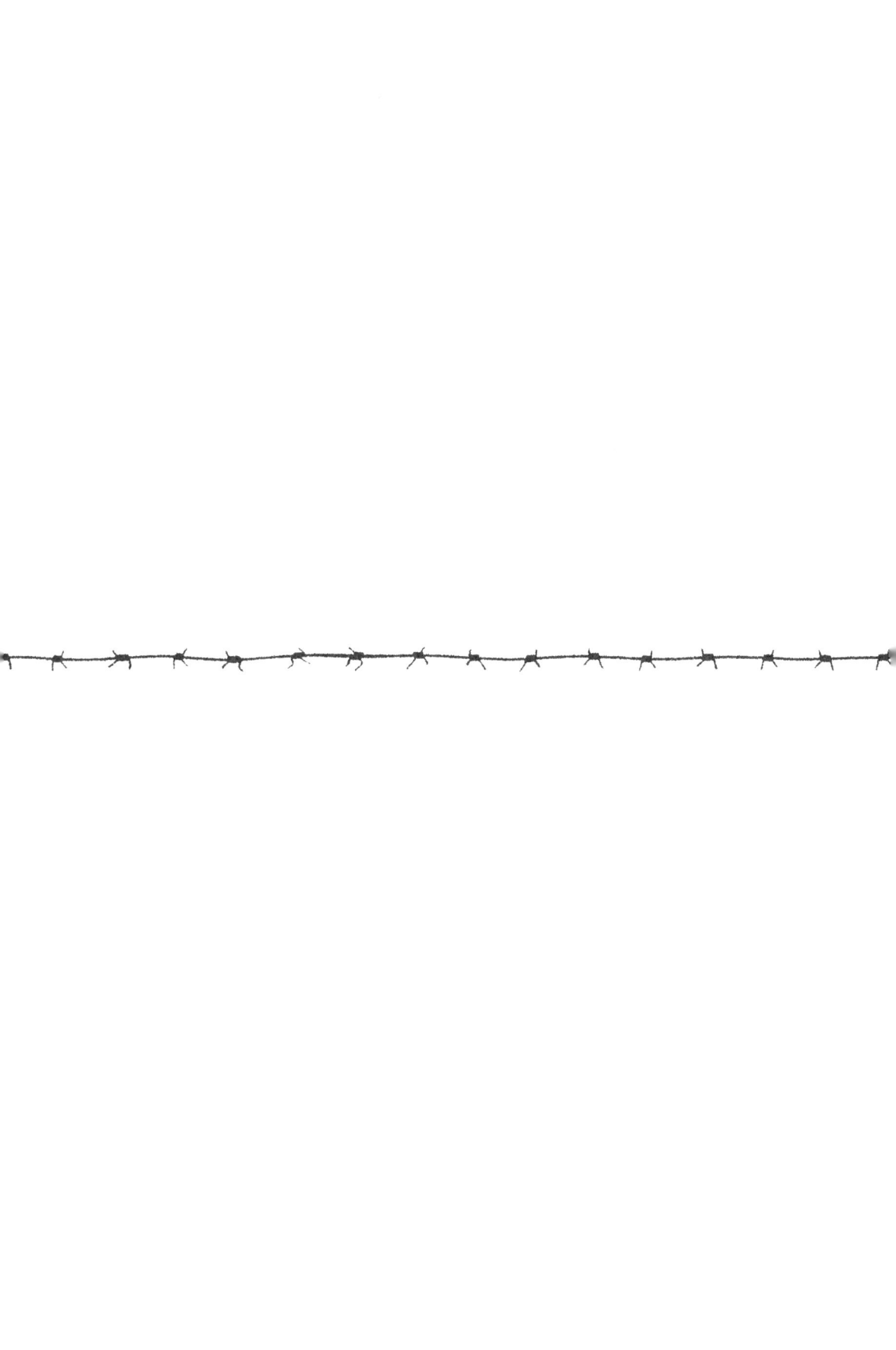

课题主持人

冀祥德，男，山东省青州市人，北京大学法学博士，中国社会科学院法学博士后。先后从事过警察、教师、律师、检察官、科研职业。曾任山东德扬律师事务所主任、北京市崇文区人民检察院副检察长、中国社会科学院法学研究所所长助理。曾获北京大学研究生学术十杰、全国优秀教师和全国优秀辩护律师等称号。现就职于中国社会科学院，任方志出版社社长、总编辑，中国社会科学院法学研究所研究员、博士后合作导师，中国社会科学院研究生院法学系常务副主任、博士生导师。主要兼职：中国法学教育研究会副会长，中国行为法学会律师执业行为研究会副会长。独著、主编、合著著作四十余部，发表学术论文一百八十余篇。曾获第一届全国法学博士后科研成果一等奖，第二届中国法学优秀成果一等奖，教育部、司法部、最高人民检察院、中国法学会等单位优秀科研成果一、二、三等奖若干。主要研究方向为刑事诉讼法学、刑法学、司法制度学及法律教育学。

策划申报并主持本课题研究，撰写提纲，制定体例，确定结构，负责统稿。

课题组成员及其分工

● 李　扬，女，山东省青岛市人，法学博士，中国社会科学院法学研究所博士后，中央民族大学法学院讲师。主要研究方向为刑事诉讼法学。负责本课题第一章的研究和撰写，担任本项目秘书。

● 田　夫，男，贵州省仁怀市人，法学博士，中国社会科学院法学研究所博士后，《环球法律评论》编辑。主要研究方向为法理学。负责本课题第二章的研究和撰写。

● 王二杰，男，河北省景县人，中国社会科学院研究生院法学系法律硕士，北京市委政法委督导考核处主任科员。负责本课题第三章的研究和撰写。

● 曹翠瑶，女，河北省沧州市人，中国社会科学院研究生院法学系法律硕士，天津市住房公积金管理中心法律顾问。参与本课题第四章的研究和撰写。

● 刘晨琦，女，山东省泰安市人，法学博士，中国社会科学院法学研究所法律硕士教学管理办公室副主任。主要研究方向为刑事诉讼法学。参与本课题第五章的研究和撰写。

● 程　雷，男，河北省廊坊市人，法学博士，中国人民大学法学院副教授。主要研究方向为刑事诉讼法学。参与本课题第四章、第五章的研究和撰写及本书统稿。

● 田　淼，男，湖北省沙洋县人，法学博士，中国社会科学院法学研究所博士后，贵州省铜仁市中级人民法院副院长。主要研究方向为刑法学。

参与本课题第五章的研究和撰写。

● 孙　皓，男，天津市人，法学博士，天津市人民检察院检察官。参与本课题第四章、第五章的研究和撰写。

● 刘　阳，男，山东省青州市人，中国社会科学院研究生院法学系法学硕士，中国兵器装备集团公司法律与风险部律师。主要研究方向为刑事诉讼法学。负责本课题第六章的研究和撰写。

● 张品泽，男，安徽省六安市人，法学博士，中国社会科学院法学研究所博士后，中国人民公安大学法学院副教授、诉讼法学教研室主任，中国政法大学实证法律研究中心研究员。主要研究方向为刑事诉讼法学。负责本课题第七章的研究和撰写。

● 孟　涛，男，安徽省蒙城县人，法学博士，中国社会科学院法学研究所博士后，中国人民大学法学院讲师。主要研究方向为宪法与行政法学。负责本课题调研报告的整理和撰写。

● 刘文娟，女，内蒙古自治区呼伦贝尔市人，中国社会科学院研究生院法学系法律硕士，北京市大成律师事务所律师。参加本课题调研与报告撰写。

● 石善东，男，辽宁省丹东市人，中国社会科学院研究生院法学系法律硕士。参加本课题实地调研与报告撰写。

● 李士涛，男，山东省菏泽市人，中国社会科学院研究生院法学系法律硕士，山东省菏泽市公安局民警。参加本课题实地调研与报告撰写。

● 邓　超，女，河南省安阳市人，中国社会科学院研究生院法学系法律硕士。参加本课题实地调研与报告撰写，担任本项目秘书。

● 冀　放，男，山东省青州市人，北京大学法学院法学硕士研究生。参加本课题实地调研与报告撰写，担任本项目秘书。

● 陈　皓，女，新疆维吾尔自治区乌鲁木齐市人，法学博士，中国社会科学院法学研究所博士后。主要研究方向为法律史、侵权法。担任本项目秘书，负责编辑工作。

● 牛　燚，男，北京市人，中国社会科学院研究生院硕士研究生，北京市公安局监管总队情报信息中心副主任。参与本课题第五章研究与撰写。

目 录

第一章 导 论 …………………………………………………………… 1
 一 概述 ………………………………………………………………… 1
  (一) 监所的概念及范围 …………………………………………… 1
  (二) 监所分类 ……………………………………………………… 2
 二 监所的分类及比较 ………………………………………………… 6
 三 监所的功能及特征 ………………………………………………… 8
  (一) 监所的功能 …………………………………………………… 8
  (二) 监所的特征 …………………………………………………… 10
 四 监所暴力及表现 …………………………………………………… 11
  (一) 刑讯逼供与虐待被监管人 …………………………………… 11
  (二) "牢头狱霸" …………………………………………………… 12
  (三) 暴力越狱与暴力袭警 ………………………………………… 13
 五 遏制监所暴力与监所管理制度改革的意义 ……………………… 14
  (一) 国家尊重和保障人权的重要体现 …………………………… 14
  (二) 提高监管水平和改造质量的根本措施 ……………………… 15
  (三) 维护监所管理秩序的必然选择 ……………………………… 16

第二章 监所管理制度的比较法考察 …………………………………… 18
 一 西方监所管理制度的产生和发展 ………………………………… 19
  (一) 近代西方监所管理制度的产生和发展 ……………………… 19

1

（二）现代西方监所管理制度的发展 ………………………… 22
　二　联合国监所管理规范与现代监所管理制度的发展趋势 ……… 25
　　（一）联合国监所管理规范 …………………………………… 25
　　（二）现代监所管理制度的发展趋势 ………………………… 30
　三　西方监所管理体制 ……………………………………………… 32
　　（一）宏观管理体制 …………………………………………… 32
　　（二）微观管理体制 …………………………………………… 37
　四　西方监所管理的具体制度 ……………………………………… 40
　　（一）日常管理制度 …………………………………………… 40
　　（二）危机管理制度 …………………………………………… 47

第三章　监狱暴力及监狱体制改革 ……………………………… 55
　一　监狱暴力概述 …………………………………………………… 55
　二　监狱暴力影响因素 ……………………………………………… 56
　　（一）监管人员因素 …………………………………………… 57
　　（二）罪犯因素 ………………………………………………… 57
　　（三）环境因素 ………………………………………………… 58
　　（四）制度因素 ………………………………………………… 58
　三　监狱暴力防范机制类型 ………………………………………… 59
　　（一）安全教育机制 …………………………………………… 59
　　（二）安全责任机制 …………………………………………… 59
　　（三）检查评比机制 …………………………………………… 59
　　（四）信息分析机制 …………………………………………… 60
　　（五）安全预警机制 …………………………………………… 60
　　（六）狱内侦查机制 …………………………………………… 60
　　（七）现场控制机制 …………………………………………… 61
　　（八）教育转化机制 …………………………………………… 61
　　（九）应急处置机制 …………………………………………… 61

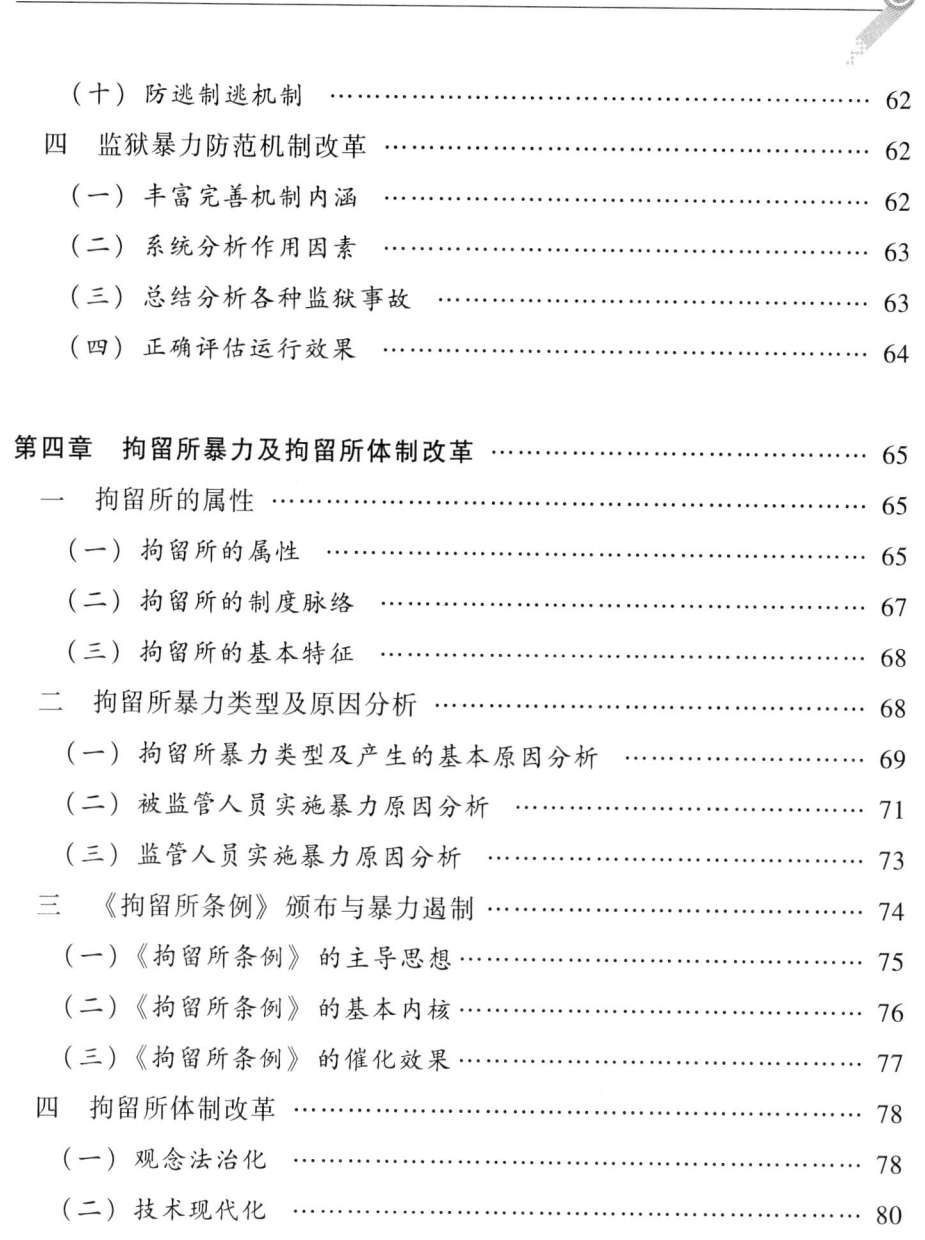

（十）防逃制逃机制 …………………………………… 62
　四　监狱暴力防范机制改革 …………………………………… 62
　　（一）丰富完善机制内涵 …………………………………… 62
　　（二）系统分析作用因素 …………………………………… 63
　　（三）总结分析各种监狱事故 ……………………………… 63
　　（四）正确评估运行效果 …………………………………… 64

第四章　拘留所暴力及拘留所体制改革 …………………… 65
　一　拘留所的属性 …………………………………………… 65
　　（一）拘留所的属性 ………………………………………… 65
　　（二）拘留所的制度脉络 …………………………………… 67
　　（三）拘留所的基本特征 …………………………………… 68
　二　拘留所暴力类型及原因分析 …………………………… 68
　　（一）拘留所暴力类型及产生的基本原因分析 …………… 69
　　（二）被监管人员实施暴力原因分析 ……………………… 71
　　（三）监管人员实施暴力原因分析 ………………………… 73
　三　《拘留所条例》颁布与暴力遏制 ………………………… 74
　　（一）《拘留所条例》的主导思想 …………………………… 75
　　（二）《拘留所条例》的基本内核 …………………………… 76
　　（三）《拘留所条例》的催化效果 …………………………… 77
　四　拘留所体制改革 ………………………………………… 78
　　（一）观念法治化 …………………………………………… 78
　　（二）技术现代化 …………………………………………… 80
　　（三）监督科学化 …………………………………………… 80
　　（四）拘留决定司法化 ……………………………………… 82
　　（五）拘留范围缩小化 ……………………………………… 83
　　（六）拘留适用轻缓化 ……………………………………… 85

第五章　看守所暴力及看守所体制改革 ·· 87
　一　概述 ·· 88
　二　看守所暴力类型及原因分析 ·· 90
　　（一）看守所非正常死亡现象 ·· 91
　　（二）看守所暴力类型 ·· 93
　　（三）看守所暴力形成原因分析 ·· 95
　三　看守所体制机制改革建议 ·· 104
　　（一）树立法治理念 ·· 104
　　（二）完善看守所内部管理体制 ··· 106
　　（三）实现看守所地位中立和羁押法定化 ······························ 108
　　（四）构建司法审查制度和外部监督机制 ······························ 116
　　（五）建立被羁押人权利救济机制 ······································ 120

第六章　少管所暴力与少管所体制改革 ·· 129
　一　概述 ·· 129
　二　未成年犯管教所暴力类型及原因分析 ································ 134
　　（一）未成年犯管教所暴力类型 ··· 134
　　（二）未成年犯管教所暴力的原因分析 ································· 135
　三　未成年犯管教所改革建议 ·· 138
　　（一）完善对未成年犯管教所权力的监督和制约 ····················· 138
　　（二）增加对未成年犯管教所的投入 ··································· 139
　　（三）建立对监所的巡视制度 ··· 139
　　（四）建立完善的少年司法制度 ··· 140

第七章　劳教所暴力与劳教制度废除 ·· 141
　一　概述 ·· 141
　　（一）劳动教养 ··· 141
　　（二）劳动教养管理制度与"劳教所暴力" ···························· 142

二 劳动教养管理机构组织制度…… 144
（一）劳动教养管理委员会…… 144
（二）劳动教养管理机关…… 147
（三）劳动教养执行机关…… 148

三 劳动教养管理制度…… 151
（一）分类管理制度…… 152
（二）分级管理制度…… 154
（三）大（中）队组织管理制度…… 157
（四）劳动教养人员的通信、会见、放假、准假管理制度…… 159
（五）劳动教养人员的考核与奖惩管理制度…… 162
（六）劳动教养人员医疗卫生以及档案管理制度…… 164
（七）劳动教养场所的安全防范管理…… 165

四 劳动教养的废除…… 172
（一）废除劳动教养的决定…… 172
（二）废除劳动教养的意义…… 172

附录一 遏制监所暴力和监所体制改革调研报告…… 174
一 调研说明…… 174
（一）调研目的…… 174
（二）调查方法与问卷设计…… 175
（三）调研实施…… 176
二 拘留所调研结果与研究分析…… 178
（一）对监管者的调研分析…… 178
（二）对被监管者的调研分析…… 182
三 看守所调研结果与研究分析…… 188
A. 对东部某看守所的调研分析…… 189
（一）对监管者的调研分析…… 190
（二）对被监管者的调研分析…… 193

（三）关于看守所监管存在的问题的访谈调研 …………………… 198
B. 对西部某看守所的调研分析 ………………………………………… 199
　　（一）对监管者的调研分析 ………………………………………… 201
　　（二）对被监管者的调研分析 ……………………………………… 205
　　（三）存在的问题 …………………………………………………… 210
C. 看守所调研小结 ……………………………………………………… 211
四　监狱调研结果与研究分析 …………………………………………… 212
　　（一）对监管者的调研分析 ………………………………………… 214
　　（二）对被监管者的调研分析 ……………………………………… 218
　　（三）监狱调研小结 ………………………………………………… 224
五　调研结论与改革建议 ………………………………………………… 224
　　（一）调研结论 ……………………………………………………… 224
　　（二）改革建议 ……………………………………………………… 226

附录二　近十余年曝光的监所非正常死亡案例 ………………………… 228

附录三　公安部监管局依法保障被羁押人诉讼权利 …………………… 241

参考文献 …………………………………………………………………… 244

第一章
导　论

近十年来，国内有关犯罪嫌疑人、被告人和罪犯在看守所、拘留所、监狱等监所内因发生"意外事件"身亡或受到人身伤害的报道，不仅引发了全社会对于监所管理问题的大讨论，使得监所暴力问题成为众矢之的；同时也促使学术界对被关押人员这一特殊群体的法律地位、监所管理行为的可诉性及监所管理改革模式展开深度思考。我国正处于全面提高国家治理能力、构建国家治理体系、建设法治国家的历史新时期，特别是面对全面深化司法体制改革的新期待、新要求，"高墙内的被羁押人"的人权保障，无疑是司法体制改革的重要关注点。同时，近几年我国监所体制和机制在改革中已经取得了长足的进步，特别是公安部监管局关于看守所制度的规范与创新，取得了令人瞩目的成就，有的实践探索已经走在世界监所管理制度革新的前列。中国的监管制度是否应当有中国特色、中国特色监管制度是否已经形成、中国特色监管制度的核心要素是什么，以及中国监管制度的未来发展方向，都是本书所重点关注的问题。

一　概述

（一）监所的概念及范围

监所有广义与狭义之分，广义的监所是指由国家依法设置并管辖的羁押违法人员、犯罪嫌疑人、被告人和罪犯的固定场所，是有关刑事羁押、特定刑罚、行政处罚和行政强制措施的执行机关。

狭义的监所又称公安监所，是指公安机关管辖的羁押违法人员、犯罪嫌疑人、被告人、罪犯的看守所、拘役所、拘留所、收容教育所、强制隔离戒毒所和安康医院（通称五所一院）。①

本书中的"监所"采广义的监所概念，其具体范围包括监狱、看守所、拘留所、收容教育所、拘役所、未成年犯管教所、强制隔离戒毒所、劳动教养所、收容遣送站和安康医院等。

（二）监所分类

1. 监狱

（1）依据《中华人民共和国监狱法》第2条、第3条的规定，监狱是国家的刑罚执行机关。依照我国刑法和刑事诉讼法的规定，被判处死刑缓期二年执行、无期徒刑、有期徒刑的罪犯，在监狱内执行刑罚。监狱对罪犯实行惩罚和改造相结合、教育和劳动相结合的原则，将罪犯改造成为守法公民。

（2）监狱的主管部门是监狱管理局，最高行政主管部门是司法部。

（3）监狱管理的主要法律依据是《中华人民共和国监狱法》。

2. 看守所

（1）依据我国看守所条例第2条的规定，看守所是羁押依法被逮捕、刑事拘留的人犯的机关。由于我国刑事诉讼法将"被判处有期徒刑，在被交付执行刑罚前，剩余刑期在3个月以下的罪犯"也交由看守所代为执行，因而，所谓看守所可概括为对被依法逮捕、刑事拘留的犯罪嫌疑人、被告人进行刑事羁押和对交付执行刑罚前剩余刑期在3个月以下的被判处有期徒刑的罪犯执行余刑的机关。

（2）看守所以县级以上的行政区域为单位设置，由本级公安机关管辖。

（3）看守所管理的主要法律依据是《中华人民共和国看守所条例》。

3. 拘留所

（1）拘留所是对被裁决治安拘留的人执行拘留的场所。依据《拘留所条例》第2条的规定，被公安机关、国家安全机关依法给予拘留行政处罚

---

① 毕惜茜：《论我国监所的性质和历史沿革》，《江西公安专科学校学报》2002年第1期。

的人和被人民法院依法决定拘留的人的拘留在拘留所执行。

（2）国务院公安部门主管全国拘留所的管理工作。县级以上地方人民政府公安机关主管本行政区域拘留所的管理工作，由县级以上地方人民政府根据需要设置拘留所。

（3）拘留所管理的主要法律依据是2012年2月15日国务院第192次常务会议通过，2012年4月1日起施行的《拘留所条例》。

4. 未成年犯管教所

（1）未成年犯管教所是对已满14周岁未满18周岁的少年犯进行教育、挽救、改造的场所，简称少管所。它是我国进行劳动改造的机关之一。

（2）依据《中华人民共和国监狱法》的规定，少年犯管教所应当着重对少年犯进行政治教育、道德教育和基本的文化与生产技术教育。根据少年犯的特点，在照顾他们生长发育的情况下，让他们从事轻微的劳动，采取诱导、关怀、鼓励、感化的方法，进行适合少年犯心理和生理特点的德、智、美、体的全面教育，促使他们思想转化，早日改造成为有利于社会的新人；并为他们将来升学、就业创造条件。少年犯已满18周岁、余刑在2年以上的，应转送监狱、劳改队关押改造。根据我国《刑法》第14条的规定，由政府收容教养的犯罪少年，也可送少年犯管教所。未满14周岁的学生犯罪可以入劳教所。

未成年人管教所管理的主要法律依据是《未成年犯管教所管理规定》。

5. 收容教育所

（1）依据我国《收容教育所管理办法》第2条的规定，收容教育所是公安机关依法对卖淫嫖娼人员集中进行法律教育和道德教育，组织参加生产劳动以及进行性病检查、治疗的行政强制教育措施的场所。收容教育所应当坚持教育、感化、挽救的方针，实行依法、严格、科学、文明管理，通过教育、心理矫治和性病治疗，使被收容教育人员成为身心健康的守法公民。

（2）收容教育所的管理由设立收容教育所的公安机关负责。收容教育所的名称为"某省、自治区、直辖市、自治州（盟、市）公安局收容教育所"。

（3）收容教育所管理的主要法律依据是《收容教育所管理办法》。

6. 强制隔离戒毒所

(1) 在我国,戒毒所分为三类:第一类是强制隔离戒毒所,由公安部门主管;第二类是劳教戒毒所,由司法行政部门主管;第三类是戒毒医疗机构,由卫生部门主管。依据我国《公安机关强制隔离戒毒所管理办法》第2条的规定,强制隔离戒毒所是公安机关依法通过行政强制措施为戒毒人员提供科学规范的戒毒治疗、心理治疗、身体康复训练和卫生、道德、法制教育,开展职业技能培训的场所。

(2) 依据《禁毒法》第40条、41条的规定,公安机关对吸毒成瘾人员决定予以强制隔离戒毒的,应当制作强制隔离戒毒决定书。对被决定予以强制隔离戒毒的人员,由做出决定的公安机关送强制隔离戒毒场所执行。

(3) 强制隔离戒毒所管理的主要法律依据是《公安机关强制隔离戒毒所管理办法》。

7. 安康医院

(1) 安康医院是对有违法犯罪行为的精神病人强制进行监管、治疗的场所,可开展各类精神疾病的诊治与康复、自愿戒毒和精神医学司法鉴定等业务。

(2) 我国《刑法》第18条规定:"精神病人……在必要的时候,由政府强制治疗。"新修订的《刑事诉讼法》在第五编特殊程序中辟专章规定了"依法不负刑事责任的精神病人的强制医疗程序",对相关精神病人的强制监管、治疗制度做了进一步规范。

(3) 目前各省市安康医院多数隶属于各级公安机关。

8. 拘役所(已撤销)

(1) 拘役所是对被判处拘役的罪犯执行刑罚的场所。

(2)《刑事诉讼法》第253条规定:"对于被判处拘役的罪犯,由公安机关执行。"这里的"由公安机关执行",其实就是公安机关依法设置的拘役所对拘役犯的执行。1998年《公安机关办理刑事案件程序规定》第278条规定:"对于被判处拘役的罪犯,公安机关……将罪犯送交拘役所执行。没有拘役所的地区,由看守所执行。"

(3) 2005年12月27日,公安部发出了《关于做好撤销拘役所有关工作的通知》(以下简称《通知》)。《通知》认为,长期以来,拘役所设置极

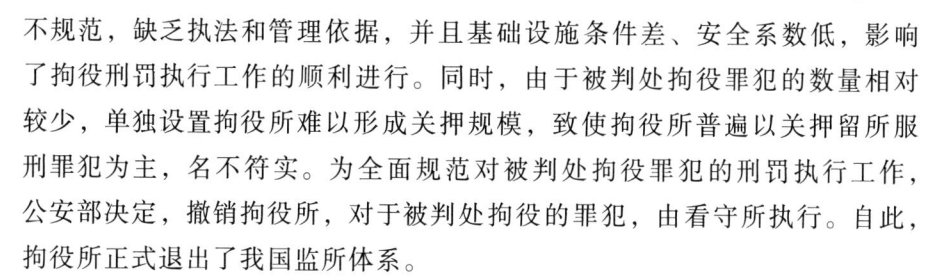

不规范，缺乏执法和管理依据，并且基础设施条件差、安全系数低，影响了拘役刑罚执行工作的顺利进行。同时，由于被判处拘役罪犯的数量相对较少，单独设置拘役所难以形成关押规模，致使拘役所普遍以关押留所服刑罪犯为主，名不符实。为全面规范对被判处拘役罪犯的刑罚执行工作，公安部决定，撤销拘役所，对于被判处拘役的罪犯，由看守所执行。自此，拘役所正式退出了我国监所体系。

9. 收容遣送站（已撤销）

（1）依据我国《城市流浪乞讨人员收容遣送办法》第4条的规定，在大城市、中等城市、开放城市和其他交通要道流浪乞讨人员多的地方，设立收容遣送站，由民政、公安部门负责。对家居农村流入城市乞讨的、城市居民中流浪街头乞讨的和其他露宿街头生活无着落的人员予以收容遣送。

（2）20世纪90年代初，国务院《关于收容遣送工作改革问题的意见》出台，收容对象被扩大到无暂住证和务工证的流动人员。该《意见》要求居住3天以上的非本地户口公民办理暂住证，否则视为非法居留，须被收容遣送。

（3）2003年3月孙志刚案件发生，社会上掀起了对收容遣送制度的大讨论，引发了对收容遣送制度的反思和抨击。2003年6月20日，国务院公布《城市生活无着落的流浪乞讨人员救助管理办法》后，作为收容遣送站存在主要法律依据的《城市流浪乞讨人员收容遣送办法》被正式废止，各地的收容遣送站变更为流浪人员救助站，原有收容遣送职能被撤销。

10. 劳动教养管理所（已撤销）

（1）劳动教养管理所是对违犯法纪而不宜追究刑事责任的有劳动能力的人决定劳动教养，实行强制性教育改造的处所和机关，是改造人、造就人的特殊学校，也是特殊事业单位。

（2）依据《劳动教养试行办法》第4条的规定：省、自治区、直辖市和大中城市人民政府组成的劳动教养管理委员会，领导和管理劳动教养工作，审查批准收容劳动教养人员。劳动教养管理委员会下设办事机构，负责处理日常工作。公安机关设置的劳动教养工作管理机构，负责组织实施对劳动教养人员的管理、教育和改造工作。

（3）鉴于劳动教养制度本身的法理缺陷，自2003年始，陆续有专家学者和政协委员公开呼吁废除劳动教养制度。2013年12月28日闭幕的全国人大常委会通过了关于废止有关劳动教养法律规定的决定，这意味着我国的劳教制度被依法废止。据此，劳动教养制度废止前依法做出的劳教决定有效；劳动教养制度废止后，对正在被依法执行劳动教养的人员，解除劳动教养，剩余期限不再执行。原有的劳动教养管理所在劳动教养制度废除后大多转型为强制隔离戒毒所。

以上是对我国自新中国成立以来设立的监所进行的初步分类。虽然我国目前有多类监所承担了监管在押人员或涉及公民人身自由的教育管理职能，但鉴于其在全国范围内设立的数量、规模上的差异以及近年来在涉及监所管理中所暴露问题的多寡，本书重点选择了监狱、看守所、拘留所、少管所和劳教所予以研究。需要特别说明的是，劳动教养所虽然已经于2013年随着我国劳动教养制度的废止而全面撤销，但由于其在我国新中国成立后监所体制的形成过程中发挥过重要作用，且其建立、发展和废止的历程对研究我国监所管理的演变具有积极的意义，故而本书辟专章予以论述。

二 监所的分类及比较

对我国现行监所的设置及管理体制（不含已撤销的监所机构），笔者拟用表1-1进行分类归纳比较：

表1-1 中国现行监所的设置及管理体制

	监禁管理对象	相关法律法规	主管及设置机关	监所性质	被监管人权利
监狱	被判处死刑缓期二年执行、无期徒刑、有期徒刑的罪犯。	《中华人民共和国监狱法》（1994年12月29日第八届全国人民代表大会常务委员会第十一次会议通过）	国务院司法行政部门。	国家的刑罚执行机关	通信权、会见权、在法定节日和休息日休息的权利等。

续表

	监禁管理对象	相关法律法规	主管及设置机关	监所性质	被监管人权利
看守所	被逮捕、刑事拘留的犯罪嫌疑人、被告人和被判处有期徒刑一年以下，或者余刑在三个月以下的罪犯。有下列情形之一的，不予收押：（一）患有精神病或者急性传染病的；（二）患有其他严重疾病，在羁押中可能发生生命危险或者生活不能自理的，但是罪大恶极不羁押对社会有危险性的除外；（三）怀孕或者哺乳自己不满一周岁的婴儿的妇女。	《中华人民共和国看守所条例》(1990年3月17日国务院令第52号公布，自1990年3月17日起施行)	以县级以上的行政区域为单位设置，由本级公安机关管辖。省、自治区、直辖市国家安全厅（局）根据需要，可以设置看守所。铁道、交通、林业、民航等系统相当于县级以上的公安机关，可以设置看守所。	国家未决羁押场所和刑罚执行机关	与近亲属通信、会见权，劳动权，享有必要的生活和卫生条件权等。
拘留所	（一）被公安机关、国家安全机关依法给予拘留行政处罚的人；（二）被人民法院依法决定拘留的人。	《拘留所条例》(2012年2月15日国务院第192次常务会议通过，自2012年4月1日起施行)	拘留所由县（自治县、旗）、市公安局，城市公安分局设置，公安机关的治安部门负责管理。相当于县级的铁路、交通、民航、林业公安局（处）根据需要，经省、自治区、直辖市公安厅、局批准，可以设置治安拘留所。	国家治安拘留执行机关	保持适当拘禁场所卫生、男女分舍拘禁、尊重被拘留人的民族饮食习惯。被拘留人的来往信件不被检查和扣押。
收容教育所	卖淫、嫖娼人员。凡具有下列情形之一的卖淫、嫖娼人员可以不予接收：（一）年龄不满十四周岁的；（二）患有性病以外其它急性传染病和严重疾病的；（三）怀孕或者哺乳自己婴儿的；（四）被拐骗、强迫卖淫的；（五）有严重伤情的。	《收容教育所管理办法》（公安部第50号令，2000年4月24日）	收容教育所的设立，由省、自治区、直辖市或者自治州、设区的市的公安机关根据收容教育工作的需要提出方案，报同级人民政府批准。收容教育所的管理由设立收容教育所的公安机关负责。	国家对卖淫嫖娼人员进行行政强制教育的场所	通信权与会见权、享有适当的生活卫生和医疗权、劳动权等。

续表

	监禁管理对象	相关法律法规	主管及设置机关	监所性质	被监管人权利
未成年人管教所	由人民法院依法判处有期徒刑、无期徒刑未满十八周岁的罪犯。	《未成年犯管教所管理规定》（1999年12月18日司法部发布第54号令）	各省、自治区、直辖市根据需要设置未成年犯管教所，由司法部批准。	国家的刑罚执行机关	会见通信权、隐私保障权、申诉与控告检举权、受教育权、保持适当的生活卫生条件权利等。
强制隔离戒毒所	吸食、注射毒品成瘾人员，但患有急性传染病或者其他严重疾病的、怀孕或者正在哺乳自己未满一周岁婴儿的不适宜在强制隔离戒毒所戒毒。	《公安机关强制隔离戒毒所管理办法》（2011年9月28日公安部部长办公会议通过）	公安机关，县级以上地方各级人民政府卫生部门、民政部门，应当配合同级公安机关。	国家强制戒毒场所	亲属探访权、享有必要的医疗和卫生权等。
安康医院	造成危害结果但不负刑事责任的精神病人、严重危害公共安全或者他人人身安全的精神病人。	《中华人民共和国刑法》《中华人民共和国刑事诉讼法》	多数隶属于公安机关。	对精神病人进行强制医疗或加以监护的专门机构	

三　监所的功能及特征

（一）监所的功能

1. 监管羁押被监管人功能

监所实施有效监管，保证羁押、刑罚、处罚和强制措施的执行，提高执法效益。从监所的性质看，要保证各项执法任务的完成，就离不开监管机关的有效监管。

所谓有效监管，首先是建立一整套科学的监管运作程序，建立严谨的执法环节和手续，使各项执法活动的运作程序化、科学化、规范化；其次，对各项活动执法过程严密控制，严格管理，防止出现任何破坏或妨碍执法活动的现象，保证各项执法活动始终运行在法制轨道上；再次，通过科学

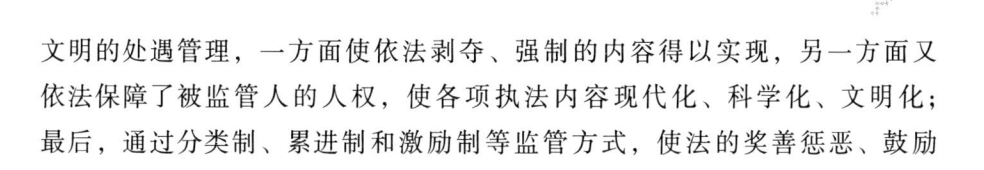

文明的处遇管理，一方面使依法剥夺、强制的内容得以实现，另一方面又依法保障了被监管人的人权，使各项执法内容现代化、科学化、文明化；最后，通过分类制、累进制和激励制等监管方式，使法的奖善惩恶、鼓励自新的本意得以实现，扩大执法效果，提高执法效益。

2. 维持行政司法秩序功能

依法严格管理，建立良好的监管秩序，保证监所安全是监所管理的基本要求和宗旨。在我国，被监管人大多是违法犯罪的行为人，具有一定的社会危险性，主观恶性程度和人身危险性都较大。在他们当中，有的处于侦查预审、检察起诉和刑事审判阶段，有的处于接受刑罚惩罚和行政处罚阶段，有的处在强制收教、收治和矫正阶段，监管与反监管的矛盾十分尖锐。为此，建立良好的监管秩序，保证监所安全，就成为监所的中心任务。只有这样，才能保证刑事诉讼活动顺利进行，才能保证行政处罚以及收教、收治和矫正等活动的顺利进行。

3. 教育改造被监管人功能

教育和改造被监管人是我国监所工作的一项基本特色，也是我国公安监所独特的监管方式。几十年的实践充分表明，我国监所监管工作所取得的成绩是与教育、改造活动密切相关的。教育的主要内容是法制教育、道德教育以及必要的形势和劳动教育。通过教育和改造，使被监管人认识法律对其行为的否定评价，接受审查、处罚，配合收教、收治和矫正，服从管理，转变思想、矫正恶习、弃恶从善。

4. 打击和预防犯罪功能

打击、制裁、预防和减少违法犯罪，是我国社会治安综合治理的一项基本原则，对于维护国家安全和社会治安秩序的意义十分重大。对各类监所而言，打击、制裁违法罪犯，主要表现为对犯罪嫌疑人、被告人和罪犯的侦查、起诉、审判以及刑罚的有效实施与执行，使有罪的人受到刑事追究和刑罚惩罚；预防和减少违法犯罪，则表现为对被监管人的有效监管，防止狱内犯罪，通过法律的威慑作用，实现刑罚的一般预防和特殊预防作用。监所作为我国国家机关的重要组成部分，是我国执法领域中重要的执法机关。其执法范围有刑事和行政两个方面，执法内容有处罚和强制措施两大类。但是，无论执法范围或是执法内容，都有着严格的法律性和政策性的要求。因而，正确理解和把握监所的性质和任务，是监所科学管理的基本前提和保障。①

(二) 监所的特征

1. 法定性

监所是国家依法设置并管辖的有关刑罚与强制措施的执行场所,从其设置到执行活动,无论是对刑事法律规定的羁押、刑罚的执行,还是对行政法规规定的行政处罚、强制措施的执行,剥夺、限制或相对限制被监管人的人身自由,以及对被监管人进行监管教育、治疗和矫正,国家都有明确的法律规定。例如,看守所的羁押以及与拘役所的刑罚执行活动,依据的是《刑法》《刑事诉讼法》《监狱法》《看守所条例》等刑事法律法规;拘留所的拘留执行依据的是《行政处罚法》《治安管理处罚法》《拘留所条例》等;收容教育所和强制隔离戒毒所依据的是全国人大常委会《关于严禁卖淫嫖娼的决定》《关于禁毒的决定》及国务院的《卖淫嫖娼人员收容教育办法》和《强制戒毒办法》等。总而言之,我国监所的运作,有明确的法律依据。

2. 强制性

监所是国家的执法机关,其执法活动具有法律的强制性。在监所的组成机构中,有的凭借高墙电网等特定设施,实施武装警戒,依法剥夺或限制被监管人的人身自由,实施有效的羁押和刑罚执行;有的则实行严格的监督管束,限制人身自由,强制实施教育改造、特种疾病治疗、心理和行为矫正。

3. 教育性

我国监所的监管活动并非一味地强调拘押、监督、管束,对被监管人进行有针对性的教育和改造,是我国监所管理的一大特色,也是我国监所有别于西方国家的独特的监管方式。我国监所管理的教育性特征是以"人是可以改造的"这一马克思主义的经典论断为哲学依据而形成的。被监管人虽然实施了违法犯罪行为,但他们仍然具有普通人的思想和情感、希望和向往。据此,对他们进行针对性的教育,促使其良知回归,启迪其思想,诱导其行为,促进他们改过,弃恶从善,预防和减少违法罪犯,将取得良好成效,这一点已经为几十年的监所管理实践所证明。因此,如何更好发

---

① 耿峰:《论我国公安监所的性质和任务》,《辽宁警专学报》2005年第3期。

挥监所的教育功能，使其在监所的科学管理中发挥更大的作用，是我国监所制度改革的重要环节。

4. 矫正性

所谓矫正是指对被监管人的心理和行为进行纠正。具体是指按照社会化的要求，遵循心理发展规律，对被监管人的违法犯罪意识、消极品质和行为等进行矫治匡正的活动。被监管人是一个特殊的社会群体，其思想意识和行为习惯表明他们有着不同于常人的特殊的心理状态。监所作为国家的监管机关，要准确把握被监管人的心理状态，施以针对性的矫正措施，这一点对于促进被监管人改过自新、弃恶从善、重新做人，成为守法公民有着非常重要的作用。

5. 防范性

监所的防范性在我国主要表现为两个方面。一是以特定的监管设施和监管手段，防止被监管人逃跑、自杀、行凶、暴动、吸毒复发与复吸等违法犯罪行为的发生。这对于维护监管秩序，保证刑事诉讼活动顺利进行、刑罚与处罚及强制措施的执行，都具有重要的作用。二是通过对被监管人的刑事羁押和刑罚执行以及行政处罚和强制措施的执行，体现人民民主专政的威力和法律的威严，使社会其他公民受到教育，也使那些有违法犯罪欲望者望而却步，以维护社会治安秩序，预防和减少违法犯罪。[①]

四　监所暴力及表现

监所暴力即在监所内发生的暴力事件。以实施暴力的主体为标准进行划分，监所暴力行为可以分为"刑讯逼供与虐待被监管人""牢头狱霸"和"暴力越狱与暴力袭警"三种类型。

（一）刑讯逼供与虐待被监管人

这是以国家司法工作人员为暴力实施的主体、以被监管人为暴力实施的对象进行的划分。

刑讯逼供是指司法工作人员采用肉刑或变相肉刑的方式折磨被讯问人的肉体或精神，以获取其供述的一种极恶劣的审讯方法。我国《刑事诉讼法》第50条、《最高人民法院关于执行〈中华人民共和国刑事诉讼法〉若

---

① 耿峰：《论我国公安监所的性质和任务》，《辽宁警专学报》2005年第3期。

干问题的解释》第95条、《人民检察院刑事诉讼规则》第65条等法律条文均明确规定禁止刑讯逼供以及司法工作人员实施刑讯逼供应承担的法律责任。

在刑法上,刑讯逼供罪与虐待被监管人罪两者在主体、主观方面、客观方面以及侵害的对象上都相近或相同。两者本质区别在于行为人的犯罪目的不同。刑讯逼供罪是以逼取口供为目的,体罚虐待被监管人罪是以压服被监管人或泄愤报复等为目的。两者侵犯的客体都是复杂客体,即公民的人身权利和司法机关的正常活动。但主要客体不同,刑讯逼供罪的主要客体是犯罪嫌疑人、被告人的人身权利,虐待被监管人罪的主要客体是司法机关的正常活动。两者的主体虽然是司法工作人员,但又有所不同。刑讯逼供罪的主体主要是有审讯犯罪嫌疑人、被告人职权的司法工作人员,即侦查人员、检察人员;而虐待被监管人罪的主体主要是有监管职权的劳动改造机关的工作人员。构成虐待被监管人罪必须具备"情节严重",刑讯逼供罪则无此要求。

(二)"牢头狱霸"

这是以被监管人为暴力实施的主体,以被监管人为暴力实施的对象进行的划分。

所谓"牢头狱霸"是指在监管场所内拉帮结伙、称王称霸、恃强凌弱、寻衅滋事,侵犯他人合法权益的被监管人员。"牢头狱霸"的存在严重侵犯了其他被监管人员的合法权益,已经成为目前影响被监管人员正常改造和监管场所正常秩序的严重问题。例如轰动全国的"躲猫猫""喝开水"等在监所内发生的被监管人员死伤的恶性事故,多与监所内的"牢头狱霸"现象直接相关。有人认为在押人员跑不掉、死不了,就没有什么问题,至于在押人员抢吃抢穿、打打闹闹是正常现象,不认真对待,不严肃处理,对于该追究刑事责任的不及时追究,这种思想和做法是非常错误的。牢头狱霸的严重性、危害性不可低估。"牢头狱霸"主要表现在肆意殴打、凌辱、奴役其他在押人员,特别是对新入监的在押人员及外地在押人员,克扣饭菜、勒索财物,或组织、煽动、策划暴狱、脱逃、闹狱,制造各种事故,对抗管教,传授作案伎俩和对抗审讯经验,教唆他人特别是少年犯罪嫌疑人继续犯罪。"牢头狱霸"上骗管教干部,下欺同监在押人员,蔑视监管法规,扰乱监管秩序,是监内主要破坏因素之一。调研发现,只要是羁押被监管人员的场所，都不同程度地有"牢头狱霸"的苗头或者现象存在。而且"牢头狱霸"的存在相当顽固，不会因一两次治理或对个别"牢头狱霸"的打击处理而根治。牢头狱霸活动往往具有团伙的性质，一个人可能胆怯或显得势单力薄，因而他们多采用拉帮结伙，依靠团伙的力量欺压他人。有些"牢头狱霸"在监室内以积极的形象出现，如小组长等。"牢头狱霸"的行为多种多样，如以教新入监在押人员"规矩"或交代余罪等为名，体罚、虐待新入监的在押人员等。"牢头狱霸"不但自身不改造，更主要的是侵犯了同监在押人员的合法权益，危害到监室的安全。

"牢头狱霸"现象发生的原因之一在于监管场所普遍存在的警力不足的问题。由于社会经济文化的快速发展，犯罪率相应上升，与司法资源特别是监所警力资源相对匮乏的矛盾日益突出。以看守所为例，目前民警与被监管人员的百分比不足8%。因为警力严重不足，在一些羁押量高的监管场所，监管民警挑选个别表现好的在押人员，协助管理其他在押人员，久而久之，这种"拐棍"行为滋长形成了"牢头狱霸"。2009年4月公安部首推"阳光监所"，7月20日公安部下发《关于进一步加强和改进公安监管工作的意见》，其中专门针对消灭"牢头狱霸"现象做出决策部署。公安部监所管理局也迅速出台了《看守所防范和打击"牢头狱霸"十条规定》。根据规定，对收押新入所人员实行收押告知制度，实行被监管人员受虐报警制度，实施监室巡视监控制度等。发现被监管人员有"牢头狱霸"行为的，立即实施严管；情节严重的，依照有关规定加戴械具或者实施禁闭；对造成严重后果、构成犯罪的，依法追究刑事责任。

（三）暴力越狱与暴力袭警

这是以被监管人为暴力实施的主体，以监管人为暴力实施的对象进行的划分。

2006年9月22日，罗山堂、韩玉林在旅顺看守所内密谋暴力越狱；2007年3月29日瑞丽市看守所内罪犯愉永胜、杨忠涛、刘俊鹏、王洪胜、查海光5人劫持教导员为人质暴动越狱；2009年10月17日，呼和浩特市第二监狱三监区罪犯乔海强、高博、李洪斌、董佳继将当班狱警兰建国刺杀后越狱逃跑。这些都是最近五年暴力越狱和暴力袭警的典型案件。"暴力越狱、暴力袭警"与"刑讯逼供"和"牢头狱霸"都是现阶段监所暴力的典型表现，所不同的是，暴力越狱和袭警行为针对的是监所管理和职能部门,更能暴露出我国监所管理的漏洞。这一行为社会危害性较之前两者更大,不仅扰乱了正常的监所管理秩序,更对监所管理人员和人民群众的生命安全造成了严重威胁。

五 遏制监所暴力与监所管理制度改革的意义

我国监所改革的主要任务是以邓小平理论和"三个代表"重要思想为指导,深入贯彻落实科学发展观,全面贯彻落实党的十七大和十七届四中全会精神,大力提升管理水平,促进罪犯劳教人员教育改造和教育挽救工作,确保监狱劳教场所持续安全稳定,为促进经济平稳较快发展、维护社会和谐稳定做出积极贡献。[①] 概而言之即"确保监所安全稳定、提高教育改造质量和规范监管执法行为"。明确这一监所改革的任务,对我国监所管理制度的改革具有重要而深远的意义。

(一) 国家尊重和保障人权的重要体现

所谓人权是指在一定的社会历史条件下每一个人按其本质享有或应该享有的基本权利和自由。[②] 人权的基本内容是生存和发展以及与此相关的各种利益和要求。人权的根源是人的本质和尊严,它是由人的本质和尊严派生出来的一种社会存在方式。被监管人人权是人权的一个特殊组成部分,是指在一定的社会历史条件下被监管人在被监管过程中依法享有的权利。权利内容是享有未被法律剥夺和限制的合法利益和自由。

从立法而言,在中国,被监管人应享有的权利受到法律的严格保护。我国《宪法》《刑法》《刑事诉讼法》《监狱法》等法律都从不同的角度规定了被监管人的法定权利,其中既包括与普通公民相同的未被法律剥夺或限制的权利内容,也包括特有的权利内容。我国在司法工作各个环节中反对逼供、严格禁止酷刑,并于1988年正式加入了《联合国禁止酷刑和其他残忍、不人道或有辱人格的待遇或处罚公约》。1994年12月颁布的《中华人民共和国监狱法》更是对被监管人的权利做了全面而具体的规定,为罪犯行使和实现法定权利提供了有力的法律依据和法律武器。我国《监狱法》

[①] 见司法部部长吴爱英在2009年11月24日全国监狱劳教所管理工作电视电话会议上的讲话。

[②] 董云虎、刘武萍:《世界人权约法总览续编》,四川人民出版社,1993,第3页。

共78条，其中直接或间接涉及保障罪犯权利的就有33条，并且把罪犯处于监禁状态下需要予以特别保护的权利写进了法的总则。《监狱法》第14条更是明文规定："监狱人民警察不得刑讯逼供或者体罚虐待罪犯，不得侮辱犯人的人格，不得殴打或者纵容他人殴打罪犯。如有上述行为构成犯罪的，要依法追究刑事责任，尚未构成犯罪的要予以行政处分。"2009年4月13日，国务院新闻办公室发布了《国家人权行动计划（2009—2010年）》，这是中国政府制定的第一个以人权为主题的国家规划。在其第二部分"公民权利与政治权利保障"中提出了"保障被羁押者的权利与人道待遇"的具体措施，即保障被监管人员的合法权益，不仅是保障被监管人员的饮食、起居等条件，确保其生命、健康权不受侵犯，还要保障被监管人员能行使依法享有的各项权利。

虽然我国立法层面对遏制监所暴力进行了明确的法律规定，但正如上文所述，在司法实践中，效果却并不尽如人意。法谚所言：无程序则无权利。我国监所制度对被监管人生命、健康、人格等实体权利的规定，与西方国家监所制度的权利保障并无大的差异，但要建立健全被监管人人权保障的程序性权利和保障机制，切实维护被监管人的合法权利，杜绝司法腐败，使被监管人真正免受监所暴力，保障被监管人的人权，就必须要对我国的监所管理制度进行改革。

（二）提高监管水平和改造质量的根本措施

之所以认为遏制监所暴力、改革监所管理制度是提高监所水平和改造质量的根本措施，理由有二：

第一，改革监所管理体制、转变国家监管人员观念能够有效解决我国监管体制现有矛盾，提升监管水平。

我国正处于社会转型时期，社会不稳定、不和谐因素增多，违法犯罪案件高发，造成目前监所管理工作任务重、强度高、压力大。监管场所的羁押量一直居高不下，被监管人员的构成日趋复杂，监管与反监管的斗争日趋尖锐，给监所管理带来了很大难度。过去几十年，监所管理工作存在"一看二守三送走"的模式，监管民警把在押人员看得住、送出去，就完成任务了。有的民警调侃，在押人员是"有期"，而民警每天面对的都是触犯法律的在押人员，民警的工作是"无期"。这种观念在一定程度上影响了监管民警对职业的认同感和工作积极性，也必然使得本已非常突出的警力匮乏矛盾难以得到解决。只有从根本上对监所管理体制进行改革，充分调动监所管理人员的工作积极性，转变思路，变被动监管为主动监管，才能真正提高监管水平，缓解监管矛盾。

第二，改革监管执法理念、深挖犯罪能够显著提高我国监管的改造质量，降低监管成本。

2009年6月3日，曾经在广东省佛山市制造1998年特大枪杀案，涉嫌杀害多名警察、群众，致伤多人的公安部A级通缉犯成瑞龙被押送佛山市禅城区看守所。监管民警经过谈话教育，从成瑞龙身上又"挖"出两宗抢劫杀人命案，涉及4死1伤。

这种深挖犯罪的做法在监管场所已初见成效。数字显示，监管场所在加强对被监管人员教育转化工作的同时，深挖犯罪，破获案件数量占同期公安机关破案总数的10%，其中相当一部分是命案、大案。监管民警要熟悉政策法律，善于敏锐洞察被监管人员细微言行下隐藏的内心秘密，能够以个人威望魅力赢得被监管人员信任，运用法律、政策、道德、心理知识，动之以情、晓之以理、帮之以难，使被监管人员认同并接受教育转化。被监管人员在忏悔和感动下，积极交代余罪和其他犯罪线索。交代余罪、检举他人违法犯罪，既使被监管人员因有立功受奖行为而得到法律的宽大处理，又通过监管工作深挖犯罪破获案件，维护了法制尊严，打击惩处了犯罪，保护了被害人的合法权益，降低了改造成本，提高了改造质量。

（三）维护监所管理秩序的必然选择

刑讯逼供所导致的刑事冤假错案，"牢头狱霸"致人重伤，还有暴力劫持狱警越狱，这些监所暴力事件对我国社会的基本稳定造成了严重的威胁。全国各级监所有数万名监所管理人员，每年监管数百万人，涉及数百万个家庭，怎样将这些被监管人变成和谐社会的积极因素，对监所工作提出了新要求。

监所是国家刑罚执行机关、行政处罚强制执行机关，直接担负着惩罚和改造罪犯、收容教育被监管人员的艰巨任务。进一步加强监所管理，是不断提高教育改造质量、把被监管人教育改造为守法公民的迫切要求。目前，监所收押收容人员总数持续上升，罪犯劳教人员构成日趋复杂。监所管理是对被监管人员有效实施教育改造的重要基础，监管改造同时又是改造工作的重要手段，教育改造工作面临的新情况新任务，对监所管理提出了新的更高的要求。必须进一步加强监所管理，保持监管场所监管秩序，为教育改造工作创造安全有序的环境，同时，充分发挥监管改造的作用，使被监管人员矫正恶习，养成遵纪守法意识，自觉接受改造。

我国改革的不断深入和经济的持续发展需要有一个长期稳定的文明法制环境，需要充分发挥监所在社会治安综合治理中的重要作用。监所管理工作的出发点和归结点，都是实现、保护广大人民群众的根本利益。在国家机器的运行机制中，监所以其特有的职能发挥着维护社会稳定的重要作用。在实施依法治国方略、推进法制与民主建设进程中，监所的活动更要置于法制的调整之下，依法治监治所、依法执行刑罚和行政强制处罚，已成为规范监所活动的基本规则。只有依法规范监所管理，才能从根本上维护社会稳定，维护正常的行政司法秩序。

第二章
监所管理制度的比较法考察

在西方国家中，监狱曾经是关押和矫正犯人场所的主要名称，后来随着刑罚观念的转变，监狱从关注惩罚向强调矫正转变，一些国家将监狱（prison）改称为"矫正机构"（correctional institution, correctional facility）（不包括社区矫正机构）。监狱这个名称主要在欧洲大陆的许多国家和英国等西方国家中使用，而矫正机构的名称则主要在以美国为代表的一些英语国家中使用。与中国在大多数情况下将看守所、拘留所排除到监狱范围之外的做法不同，西方国家几乎没有例外地将看守所、拘留所等未决犯机构包括在矫正机构之内。[1] 如美国司法部司法统计局（BJS）的出版物认为：矫正机构包括监狱、教养院、看守所、矫正所、感化院、矫正农场、贫民习艺所、接受中心、诊断中心、少年习艺所、教养学校、拘留中心和其他多种机构，这些机构用来监禁和矫正被判刑的成年人、少年或者需要监视的成年人或者少年，也包括拘留被指控犯罪并等待审判或者审理的成年人。[2] 鉴于此，本章将不对监所和监狱作严格的区分，大多数情况下二者含

---

[1] 吴宗宪：《当代西方监狱学》，法律出版社，2005，第29页。
[2] Frank Schmalleger & John Ortiz Smykla, *Corrections in the 21st Century* (New York: Glencoe/McGraw-Hill 2001), p.20.

义相同。

西方监所制度是随着西方资本主义的兴起和建立而逐渐产生和发展起来的。自 16 世纪西欧产生西方近代意义上的监狱以来，西方的监所制度经历了一系列重大的变革和发展，迄今已经形成了比较完善和系统的制度体系。本章将从比较法的角度重点考察西方监所管理制度的产生和发展、联合国监所管理规范和现代监所管理制度的发展趋势、监所管理体制以及监所管理的具体制度。

一 西方监所管理制度的产生和发展

西方近代以前的监所并没有像现代一样分为若干类型，大体上只有监狱一种，而"监狱发展史与刑罚发展史密切相关"[1]。因为近代以前的社会秩序主要是靠以死刑、肉刑和流放为主导地位的刑罚体系来维持的，自由刑和执行自由刑的监狱并没有产生。当时的监狱主要羁押未决犯和等待执行的罪犯，其功能大致相当于现在的看守所，因此现代社会的矫正理念在当时根本没有存在的余地。

(一) 近代西方监所管理制度的产生和发展[2]

16 世纪的欧洲，随着近代资本主义生产方式的出现，自由刑和执行自由刑的场所开始产生。西方最早的近代监狱是 1557 年设立的英国伦敦矫正院，它用来收容和教育流浪汉和乞丐。在英国的影响下，其他西方国家纷纷建立类似的矫正机构，其中最著名、影响最为深远的是 1595 年在荷兰建立的阿姆斯特丹监狱。它以教育和挽救犯人为目的，建立了一整套完整的规章管理制度，涉及了监狱管理的诸多方面，因而它在西方监狱史上被公认为是开辟了新篇章，是首先实现现代自由刑思想的先驱，其经验被当时的许多国家所效仿。[3] 近代监狱的产生，用自由刑替代了血淋淋的肉刑和死刑，不仅使行刑更加文明人道，体现了人们对自由价值的意识和珍惜，而且还标志着监狱管理制度从惩罚的一般预防理念转向了矫正的特殊预防理念。

---

[1] 郭建安：《西方监狱制度概论》，法律出版社，2003，第 1 页。
[2] 参见毕惜茜《新时期公安监所管理》，中国人民公安大学出版社，2002，第 37~39 页；郭建安：《西方监狱制度概论》，法律出版社，2003，第 1~11 页。
[3] 郭建安：《西方监狱制度概论》，法律出版社，2003，第 2 页。

16 世纪产生的近代监狱在西方国家发展得并不顺利。到了 18 世纪，近代监狱残酷和非人道的黑暗状况一直没有得到及时改善，反而愈演愈烈，监狱管理的混乱造成了对犯人基本人权的肆意践踏。终于在 18 世纪中叶爆发了一场具有重要意义的轰轰烈烈的监狱改革运动。这场改革运动的代表人物有英国的约翰·霍华德、罗马教皇克里门斯十一世和比利时子爵威廉十四世等人，其中最重要的运动发起者是英国的监狱学家约翰·霍华德。1777 年，霍华德在考察了几百所监狱的基础上，写成了《英格兰与威尔士的监狱现状》一书，该书揭露了监狱的现状，批评监狱弊端，提出了改革监狱的多种措施。1779 年英国议会根据霍华德的建议制定通过了《监狱法》，提出了安全卫生的建筑结构、系统的监控措施、取消罪犯收费制度和建立矫正体制等改革监狱管理制度的四项原则。1791 年，英国议会还通过了《教养法》，设立由中央政府直接管理的国家教养所，规定了罪犯必须接受经常性劳动和宗教忏悔、三级累进处遇制等监狱管理制度。1703 年，罗马教皇克里门斯十一世将意大利的撒米克尔僧院改造成了世界上第一所少年监狱。该监狱实行矫正主义的管理方式，对年幼犯实行分房制度，白天在沉默法纪下集中劳动，晚上则将他们分别监禁在不同的狱室。这种少年监狱的管理制度对后来监狱管理制度的发展影响较大。1772 年，比利时子爵威廉十四世建立了闵梭克夫阿司监狱。该监狱在管理模式上采用了与撒米克尔少年监狱类似的方法，但收押的是成年犯。闵梭克夫阿司监狱分类管理罪犯的制度对后来的监狱管理制度影响深远。

经过改革以后的西方监狱管理制度出现了新的变化：一是监狱只意味着剥夺自由，而不是进行肉体折磨，不包含任何苦役的成分；二是确立了矫正罪犯的自由刑观念，采用了包括劳动在内的各种有效管理措施矫正罪犯。[①] 在 18 世纪欧洲监狱改革运动的影响下，欧美许多国家和日本都对自己的监狱管理制度进行了改革，逐渐出现了一些新的监狱管理制度和模式。其中最具代表性的是：

1. 英国的爱尔兰制

爱尔兰制作为 19 世纪英国监狱管理制度发展和改革的重要内容之一，是当今世界大多数国家实行的累进处遇制度的前身，它是指将自由刑的执

---

① 毕惜茜：《新时期公安监所管理》，中国人民公安大学出版社，2002，第 38 页。

行分为数个阶级,根据罪犯的服刑表现,逐渐提高其待遇的制度,[①] 因此亦称阶级制或累进制。最先采用阶级制的是英国殖民岛诺福克岛的监狱长亚历山大·马克诺基,他于1842年将阶级制分为独居监禁、杂居作业和假释三级。后来,爱尔兰的瓦特·克罗福顿于1854年引入了三级阶级制,并进行了改造,在原来的第二级后增加了中间监狱级作为假释前的半自由阶段。这样就使原来的三级阶级制变成了四级阶级制,这就是"爱尔兰制"。在爱尔兰制中,罪犯如果表现好,就可以通过升级,最后被释放回社会。

2. 美国的独居制、沉默制和新爱尔兰制

独居制,发源于19世纪的美国宾夕法尼亚州,它将犯人单独囚禁,完全隔离。独居制的优点在于使囚犯在孤寂的环境中懂得刑罚的可怕和自由的可贵,从而反省自己,并可以防止和避免囚犯之间相互传习犯罪。基于这些优点,独居制曾一度得到欧洲许多国家的赞赏,并先后被英国、比利时、法国等国家效仿。但是,独居制也有严重的弊端,它容易损害囚犯的身心健康,引起精神病、变态和自杀等事件发生,同时由于羁押的囚犯越来越多,巨大的成本使独居制无法实行,加之独居制背离了培养罪犯社会适应性的教育刑思想,因此到了19世纪60年代就开始衰退,最后于1913年被美国取消。

沉默制起源于1816年的纽约州奥本市新建的一所州立监狱。该制度规定,囚犯夜间分房监禁,白天在同一工厂劳动,但严禁交谈联络,以避免发生相互殴斗、同谋反抗、暴动等。该制度充分反映了美国实用主义者强调的效率原则,很快成为美国最高安全警戒监狱的模式,并被美国各州普遍效仿,同时欧洲一些国家也在各自的监狱制度改革中借鉴了奥本沉默制的思想和做法。奥本沉默制弥补了宾州独居制的某些不足:白天杂居劳动既可以培养罪犯与他人和睦相处的社会适应能力,同时也可以通过劳动达到感化的目的。但因为人在工作中是需要交谈协作的,禁止交谈很难,同时建筑费用也庞大,因此,该制度现在很少使用。

南北战争以后,由于认识到旧的监禁制度不能有效发挥威慑和改造的功能,因此美国的监狱改革者开始了一场新的刑罚改革运动,其中美国监狱协会(后更名为美国矫正协会)于1870年的成立,是这场改革运动的重

---

① 郭建安:《西方监狱制度概论》,法律出版社,2003,第5页。

要标志。这场改革运动借鉴了英国的"爱尔兰制"，其主要内容有以下几个方面。① 实行不定期刑判决。犯人刑期的长短，主要取决于在监狱的表现。② 分类记分制度。首先根据犯罪的严重性确定罪犯应服刑的天数，然后根据犯人在狱中的良好表现减少应服刑的天数。这样就在一定程度上使罪犯感到他们的命运可以掌握在自己的手中。③ 假释制度。对有良好表现的罪犯可给予有条件的释放，有条件指罪犯在社区仍需接受一定的监督。这场改革运动成为以后美国监狱管理工作的指南。①

3. 德国矫正理论下的"单独监禁制"

美国的监狱改革运动于19世纪20年代波及并影响德国。1829~1839年期间，德国汉堡尤利乌斯医生连续出版了一部由他编写的《刑罚执行场所与矫正机构年鉴》。在尤利乌斯的影响下，德国学者从伦理和刑罚理论上论证了对每个犯人进行"个别矫治"的必要性，并由此产生了"特殊预防"的矫正理论。该理论将重点放在对犯人的矫治上，希望通过行刑中的矫治使犯人不再重新犯罪。而要实现"个别矫治"，首先要实行"单独监禁"的监狱制度，该制度致力于对犯人进行个别化处理，采用美国费城监狱的方法：即犯人被单独关押在单身牢房中，不参加劳动，在监舍内进行"忏悔"和"内心反省"，犯人唯一的读物是圣经。1826年德国行刑改革家弗里特纳按照这种方法建立了一座"皇家监狱"。

4. 日本的监狱管理制度

日本近代意义上的监狱产生于明治维新之后。1869年，日本天皇下诏，实行"宽恕忠厚"的刑事政策，减少死刑，广泛应用自由刑。1872年，日本明治新政府公布了因狱司司长小原重哉的《图解式监狱条例》。这是日本第一个成文监狱法规，其中详细记述了欧美式监狱的建筑格式、监狱制度、罪犯待遇等方面的内容。1889年，日本制定的第一部《刑法》对自由刑的执行进行了详细的规定，并于1890年和1898年相继制定了与之相配套的《监狱则》和第二《监狱则》。日本的监狱管理制度主要借鉴了欧美的监狱管理制度，并进行了适当的本土化改造。

(二) 现代西方监所管理制度的发展②

20世纪以来，西方国家经历了工业化、城市化和科技现代化的过程。

---

① 郭建安：《西方监狱制度概论》，法律出版社，2003，第8页。
② 参见郭建安《西方监狱制度概论》，法律出版社，2003，第11~18页。

随着经济的发展、自然科学和社会科学研究的深化，随着人们对民主价值与权利保障重要性的重新认识，西方国家监狱管理制度在不断发展完善。仔细分析20世纪西方监狱管理制度的发展，可以大致概括为以下几种模式。

1. 自治模式

自治模式认为自治是现代公民应具备的基本能力与素质，缺乏自治常常是导致犯罪的主要原因。而监狱的目的在于消除引起犯罪的原因及培养罪犯成为守法公民，故不能没有自治的训练和自治的组织，这正是当初美国监狱对犯罪实行自治的原因。1913年美国纽约州奥本监狱首次施行了罪犯自治模式。这种模式将监狱假定为一个小社会，监狱当局为使罪犯能适应社会生活，让罪犯自己管理自己，监狱官员仅负责指导、辅助和监督。具体做法是仿照美国三权分立原则，由罪犯选举一定的人组成罪犯自治委员会，作为最高权力机关，任期6个月。在委员会中选取9名理事组成理事会，负责处理除审判外的一切日常事务。另外设立了由罪犯组成的裁判所，负责审判和处罚罪犯违反监规的行为。这一模式施行后，监狱内逃跑、违反监规的行为减少，释放后重新犯罪率降低。因此，自治模式作为一种较为先进的监狱管理制度，随后被欧美各国效仿。

2. 医疗模式

医疗模式认为罪犯行为的产生是由犯罪者心理和生理的疾病与障碍所导致，而这些疾病和障碍是可以治疗的。监狱管理的主要任务就是确认他们个人的心理和生理的疾病和障碍，从而矫正他们的犯罪行为。医疗模式的产生与西方国家医学科技的发展以及受弗洛伊德精神分析理论的影响有关，它强调对罪犯的个别化处遇，因此有必要加强对罪犯的分类，以便帮助心理学、精神病学和社会学工作者开展工作。不同类型的罪犯应安置在不同安全警戒等级、有不同的教育训练项目和不同环境的监狱，同时还应考虑对精神病的照管等。这一模式的操作要求像医生对待病人那样：检查、诊断、开药方、治疗以及将病治好后让病人出院。与医疗模式相适应，西方国家广泛适用了不定期刑、假释、未成年人的司法和执行制度。在1930~1974年期间，医疗模式得到了发展。1930年，美国国会授权新成立的联邦监狱局开始对罪犯实行分类管理和建立带有治疗性质的监狱。

3. 更新模式

更新模式认为罪犯犯罪行为的产生并非完全是行为人心理的、生理的疾病和障碍造成的，主要是行为人没有经历一个正常的社会化过程，所以应着重对他们进行重新社会化的塑造。重新社会化是指通过改变行为人原有的犯罪动机、价值观念、自我概念及态度来预防再次犯罪。主要的途径是通过不同的矫正项目如教育、工作训练和咨询等，以此来祛除他们的犯罪动因。更新模式受美国实证主义学派的影响较大，该学派的观点主要有三点：①犯罪行为不是自由意志的产物，而是犯人对生理的特点、心理的失调、社会的条件不能控制的结果；②罪犯能够得到更新；③更新必须针对个人的特点和问题。更新模式认为要使罪犯得到矫正主要应注意两个问题：一是应改变犯罪所产生的外在环境；二是考虑使犯罪者得到更新的途径。由于犯罪原因有所不同，因此改造需采取针对每个人具体情况的方法。更新模式和医疗模式的共同之处在于注重个别化，赞成对罪犯的分级处遇、不定期刑和假释制度。

4. 监狱替代模式

监狱替代模式（也称社区模式）主张通过扩大社区矫正的形式来部分替代监狱的功能。在美国，这一模式在20世纪60年代达到高潮。该模式认为社区在一定程度上对罪犯的犯罪行为负有责任，社会因素的影响在犯罪问题中占有相当的比重。因此，对罪犯处遇的重要方面是能够找到利用社区资源的方式来帮助罪犯对社区的适应，使其成为有用的守法公民。目前美国的监狱替代形式主要是缓刑和假释，也包括社区的中途训练所、其他的强化监督项目、家中监禁、电子监控、罚款、赔偿、社区服务等。

5. 监管模式

监管模式也称报应模式，该模式强调惩罚要与犯罪的严重性相适应，罪犯应该得到他们应受的惩罚。该模式认为：犯罪是行为人自由意志的体现和选择，所以犯罪人应对他们自己的行为负责，更新改造不应作为矫正工作的主要目的，在惩罚过程中适当开展一些矫正工作也是需要的，但并不是必不可少的。根据监管模式的理念，罪犯被判刑后应根据其犯罪严重程度送往不同安全警戒等级的监狱。这一模式产生的背景是，20世纪70年代到80年代，美国犯罪率有较大增长，而监狱的治疗、更新项目并不能证明其明显有效，再加上政治的影响，使得医疗模式和更新模式遭到越来越多的质疑。因此，监管模式的影响得以扩大，导致美国监狱在押犯人急剧上升，1970年美国监狱在押犯人是20万人，到了1997年达到了120万人。

6. 公正模式

公正模式认为所有的罪犯应依法受到同样的对待和处置，不能因为种族、出身、性别和社会经济地位的不同而给予不同的刑事处罚。贝卡利亚的思想是公正模式的基础，对犯罪应予惩罚，惩罚的严厉性应基于犯罪的严重性。通过执法，使社会公众能感受到惩罚的公正性，从而增强刑罚的威慑力。公正模式要求在适用法律时主要依据犯罪的行为，刑事判决应具有明确、清楚、不含糊的特点，这样可以避免出现量刑时以更新为导向和行刑个别化的倾向。公正模式的另一层含义包括了对罪犯的权利保障。20世纪60年代后期，在美国民权运动的影响下，促进了重新确认犯人在服刑中的法律地位问题的思考。1964年，美国最高法院决定在州和地方矫正机构的罪犯有权受到1871年公民权利条例的保护。根据规定，犯人可以依法对监狱长和其他工作人员提起法律诉讼，对监狱管理中的问题进行控告，如虐待犯人、医疗保障不足、监狱过于拥挤以及限制宗教自由等等。这就改变了过去监狱工作人员有绝对权力的状态。

在当代西方监狱发展的过程中，随着社会的发展，在一定时期可能侧重于一种模式，但其他的模式也对监狱管理工作产生了一定的影响，大多数情况下都是多种模式的混合适用，总的来说，西方监狱管理工作在螺旋式的发展中从质和量的方面都有了一定的提高。

二 联合国监所管理规范与现代监所管理制度的发展趋势

"二战"以后，随着联合国这个世界影响最大的国际组织的成立，以及大量通过协商一致而产生的、体现世界各国共同意志的联合国监所管理规范的出现，使得现代监所管理制度呈现出了许多新的发展趋势。

（一）联合国监所管理规范[①]

联合国从成立之初就开始关注刑事司法领域的监所管理问题。自从1955年的第一届联合国预防犯罪和罪犯待遇大会通过了联合国有关监狱管理方面的第一个规则——《囚犯待遇最低限度标准规则》[1957年由联合国经济与社会理事会（以下简称"经社理事会"）决议通过]以来，联合国经社理事会和联合国大会通过了大量有关监所管理方面的标准与规范。这些

[①] 参见郭建安《联合国监狱管理规范概述》第一章和第二章，法律出版社，2001。

标准与规范的宗旨在于保证罪犯的权利、增进罪犯的福祉，它们对现代各国的监狱管理制度的发展都有着重要的指导意义。

1. 联合国监所管理规范的主要内容

联合国监所管理规范主要有三类：一是关于监狱管理的专门规范；二是关于预防犯罪和刑事司法的一些综合性标准或规则中的监狱管理规范；三是关于人权的标准或规则中的监狱管理规范。

第一类，关于监狱管理的专门规范主要有：①《囚犯待遇最低限度标准规则》（以下简称《最低限度标准规则》），该规则全面规定了各会员国在执行监禁刑时应该遵守的各项原则和制度；②《切实执行囚犯待遇最低限度标准规则的程序》，该规则确立了要求会员国保证《最低限度标准规则》得到切实执行的46条程序；③《囚犯待遇基本原则》，该规则确立了关于囚犯待遇的10条基本原则；④《关于保护死刑犯权利的保障措施》，该规则确立了保护死刑犯权利的9条措施；⑤《保护被剥夺自由少年规则》，该规则要求各会员国对被剥夺自由的少年犯给予特殊的待遇；⑥《关于移管外籍犯的示范协定及有关外籍犯待遇的建议》，该规则要求各会员国在教育、职业培训、工作等方面给予外籍犯与本国犯相同的待遇，同时在语言、申诉等方面给予其应有的帮助。

第二类，关于预防犯罪和刑事司法的一些综合性标准或规则中的监狱管理规范，这类规范主要有：①《执法人员行为守则》，这一守则将监狱管理人员视为执法人员，监狱管理人员在管理活动中履行职责时应该严格遵守这些规定，如应尊重囚犯人权和尊严、不能在超出执行职务的范围之外使用武力等；②《执法人员使用武力和武器的基本原则》，该规则同样将监狱管理人员视为执法人员，监狱管理人员除了遵守一般执法人员使用武力和武器的规则，还要遵守该规则对于对被监禁人员使用武力或武器的专门规定；③《联合国少年司法最低限度标准规则》，该规则强调在适用《最低限度标准规则》的基础上，少年监禁的目标是提供照管、保护、教育和职业技能培训，以帮助他们更好地回归社会。

第三类，关于人权的标准或规则中的监狱管理规范，这类规范主要有：①《保护人人不受酷刑和其他残忍、不人道或有辱人格待遇或处罚宣言》，该宣言要求各会员国采取有效措施防止酷刑等情况在其国内发生，其中包括对监狱管理人员进行这方面的培训等措施；②《禁止酷刑和其他残忍、不人道或有辱人格待遇或处罚公约》，该公约要求缔约国保证采取有效措施（如培训监狱管理人员、将使用酷刑等行为规定为犯罪等），防止监狱发生酷刑、不人道或有辱人格待遇或处罚；③《有效防止和调查法外、任意和即决处决的原则》，该原则要求各会员国采取有效措施防止在监禁过程中发生法外、任意和即决处决个人和集体的情况；④《保护所有遭受任何形式拘留或监禁的人的原则》，该规范确立了39条原则保护所有遭受各种形式拘留或监禁的人；⑤《有关医务人员、特别是医生在保护被监禁和拘留的人不受酷刑和其他残忍、不人道或有辱人格待遇或处罚的任务的医疗道德原则》，该规范确立了九条原则，以保证医务人员特别是医生不参与对被监禁和拘留的人实施酷刑和其他残忍、不人道或有辱人格的待遇或处罚。

以上三类规范主要从以下几方面规定了监狱管理的规则和原则。一是监狱的分类、条件和监督；二是监狱官员的基本条件和培训、地位和义务；三是行刑和狱政管理措施，包括囚犯的收监、迁移、与外界的接触、分类关押与管理、对囚犯在羁押期间患严重疾病或死亡的处理等；四是对囚犯的矫正，包括矫正的观念转变、囚犯需要的评估和处遇个别化、教育和娱乐、囚犯劳动等；五是惩戒与诉冤程序；六是囚犯重返社会程序等。

2. 联合国监所管理规范的指导原则

从上述联合国监所管理规范中，我们可以发现一些指导监狱管理的基本原则，这些基本原则贯穿在联合国所有的监所管理规范中，反映了联合国关于监狱管理者和监狱决策者在对待罪犯和监狱管理方面的立场和观念，体现了当代监狱管理的文明程度。这些原则主要有：

（1）尊重囚犯的人格和合法权利原则

尽管被监禁的囚犯的许多权利都会被合法剥夺、限制和制约，但《联合国宪章》和《世界人权宣言》等基本人权文件规定的多项基本人权和自由，仍然不因罪犯被监禁而被剥夺，包括生命与人身安全权、健康权、人格尊严权、不受奴役的权利、不受拷打的权利等，这就是尊重囚犯的人格和合法权利原则。联合国的许多监狱管理规范都体现了这一原则：如《最低限度标准规则》规定的"必须尊重囚犯所属群体的宗教信仰和道德标准"等；《囚犯待遇基本原则》规定的"对于所有囚犯，均应尊重其作为人而固有的尊严和价值"等；《联合国保护被剥夺自由少年规则》规定的"被剥夺自由的少年有权享有可满足一切健康和尊严要求的设施和服务"等。许多西方国家的监狱管理规范和制度都确定了这一原则,并在本国的监狱管理规范中对这一原则进行了具体化。

(2) 禁止各种形式的歧视原则

禁止各种形式的歧视原则和尊重囚犯的人格和合法权利原则一样,都是《联合国宪章》和《世界人权宣言》等基本人权文件规定的普遍人权在囚犯身上的体现。联合国的多项监狱管理规范都体现了这一原则:如《最低限度标准规则》第6条规定的"下列规则应予公正执行,不应基于种族、肤色、性别、语言、宗教、政见或其他主张、国籍或社会出身、财产、出生或其他身份而加以歧视";《囚犯待遇基本原则》和《联合国保护被剥夺自由少年规则》也有类似的规定。这一原则同样也得到了世界大多数国家宪法、法律和监狱管理规则的确认。

(3) 禁止各种形式的酷刑和其他残忍、不人道或有辱人格待遇或处罚原则

囚犯被监禁在监狱中与社会隔离,所以更容易受到酷刑和其他残忍、不人道或有辱人格的待遇或处罚。因此,国际社会也特别重视保护囚犯免受酷刑和其他残忍、不人道或有辱人格的待遇或处罚,联合国的多项监狱管理规范都体现了这一原则:如《禁止酷刑和其他残忍、不人道或有辱人格待遇或处罚公约》规定的"任何特殊情况,均不得援引为施行酷刑的理由"等;《最低限度标准规则》规定的"体罚、暗室禁闭和一切残忍、不人道、有辱人格的处罚应一律完全禁止,不得作为对违规行为的惩罚";《保护所有遭受任何形式拘留或监禁的人的原则》中也有类似的规定。但这里要注意,联合国监狱管理规范中关于禁止对囚犯实施酷刑和其他残忍、不人道或有辱人格待遇或处罚的规定,并没有禁止对违规囚犯进行惩戒,只是惩戒的手段和程序必须合法。

(4) 促使囚犯成功回归社会原则

《最低限度标准规则》具体地规定了这一原则:"判处监禁或剥夺自由等类似措施的目的和理由毕竟在于保护社会、避免受罪犯的危害……惟有利用监禁期间在可能范围内确保犯人返回社会时不仅愿意而且能够遵守法律,自食其力,才能达到这个目的……为此,监所应该利用所有适当可用的改造、教育、道德、精神和其他方面的力量及各种协助,并设法按照囚犯所需的个别待遇来运用这些力量和协助。"而其他联合国监狱管理规范主

要是从以下三个方面来体现这一规则的：一是尽量减轻监禁对囚犯身心的损害，如《保护被剥夺自由少年规则》规定"规则……目的在于避免一切拘留形式的有害影响，并促进社会融合"等；二是尽量减少监禁生活与自由生活之间的差别，如《联合国少年司法最低限度标准规则》规定"应努力提供帮助少年重获社会新生的半监禁办法、如重返社会训练所、教养院、日间训练中心及其他这类适当的安置办法"；三是应积极向囚犯传授为成功回归社会所必需的基本技能和信息，如《囚犯待遇基本原则》规定"所有囚犯均应有权利参加使人格得到充分发展的文化活动和教育……应创造条件，使囚犯得以从事有意义的有酬工作，促进其重新加入本国的劳力市场，并使他们得以补贴其本人或其家庭的经济收入"。

3. 联合国监所管理规范的效力与影响

从联合国监所管理规范的制定过程来看，这些规范大多数都是由西方国家倡导或起草的，无疑体现了西方国家的价值取向和法律传统。但直至今日，联合国所有的监狱管理规范都是在预防犯罪和刑事委员会的成员国或预防犯罪和罪犯待遇大会的与会国协商一致的情况下制定的，因此这些规范不仅反映了联合国的立场，而且还体现了大多数联合国会员国的意志。尽管联合国的监所管理规范"基本上都是由经社理事会和联合国大会而非安理会通过的。根据联合国宪章和有关议事规则，对会员国没有强制力。但是，由于联合国是世界上最大和最权威的国际组织，安理会以外的大会和其他专门委员会通过的决议，具有世界舆论的影响力以及世界社会道义的权威……代表着国际社会共同认可的标准，具有国际舆论的影响力和道义评判上的权威性。"[1] 因此，世界各国都非常重视联合国的监狱管理规范，纷纷通过加入联合国的相关条约或者将其转换为国内立法来贯彻这些监狱管理规范。另外，尽管近年来以美国为首的盟国在伊拉克战争和科索沃战争中，绕开联合国安理会的做法严重损害了联合国的声誉，但是世界上绝大多数国家仍然视联合国的法律文件为重要的国际法律文件，仍然通过各种方式将联合国的监狱管理规范融入本国法律规定和法律实践。因此，联合国的监所管理规范很大程度上体现了世界上绝大多数国家的共同意志，代表着当代世界监狱管理制度发展的趋势。

---

[1] 郭建安：《联合国监狱管理规范概述》，法律出版社，2001，第41~42页。

(二) 现代监所管理制度的发展趋势

随着经济的发展和社会的进步，世界各国的监所管理制度都已日趋现代化。根据联合国监狱管理规范的发展状况，以及世界各国监所管理制度发展的现实状况和内在发展要求，现代监所管理制度已经呈现出以下几种趋势：

1. 监狱管理人道化的趋势

随着人本主义思想和人权保护理念的日渐流行，以强调罪犯人权保障为核心的监狱管理人道化趋势已经成为现代监所管理制度发展的重要趋势。从英国的监狱年度报告可以看出，"以人道情怀关心罪犯"已经日渐成为英国监狱管理工作最重要的要求之一，监狱管理的人道化水平每年都在向前发展。例如，英国监狱管理当局为了更好地保证罪犯的健康，在20世纪初推出了"监狱卫生政策小组和卫生工作承担者发展计划"，提高了监狱卫生管理水平。日本监狱管理当局也将尊重和保障受刑人人权列为《行刑法》的一个重要原理，促进了日本刑罚谦抑主义的发展，排除了刑罚万能论，努力将对罪犯基本人权的限制降低到最低水平。上述联合国监所管理规范中体现的四项原则——尊重囚犯的人格和合法权利原则，禁止各种形式的歧视原则，禁止各种形式的酷刑和其他残忍、不人道或有辱人格待遇或处罚原则，促使囚犯成功回归社会原则，及其所规定的各种管理制度和保障措施，同样也是这一趋势的体现。监狱管理人道化符合人类文明化发展的趋势，但是真正在监狱管理中贯彻人道化，却是一个长期而艰巨的任务。

2. 监狱管理社会化的趋势

现代监狱管理社会化趋势体现在三个方面：一是在监狱管理中引入社会力量，如德国分配监狱中的特别委员会的成员包括了法学家、精神医学家、心理学家、社会学家、教育学家、社会工作者、劳动顾问和执行官员等，他们根据对罪犯的调查结果来决定将罪犯投入何种监狱。另外，大部分国家的监狱管理当局都试图在社会上引进兼职教师从事文化和职业教育，引进社会工作者负责向罪犯提供社会帮助等，如英国监狱的"罪犯发展与释前训练"活动，就有"罪犯关心与再安置全国协会""市民咨询机构""匿名酗酒者"等多个团体的经常参与。在监狱管理中引入社会力量既可以减少监狱管理中的成本，也有利于罪犯更好地回归社会。二是监狱管理私营化。西方国家监狱管理的私营化趋势，开始于美国。美国的私营监狱在19世纪工业革命时期得到了较大发展，但在20世纪初由于罪犯福利、道德伦理、管理人员素质等问题被取消，到了20世纪80年代，由于社会控制政策增强导致的犯人增加和监狱拥挤、监狱预算增长缓慢等因素，私营监狱得到长足发展。尽管私营监狱面临着道德、伦理、法律等问题，但是私营监狱的经济和管理优势仍然使其具有强大的生命力，可以预见，只要宣传和监管得当，私营监狱将会得到长足发展。三是监狱管理方式的社会化，以促进罪犯更好地回归社会。如《联合国少年司法最低限度标准规则》规定"应努力提供帮助少年重获社会新生的半监禁办法，如重返社会训练所、教养院、日间训练中心及其他这类适当的安置办法"。又如美国的罪犯自治模式，它假定监狱为一个小社会，监狱当局为培养罪犯自治能力，仿照美国三权分立原则，让罪犯自己管理自己，监狱官员仅负责指导、辅助和监督。监狱管理社会化的三大趋势在当代西方国家方兴未艾，大有继续扩展的势头，这与西方国家行刑理念的社会化有很大的关系。

3. 监狱管理科技化的趋势

随着自然科学和社会科学的发展，在西方国家，无论是监狱管理理论界，还是监狱管理实务界都非常重视将自然科学和社会科学引入监狱管理实践中。在监狱安全管理方面，许多电子防逃技术（如电子栅栏、电子监控等）得到应用；在罪犯矫正方面，由于各个领域专家的参与，关于各种类型的罪犯的矫正方案不断被研发出来并运用到监狱管理实践中；在罪犯教育方面，通过计算机远程教育技术，使得对罪犯的教育成本大大降低。正如有专家认为，"后现代的监狱将进入技术矫正时代，现代自然科学、社会科学的成果将广泛地运用于监狱工作中，例如，罪犯在自己的监舍中就可以参加对他处罚的听证。"[①]

4. 监狱管理专业化的趋势

由上文分析可知，自然科学和社会科学的发展导致了监狱管理科技化，而监狱管理的科技化必然导致监狱管理的专业化。西方国家监狱管理医疗模式的产生与西方国家医学科技的发展以及弗洛伊德精神分析理论的影响有关，它强调对罪犯的个别化处遇，因此有必要加强对罪犯的分类，

---

① 郭建安：《西方监狱制度概论》，法律出版社，2003，第19页。

以便于帮助心理学、精神病学和社会学工作者开展工作。德国分配监狱中的特别委员会的成员就包括了法学家、精神医学家、心理学家、社会学家、教育学家、社会工作者、劳动顾问和执行官员等，他们根据对罪犯的调查结果来决定将罪犯投入何种监狱。这种现象都是监狱管理专业化的体现。从1993年起，日本也对刑务所的内部机构进行了较大改组，增设了处遇部，设立了"矫正处遇官"和"首席矫正处遇官"职位，建立了专家治狱体制。英国监狱系统也加强了监狱管理人员的专业化培训，他们与剑桥大学合作开办了面向监狱管理人员的公共关系与管理课程班。"对于监狱高层的领导，更应该强调科学管理的原则；对于监狱基层工作者来说，系统管理罪犯的方法将变得更为重要；对于中层的监督和管理者，技术上的管理能力将成为高效率工作的核心……随着社会的发展，罪犯的复杂性也进一步增加，特别是一些严重的犯罪分子，需要特别专业的知识来应付他们。"[①]

三 西方监所管理体制

监狱管理体制是指国家如何对监狱机构行使管理职能的体系与机制。从垂直的管理层次来看，它大致可以划分为两个层面：一是宏观管理体制，即政府管理监狱的组织和体系；二是微观管理体制，即监狱内部的管理结构和体系，以保证监狱管理工作顺利进行。

（一）宏观管理体制

1. 宏观管理体制的类型[②]

从西方国家的具体情况来看，监狱的宏观管理体制呈现出不同的情况。可以根据不同的标准对这些管理体制进行分类。

（1）以管理层次为标准的分类

根据国家在管理监狱的过程中是否通过中间层次进行管理，大致可以分为两种体制。一是直接管理，指国家监狱管理部门直接管理监狱的体制。这种体制主要是一些较小的国家采用。如比利时的司法部内设监狱管理局直接管理全国的31个监狱、1个社会防卫机构和2个精神病人机构。二是

---

① 郭建安：《西方监狱制度概论》，法律出版社，2003，第21页
② 参见吴宗宪《当代西方监狱学》，法律出版社，2005，第44~46页。

间接管理，指国家监狱管理部门通过中间机构（如地区办公室）管理监狱的体制。这种体制主要由一些较大的国家采用。如加拿大矫正局下设了5个地区分局来间接管理监狱。

（2）以管理系统的数量为标准的分类

根据国家管理监狱系统的系统数量，可以大体上分为两种体制：一是单一系统模式，指在一个国家中只有一个系统管理监狱的体制，主要由单一制的国家采用。在这种模式下，较小的国家不再设立中间层次，而是由国家监狱管理部门直接管理具体的监狱。二是多个系统模式，指在一个国家中由多个系统管理监狱的体制。在联邦制国家中，监狱管理系统一般分为联邦系统和州（省）系统，它们分别有一套自己的监狱管理系统，通常互不隶属。如美国的联邦监狱局管理联邦监狱系统，各州的矫正局或监狱局管理本州的监狱。[①]

2. 各国宏观管理体制概述[②]

监狱系统通过执行刑罚和改造罪犯，直接为维护社会秩序和预防犯罪服务，在国家司法体系中拥有重要的地位。几乎所有西方国家都由司法部、内务部、法务省这样的国家权力部门来管辖、领导和监督监狱系统。由于各国社会历史发展、法律体制等方面的差异，在监狱的宏观管理体制上也有所不同。

（1）英国监狱的宏观管理体制

英国的监狱隶属于内务大臣，在内务大臣之下设立监狱委员会主管全国狱政。监狱委员会由监狱行政总监、副总监、监狱体制与设施方面的长官、义务政策的长官、人事与财政方面的长官、医疗服务方面的长官、地区级长官等组成。监狱委员会向内务大臣负责，每年必须向内务大臣汇报监狱情况，向国会两院提交关于每所监狱的年度报告。英国监狱的监督机关是监狱视察委员会，包括地方监狱视察委员会和已决犯监狱视察委员会。前者由内务大臣规定的法院任命，后者则直接由内务大臣任命。监狱视察委员会的职能是，协助与监督监狱委员会的管理工作和监督监狱的行刑情

---

① 美国的大部分州的监狱管理机构都称为"矫正局"，不过，内华达州的矫正机构管理部门被称为"监狱管理局"。

② 参见郭建安《西方监狱制度概论》，法律出版社，2003，第23~26页。

况，并按期向内务大臣报告。

（2）美国监狱的宏观管理体制

由于美国是联邦制国家，因此存在两个监狱管理系统。在联邦层面，由司法部内设的联邦监狱管理局负责管理联邦一级的监狱。联邦监狱管理局通过设立在费城、亚特兰大、堪萨斯、达拉斯和加利福尼亚地区的分部管理着100多个联邦监狱。联邦监狱管理局下设教育计划处、计划发展处、医疗服务处、联邦监狱工业有限责任公司、国家矫正学院、总顾问和复审处等内部机构。监狱局的局长由司法部部长任命，并接受司法部部长的管理和监督。按照美国法律规定，除陆军或海军忏悔院外，执法检察官有权监督和管理所有联邦监狱和忏悔院。在州层面，一般由州政府成立一个独立的部门——矫正局，负责管理该州除联邦监狱以外的其他监狱。矫正局的负责人由州长直接任命，对州长负责。

（3）法国监狱的宏观管理体制

自1911年起，法国监狱部门便由内务部划归了司法部管辖，成为司法部的第九司，下设三个处：刑罚处、刑满释放处和行政管理人事处。刑罚处主要负责监禁制度的执行和狱内安全警戒等问题，刑满释放处主要负责为犯人重返社会服务，行政管理人事处主要负责监狱警员的招聘、培训和管理工作。此外，法国司法部的刑事特赦司的刑事审判处负责对罪犯的赦免和假释工作，第十司负责监狱的设施和海外的监禁机构。法国的监狱和司法部监狱局之间还有九个地区监狱管理局，每一个地区监狱管理局一般都管辖几个省的监狱。目前法国有九个监狱区。

（4）德国监狱的宏观管理体制

德国的自由刑和剥夺自由的保安处分由各州的司法行政机关负责执行，监狱隶属于各州的司法行政机关领导，并由各州司法机关实施监狱的监督权。尽管联邦政府设有司法部，但并不参与刑罚执行和管理监狱，在联邦司法职权范围内被判处自由刑的犯人，由联邦出资执行刑罚。州司法机关有权颁布必要的行刑法规，按照州议会通过的财政预算方案向监狱提供经费，并进行人员培训。关于对监狱管理的监督问题，各州有所不同。德国大多数州都实行二级制组织结构，即监狱直接接受州司法机关的监督和领导。而下萨克森州和北威州等实行三级制组织结构，即在州司法机关和监狱之间设立一个司法执行机构作为中间主管机关，其主要任务是通过视察接收犯人，裁定犯人的申诉来对监狱实行监督。

（5）日本监狱的宏观管理体制

日本的监狱又称刑务所，刑务所所长由法务大臣任命，名义上受法务大臣监督指挥，实际上日常是由法务省的矫正局、矫正管区监督指挥。日本在内阁的法务省内设置有矫正局，负责全国的矫正工作和对所有矫正机构的管理。另外在法务省内还专门设有保护局（负责"更生保护"工作，并与矫正工作相配合）、矫正保护审议会（负责矫正工作的咨询）、法务综合研究所（负责对矫正中的有关问题进行研究）。矫正局将日本全国划分为八个"矫正管区"，并将其作为自己的派出机构，对各自管区的矫正工作和矫正机构实施监督和管理。矫正局下设总务课、保安课、受刑人作业课、教育课和医疗分类课。此外，矫正局还下设"矫正研修所"，承担司法矫正业务研究和司法矫正人员进修的任务。

3. 监狱类型的设置[①]

为了便于管理、促进改造和更好地执行刑罚，西方国家设置了不同类型的监狱。因为美国监狱的类型设置比较全面，在西方国家中具有较大的代表性，所以下面将以美国为例，从不同角度来介绍监狱类型的设置。

（1）按行政管辖进行分类

按照行政管辖权的不同，美国的监狱可分为联邦监狱、州监狱和地方监狱三种类型。联邦监狱主要关押触犯联邦法律的罪犯，现役军人犯罪后，一般也关押在联邦监狱。州监狱是管理触犯州法律、刑期在一年以上的罪犯。地方监狱大致相当于我国的看守所，基本上由警察机关管理，关押犯罪嫌疑人和判刑在一年以下的罪犯。

（2）按警戒等级进行分类

根据监狱的警戒等级的不同，美国监狱大致可以分为最低警戒度监狱、中等警戒度监狱和最高警戒度监狱三种类型。这三类监狱在监狱建筑与设施、关押犯人特征与数量、工作人员配备等方面，均有不同。

最低警戒度监狱的主要特点是监狱的四周只有稍许的安全设施，对罪犯的活动和自由限制很少，一般关押的都是危险性较低、非暴力的初犯。设置这类监狱的目的是考虑到有利于罪犯重新返回社区，一些罪犯白天可

[①] 参见郭建安《西方监狱制度概论》，法律出版社，2003，第27~33页。

以到附近学校学习和从事社会工作，晚上返回，以利于罪犯的更新。这类监狱通常也成为一个转运站，一些在最高警戒度监狱服刑的罪犯在假释和释放前转运到该监狱。

中等警戒度监狱的四周一般都用单层或双层的铁丝网篱笆墙围住，墙顶部安装有带刺的或带铁尖的铁丝网，对犯人的活动和自由限制严于最低警戒度监狱，宽于最高警戒度监狱。这种监狱既注重对罪犯的控制，同时也注重对罪犯的更新改造。

最高警戒度监狱主要关押有高度危险性的暴力累犯，因此其安全措施非常严格，设有武装看守，目的是最大限度地防止和减少罪犯的逃脱、暴力和暴乱。罪犯在狱内的活动和自由有严格限制，主要重视监禁和安全，相对忽视对罪犯的处遇和更新。

除了这三种监狱外，还有一种超高警戒度监狱，主要关押最为危险和最为恶劣的罪犯，他们多数被判终身监禁，对他们实行严格的单独监禁。

(3) 从管理角度进行分类

从对罪犯管理角度进行分类，监狱大致可以分为接收分类中心、男犯监狱、女犯监狱、混合监狱、少年犯监狱、医疗中心和军训式矫正中心。刑期在一年以上的罪犯一般首先送到接收分类中心，这类中心在有的州是一个独立的机构，有的州是作为监狱的一部分。

接受分类中心一般在三到六周的时间内，对罪犯进行各种项目的评价与分类，以保障罪犯能被关押到适当的安全警戒等级的监狱。

男犯监狱和女犯监狱在管理方式上根据男女的特点有所不同，女监更加注重创造一种类似家庭的氛围，以利于女犯的更新改造。为了经济和有利于更新等目的而建立的混合监狱，最大的特点是严格限制男女犯人之间的任何形式的身体接触，包括握手。

历史上的少年监狱有以下几种形式：避难所、改造学校、改造家庭、少年教养院、学习中心。而现在少年犯监狱的主要形式是少年训练学校，其主要特点是四周没有狱墙或者仅有铁丝网围起来的篱笆，没有武装的警戒人员。训练学校主要有两种形式：一是集体居住、集体活动的形式，一是分散居住、分散与集体活动相结合的形式。分散居住是让少年犯以家庭的形式组织起来，几个人居住在一个类似一般居民的小屋，每个家庭有一个"母亲"，"母亲"由热爱孩子的已婚女工作人员或者社会志愿者担任。

这一组织形式的设计目的是想创设一种家庭式的氛围，有利于少年犯更新改造。

医疗中心。美国少数州设有单独的监狱医院，大多数州与接收分类中心设在一起，主要承担对罪犯的体检以及较重病号的治疗护理，包括艾滋病患者的护理。

特殊犯监狱。主要关押罪犯中的精神病患者、智力不健全者、性犯罪者、有犯罪癖者、嗜酒者、吸毒者等。

军训式矫正中心是一种新兴的、半军事化管理的，以关押短刑期犯、初犯为主的监狱。一般服刑期为 90~180 天，罪犯较好地完成类似军队的严格训练以后，将被转到社区矫正机构再接受一段时间的监管，如缓刑、假释和强化监督等。这一形式是在美国监狱过于拥挤、监狱花费较高的背景下产生的，近来受到越来越多的重视。

（4）按所有制性质进行分类

从所有制形式上看，美国监狱可分为公共监狱和私营监狱两种形式。公共监狱的经费纳入联邦、州和地方政府的财政预算。美国的私营监狱在 19 世纪工业革命时期得到了较大发展，但在 20 世纪初由于罪犯福利、道德伦理、管理人员素质等问题被取消，直到 20 世纪 80 年代，由于公共监狱过于拥挤、开支过大、效率偏低等因素的影响才又兴盛起来，但一直饱受争议。私营监狱指的是非政府机构通过承包的形式对监狱实施全部的管理职能。除了完全的承包以外，目前美国还有其他三种比较普遍的私人参与管理的形式：一是监狱的生产由私营公司经营；二是私营公司承担新建监狱的全部或部分投资；三是私营公司通过合同的形式承担监狱的服务项目，包括健康服务、食品服务和其他生活服务等。

（二）微观管理体制

监狱的微观管理体制是指监狱内部的管理结构和体系。由于社会历史发展、政治体制和刑罚理论的不同，各国监狱的微观管理体制呈现出不同的特点。下面将从监狱内部管理机构的设置和监狱官员管理制度的角度进行比较法的考察。

1. 监狱内部管理机构的设置

西方国家监狱的内部管理机构的设置一般都是由各国的监狱法规或章程规定的，与监狱的管理目的和管理任务有着密切的关系。

(1) 英国监狱内部管理机构的设置

一般来说，英国监狱由监狱长领导。在监狱长之下除设置监狱长办公室外，还设置有执行科、安全科、财务科、医务科、人事科、劳动科等。执行科是负责具体制定与执行刑罚执行计划的部门，下设服务部、活动部、监舍管理等部门。服务部主要承担会见室、食堂和卫生管理等任务；活动部主要承担罪犯教育、劳动作业、感化措施施用、宗教教诲等。安全科主要负责监狱外围管理、大门警卫、警犬使用、隔离管理等。

(2) 美国监狱内部管理机构的设置

美国监狱与英国监狱一样，实行监狱长负责制。下设监狱长办公室和专职分管人事的工作者，监狱长一般通过四个职能部门对罪犯进行监管和改造：管理、监禁、治疗矫正和生产。管理部门主要负责监狱的预算和账目、食品服务、服装供应和换洗、设备保养维修等生活服务工作；监禁部门主要负责监狱的安全警戒；治疗矫正部门主要负责罪犯的医疗服务、教育、咨询、宗教事宜和假释的准备等。监狱的基层单位一般称作单元，类似我国的监区，每一单元设主任一人，一部分人员分管对罪犯的警戒和管理，另一部分人员分管治疗和矫正。每个监狱一般还设置了一个严管队，对违反监规纪律和有脱逃危险的罪犯给予更为严格的监控。

(3) 德国监狱内部管理机构的设置

德国监狱采取的是监狱长领导下的分工负责制。监狱长对外代表监狱，对内负责监狱管理工作的分工，听取各部门负责人的工作汇报并作出相应的指示，召开各种讨论会并决定刑罚执行中的重大问题。监狱长下设三名高级助理，一名主管监狱的劳动；一名主管后勤工作；一名主管监狱行政工作，负责解决刑罚执行中遇到的各种法律问题、监狱的涉外工作等。这三名高级助理都有自己管理的部门、秘书，并由中级职务的官员协助工作，他们只对监狱长负责，服从监狱长的领导。另外，监狱长还负责指定各部门的负责人，这些部门负责人除了履行本职工作，还参与监狱重大问题的讨论。

(4) 日本监狱内部管理机构的设置

日本的监狱又称为刑务所，大型刑务所设五部，小型刑务所设二部。大型刑务所一般由总务部、教育部、管理部、医疗部和分类审议室五个部门组成。总务部下设总务科（负责文秘、档案、人事管理与训练）、会计科和供应科；教育部下设教育科（负责文化和特种教育）和福利科（负责娱乐和生活辅导）；管理部下设保安科（负责安全和纪律）和作业科（负责犯罪劳动、职业培训、劳动器材、设备和项目管理）；医疗部下设卫生科和医疗科。日本刑务所由所长掌管全部事务，所内由总务部部长负责协调所内日常事务，所长不在时，由总务部部长代理所长。"刑务官会议"是所长决策时的咨询机构，成员包括各部门长官以及若干必要的官员。从1993年起，日本对刑务所的内部机构进行了较大改组，增设了处遇部，设立了"矫正处遇官"和"首席矫正处遇官"职位，建立了专家治狱体制。

2. 监狱官员管理制度

监狱官员是监狱管理制度的关键因素，随着监狱从单一的刑罚执行场所到刑罚执行和矫正改造职能合一的场所的演变，监狱管理官员的分工越来越细，专业素质要求越来越高，形成了比较系统的监狱官员管理制度。西方国家的监狱官员大致可以分为行政管理人员、看守人员、专业技术人员和监狱辅助人员等几大类。下面将对各类监狱官员的职责、任职资格、招聘、任用等管理制度进行比较法考察。

（1）行政管理人员

监狱的行政管理人员包括监狱长和各职能部门负责人，他们负责管理监狱里的各项活动，以及在押犯人和监狱工作人员。西方的监狱通常都是监狱长负责制，因此对其的任职资格、招聘、任用等都有严格的规定和程序。比如美国，监狱长的任职资格至少应包括：相应学科的学士学位、五年以上的相关管理经验等。监狱长的人选由矫正局专门机关进行考察，最后由矫正局局长确定。监狱的中层行政管理人员包括工厂厂长、教育负责人、医院负责人等。

（2）看守人员

监狱的看守人员主要负责维持监狱的秩序，保障监狱的安全，但与中国不同的是，西方的看守人员一般不负责对罪犯的矫正改造。根据警戒区域的不同，看守人员可以分为以下几种：生活区警官、零散工作警官、生产区和教育区警官、场院警官、行政办公区警官、狱墙警官、替换警官等。由于"看守人员"一词容易造成负面的影响，因此从1993年开始，美国矫正协会要求用"矫正警官"来替代。看守人员的任职资格包括一定的文化水平、良好的品行、特别的专业训练等。

(3) 专业技术人员

监狱的专业技术人员指的是具有一定的专业知识和技术并在监狱从事专业性较强的工作的管理人员，他们一般都需要取得相应的职业资格。大概包括如下几种：一是医务人员，负责监狱的医务工作；二是文化与职业技术教师，负责对罪犯的教育和职业培训；三是精神健康工作者，负责对罪犯的精神疾病进行预防和治疗；四是心理学工作者，负责对罪犯进行心理测试，参与罪犯的矫正计划，并对罪犯遇到的心理困扰进行心理咨询和治疗；五是个案管理者，主要负责具体罪犯或案件的处遇管理；六是社会工作者，负责向罪犯提供社会帮助，提高他们处理和解决自己事务的能力；七是监狱的牧师和宗教人员，负责向罪犯提供宗教服务和进行宗教忏悔服务。

(4) 辅助人员

监狱辅助人员指除了上述人员外，在监狱中从事辅助性工作的管理人员。这些辅助工作包括：后勤管理与保障、生产劳动管理与经营、办公室工作等。监狱的辅助人员一般不着制服，通过与监狱签订工作合同来履行职务。

四　西方监所管理的具体制度

监狱管理的具体制度指的是监狱管理人员在管理监狱过程中形成的、针对具体对象和事务的制度。按照监狱是否正常运行，可以将监狱管理的具体制度分为日常管理制度和危机管理制度。

(一) 日常管理制度

监狱日常管理指的是监狱管理人员在监狱正常运行时需要从事的管理事务。西方监狱日常管理制度非常复杂，本部分将选择与监狱暴力和罪犯矫正相关的重点管理制度进行比较法考察。

1. 入监教育制度

在西方国家的监狱里，通常必须对新收押的罪犯进行入监教育，其目的是让罪犯尽快熟悉监狱的规章制度，知道自己的权利与义务，以便顺利地度过自己的监狱生活。在英国，监狱长或者其授权的监狱官员必须在罪犯收押后的24小时内，向罪犯提供法律规定的相关文件和规章，以保证其了解自己的权利与义务；对于文盲罪犯，必须通过其他特殊的方式和方法保障其知情权。在法国，监狱长或其指定的工作人员应该在罪犯入狱的当天或者第二天会见罪犯，并对其进行入监教育，教导其遵守监规。在意大利，犯人入监时，监狱应该给每个犯人发放一份监狱法、执行细则和监狱规章摘要，并标明可以查询全文的地点。通过向罪犯阐明相关规章制度的道理，来促使罪犯认真遵守监规。

2. 分类与累进处遇制度

（1）分类制度[①]

对犯人进行入监教育以后，最重要的事情就是分类了。所谓罪犯分类制度，指的是由分类机构按照一定的标准和技术将罪犯予以区分，并以此为依据对其施以不同的处遇和不同的矫正措施。罪犯分类制度是监狱管理制度中的一个基础性的制度，累进处遇制度、安全警戒制度和矫正制度等其他监狱管理制度都是以其为基础和前提展开的。虽然西方国家早在16世纪就开始对囚犯进行分类，但近代意义的罪犯分类制度起源于18世纪的监狱改革运动。意大利的刑法学家贝卡利亚和英国的监狱改革家约翰·霍华德主张根据罪犯的性别、犯罪的严重程度、精神健康状况对犯人进行分类关押，随后英国等欧洲国家在这些理论的基础上建立了罪犯分类制度。经过19世纪的发展，罪犯分类制度逐渐开始流行，美国、加拿大和日本等国在20世纪上半叶都纷纷建立了自己富有特色的罪犯分类制度。

在西方国家，罪犯在投入监狱服刑之前，一般都要经过调查分类，然后投入不同类型的监狱，享受不同的处遇。而调查分类一般都是由专门的机构负责。这类机构在日本被称作分类中心，日本各矫正区和刑务所都设立了专门的分类中心，对罪犯进行分类。在德国，分类机构被称为分配监狱，在分配监狱中设有特别委员会，该委员会一般由一名法学家任主席，其成员包括了精神医学家、心理学家、社会学家、教育学家、社会工作者、劳动顾问和执行官员等，他们根据对罪犯的调查结果来决定将罪犯投入何种监狱。根据德国法律规定，罪犯的分配还要根据各州罪犯的总数、监狱的数量以及不同的执行方式而定。

综合西方国家的法律规定和监狱管理实践，西方国家的罪犯分类标准

[①] 参见郭建安《西方监狱制度概论》，法律出版社，2003，第92~102页；参见吴宗宪《当代西方监狱学》，法律出版社，2005，第211~225页。

一般是从以下几个方面来考虑的：一是个性特征，包括性别、年龄、犯罪严重程度、成长环境、国籍等个人因素；二是安全需要，包括罪犯的逃跑危险、违纪情况、公共危险等因素；三是矫正需要，包括职业训练的需要、义务教育的需要、专门治疗的需要等因素；四是其他标准，如美国还将罪犯分为情境犯、职业犯、性罪犯、违禁物滥用者等。随着分类标准的发展，西方国家分类技术也在不断深化发展。早在20世纪70年代美国就采用了不同的量表对罪犯进行调查分类；加拿大的矫正局也制定了初次分类和再次分类的标准量表；分类技术最有特色的要数日本，根据日本《受刑人分类规程》的规定，罪犯分类调查要根据医学、心理学、社会学、犯罪学等知识、技术和原理，利用观察、检查、心理咨询、心理测试、谈心甚至娱乐等方法，采用问答、填表、作文等方式，对涉及罪犯分类的各项问题进行深入调查。罪犯分类在西方国家是一个动态的过程，初次分类以后，还要根据罪犯的表现、刑期和以后的调查进行再次分类。

从近代意义的罪犯分类制度产生以来，西方国家现行的分类制度已经有了长足的发展。但是也存在分类重叠和模棱两可、对行为推测不准确、监狱分类管理过于注重公众反应等问题，给罪犯造成一定的伤害从而影响了对他们的治疗和更新。

（2）累进处遇制度

累进处遇制度指的是"一种将罪犯刑期分为若干阶段，每个阶段设定不同处遇，监狱管理人员根据罪犯所判刑期、服刑时间和在监狱内的表现等因素予以动态调整的制度"。[①] 该制度的目的是使对罪犯的处遇与罪犯的悔过程度挂钩，以此来鼓励罪犯悔过自新，从而达到重新回归社会的目的。累进处遇制度是西方监狱管理制度科学化的标准，在监狱管理制度中占据着重要的地位。累进处遇制度起源于19世纪初英国殖民地澳大利亚的释放证制度，该制度在经过1812年、1822年和19世纪40年代的数次改革之后，形成了现代累进处遇制度的雏形。此时的诺福克岛监狱对罪犯采取考核记分制，将罪犯的服刑过程分为三个阶段：刑罚阶段、社会阶段和个人化阶段。考核达到一定分数以后，罪犯可以向上跃进一个阶段，享受更好的待遇。获得规定分数的罪犯最终将获得假释。1854年爱尔兰的瓦特·克伦夫

---

① 郭建安：《西方监狱制度概论》，法律出版社，2003，第102页。

顿总结了澳大利亚的初级累进处遇制的缺陷，形成了爱尔兰制。这一制度的成功，促进了美国、英国、德国和日本等国的监狱管理制度改革，各国纷纷借鉴累进处遇制度。

累进处遇制度的目标是促进罪犯的悔过自新，从而达到使罪犯重新回归社会的目的，因此，决定罪犯处遇等级的依据就与此相关了。例如，美国罪犯累进处遇等级的依据是罪犯的表现、危险程度和刑期；英国罪犯累进处遇等级的依据是有关规定、罪犯的服刑计划和罪犯所获得的分数。尽管现代西方各国都普遍实行累进处遇制度，但是各国的制度还是有许多不同之处，主要差别在于级别划分不同和享受的处遇内容不同。例如，美国将累进处遇的等级分为严管、一般管理和宽管，监狱管理当局可以根据罪犯的表现将之转入不同警戒等级的监狱，让罪犯享受不同的待遇；英国的累进处遇等级分为基本级、标准级和最高级；日本的累进处遇等级分为四到一级，每一级都要佩戴相应的标志。

3. 罪犯矫正制度

（1）教育矫正制度

在当代西方国家，虽然对罪犯能否矫正还存在很大的争议，但主流思想仍然肯定了罪犯矫正，主张对其进行教育，而且各国的法律一般也将罪犯教育规定为监狱管理的一项重要任务。罪犯教育包括文化教育、职业技术教育和其他教育。

罪犯文化教育包括义务教育和高等教育。其中义务教育是罪犯文化教育的重点，因为罪犯中很大一部分没有完成义务教育。英国要求所有未成年罪犯必须参加义务教育，每周不少于15个小时；德国监狱部门为文盲罪犯提供扫盲教育，为未完成义务教育的成年人提供义务教育，在少年监狱中进行学校补救教育。但罪犯文化教育往往因为监狱安全的需要，罪犯学习时间得不到保障；因为教师和教材的匮乏、经费的限制，教学内容比较陈旧和过时。

罪犯职业技术教育在西方被认为是促进罪犯回归社会的重要手段，因而备受重视。美国早在1870年第一届监狱协会召开时就提出了应该对罪犯进行职业教育，现在的美国监狱为罪犯提供多种职业训练，如电工、机工、修理工等等，女子监狱还提供了一些适合女性的职业训练，如美容、食物加工等。英国和加拿大也针对罪犯的需要和一定的市场需求向罪犯提供职业技术和技能训练。但在西方国家一些监狱中，存在着培训人员的素质不高、训练设备落后等问题，罪犯也因释放后的歧视造成的找工作困难，而影响其参加训练的积极性。

同时，西方国家的许多监狱还向罪犯提供其他形式和内容的教育。比如美国监狱一般都对罪犯进行道德和人生教育，采取的不是灌输式教育，而是专题讨论的形式；英国的罪犯体育教育则备受罪犯青睐；德国监狱给罪犯开设社会教育课程，教育罪犯如何处理日常生活中的问题，以更好地促进其回归社会；日本监狱则向罪犯提供生活指导和视听教育。

（2）心理矫正制度

罪犯心理矫正是指运用专业心理学的知识、技术和措施等来治疗罪犯的心理问题，从而影响和诱导罪犯行为的一种心理教育活动。在英国，尽管心理矫正还未发展成熟，但国家新成立的"监狱卫生政策小组"和"监狱卫生工作承担者"已将心理卫生纳入了监狱卫生管理工作中，使其成为监狱管理工作的一个重要部分。而美国监狱一般都有全日制的专业心理矫正人员，他们的职责是对罪犯进行心理测试和心理疏导，主要采取两种形式：一是个别心理治疗，即心理矫正工作者与罪犯进行单独对话的形式，包括现实性治疗和换位分析两种；二是小组心理治疗，即在心理矫正工作者的组织指导下，让罪犯通过小组形式讨论有关问题，从而取得共识，改变其犯罪思想和旧的生活模式。调查表明，这种小组讨论的形式取得了积极的进展，有利于避免罪犯重新犯罪。加拿大的罪犯心理矫正更加系统成熟，主要有如下几种类型的心理矫正："对位"矫治项目、药物滥用矫正项目、性犯罪罪犯矫正项目、暴力预防项目、生活技能项目等。而德国的心理矫正内容则主要包括心理治疗、社会工作、职业培训和劳动治疗、从宽执行，采用了心理分析、谈话治疗、行为疗法等心理治疗的方法，取得了一定的矫正效果。

（3）宗教矫正制度

从近代监狱产生的那天起，宗教教诲便在监狱矫正制度中占据十分重要的地位，尽管随着社会的发展，宗教教诲的地位已有下降趋势，但仍然保持着重要的影响力。西方宗教信仰自由是罪犯的权利，因而法律对罪犯的宗教信仰权和宗教教诲进行了明文规定，其主要形式包括个人教诲、集体教诲、集中教诲、静思教诲等。美国宪法第一修正案就规定了保护公民的宗教信仰自由，所以在美国的大多数监狱中都有全日制的牧师，他们必须通过被认可的教会委员会的委任。而英国的每一个监狱都有一个牧师队，其中包括国教牧师、罗马天主教牧师、卫理教派牧师等。法国的刑诉法典单设了一节来规范监狱内对罪犯的宗教教育，规定了宗教教育的组织者的义务、犯人同神职人员交谈的权利、犯人同神职人员通信的秘密和自由、宗教教育的时间保证，等等。而日本的法律则明文规定，禁止监狱官员对罪犯进行宗教教诲等活动，对罪犯的宗教教诲只能是根据罪犯的要求，由宗教的神职人员来进行。

4. 惩戒与奖励制度

（1）监狱纪律与惩戒制度

西方国家一般都在监狱法规中系统地规定了监狱纪律和犯人义务，如果罪犯违反了监狱纪律和犯人义务，将会受到不同程度的惩戒处罚。尽管西方各个国家对罪犯违纪行为有着不同的分类和不同的惩戒措施，但是一般都把罪犯的违纪行为分为三类：一般违纪行为、一般犯罪行为和严重犯罪行为。综合各国的规定和实践，惩戒措施一般有如下几种：单独禁闭、限制会见、限制通信、限制接受包裹、转移到更严格监管的监狱或者监区、不准暂时离监、限制参加娱乐活动、警告、限制交往、经济惩罚等，也有其他惩戒措施，如立陶宛的饥饿惩罚，立陶宛、美国和加拿大的附加义务劳动，英国和瑞典的延长刑期，西班牙的周末隔离等。

另外，西方国家对犯人惩戒的程序主要有以下几个方面。一是惩戒措施的决定者。在美国是一个纪律惩戒委员会或者听证委员会，主要由监狱官员、治疗官员和分类工作人员组成；在法国是一个内部纪律法庭，由监狱长和其助手组成，但是负责执行刑罚的法官可以对内部法庭进行干预。二是违纪行为的听证与调查。三是犯人的辩护和对犯人的帮助。四是书面文件和记录。五是犯人的诉冤机制，包括向本监狱申述、向监狱的上级管理部门申述、向法院提起诉讼等。

诉冤机制的主要内容包括如下几个方面。一是囚犯有权了解监狱的有关信息，特别是监狱的纪律、违反纪律会受到怎样的惩罚等，如加拿大《矫正与有条件释放法》第27条就对此做出了规定，加拿大的矫正局还为罪犯提供了一本名为《罪犯控告和诉冤制度》的小册子，以最大限度地保障罪犯的知情权；美国的马里兰州的《罪犯手册》也对此做了相应的规定。二是囚犯有权通过不同的渠道提出自己的冤情，加拿大的《矫正与有条件释放法》详细规定了监狱调查员制度，调查员可以对罪犯提出的任何控告进行调查。不仅如此，加拿大还向罪犯提供了一个19人（包括了议会、行政和法院等机构的首长）的特许通讯录，罪犯与他们的通信不受任何检查。三是囚犯有权获得对其诉冤的答复。西方各国认为对囚犯的投诉进行答复，是对囚犯固有人格的尊重，因此一般都规定必须答复罪犯的投诉。

（2）奖励优待制度

西方监狱不仅有对罪犯进行惩戒的严酷一面，还有对罪犯进行奖励的优待一面。对罪犯进行奖励优待主要取决于罪犯是否有良好的表现和工作绩效，其决定权掌握在监狱管理者手中，但奖励优待的条件一般都规定在监狱法规中。当社会气氛和刑事政策比较宽松时，罪犯的奖励优待一般比较多，但当社会气氛和刑事政策比较严厉时，罪犯的奖励优待一般就比较少了。西方国家中，英国的奖励优待制度最为系统。英国于1995年制定了《奖励和获得优惠待遇的全国框架》，并于1996年开始推广实行，它根据罪犯的表现将奖励优待分为三个等级：基本优待型、标准优待型、增强优待型。新入狱的犯人一般享受基本优待型。这种奖励优待制度对已决犯和未决犯采取了不同的标准。另外，西方国家也有和中国减刑制度类似的奖励优待制度，即刑期折抵奖励制度，指监狱的犯人以良好的表现在监狱中服刑一段时间后，经过考核可以获得减去一定刑期的奖励制度。刑期折抵奖励制度最早起源于1817年美国纽约州通过的《善时制法》，时至今日，美国绝大多数州通过了类似的法案，采用了类似的制度。另外，西方国家还有一种暂时离监制度，又称暂时释放制度，是指在西方国家监狱系统中允许犯人短时间离开监狱的制度，该制度的目的在于帮助犯人（特别是那些被判处长期监禁的犯人）处理紧迫事务或其他重要事务，以稳定犯人情绪。暂时离监并不是犯人的一种权利，而是一种优待，只有那些表现良好、暂时离开不会对公众造成威胁的犯人才会获得批准。奖励优待制度的推行，大大地增进了对罪犯的改造更新工作。

5. 释前教育与帮助制度[①]

（1）释前教育制度

释前教育制度是指监狱在罪犯刑满释放以前对其进行专门教育的制度，

---

① 参见郭建安《西方监狱制度概论》，法律出版社，2003，第89页。

这项制度的目的在于巩固先前对罪犯的矫正成效，促进其重新社会化，并预防其重新犯罪。英国监狱有"罪犯发展与释前训练"活动，这类活动一般是由监狱组织的，但是许多社会团体，比如"罪犯关心与再安置全国协会""市民咨询机构""匿名酗酒者"等团体经常参与这类活动。另外，大部分监狱还开设了就业课程，为罪犯提供就业教育。而日本监狱通常在罪犯释放前三天将其单独监禁，在这三天内，监狱教育部门将对其进行回归社会的教育，指导其出狱后的新生活，尽量减少其重新犯罪的可能性。

（2）释前帮助制度

释前帮助制度是指监狱在罪犯刑满释放前，针对罪犯出狱后可能遇到的困难和问题进行专门帮助的制度。英国几乎所有的监狱都有为罪犯出狱后的住房、就业提供咨询和信息服务的感化官员，他们通过互联网，或者通过与罪犯家庭所在地的感化官员和其他社会团体联系，来帮助罪犯解决住房和就业问题，而且还向罪犯提供心理健康咨询和戒毒等方面的咨询。在法国，监狱的社会福利官员在罪犯释放前会与其见一次面，并同释放人员感化救济委员会一起，帮助罪犯解决出狱后的住房、就业等问题。在意大利，监狱长应至少在罪犯出狱三个月之前，把罪犯将要出狱的消息通知监狱驻地的社会帮助委员会和社会服务站，并告知其向罪犯提供帮助所必需的材料。

（二）危机管理制度

尽管通过有效的日常管理可以降低紧急事件发生的可能性，但是监狱相对于外界社会仍然是一个具有高度危险性的地方，这是由关押的罪犯的危险性决定的。因此日常管理并不能消除危险，监狱管理当局必须建立有效的危机管理制度来处理突发的紧急事件。当然突发事件包括了自然灾害等非人为因素，但限于文章的主题，此部分主要从人为因素的紧急事件出发，来考察西方国家监狱的危机管理制度。

1. 危机管理的组织力量与计划[1]

（1）危机管理组织力量

为了处理监狱随时可能出现的紧急事件，西方国家的监狱一般都在监狱日常管理官员之外，单独设立了危机管理组织，并配备专门处理危机的

---

[1] 参见吴宗宪《当代西方监狱学》，法律出版社，2005，第99~102页、第337~341页。

设施。鉴于美国的危机管理制度最具代表性,因此,下文将主要考察美国的危机管理制度。

美国监狱一般都有专门的骚乱控制小组或者应急反应小组,来处理随时可能出现的紧急事件。美国监狱主要有三种类型的危机管理组织。一是传统型骚乱控制小组。该小组由监狱各部门的工作人员组成,小组成员必须接受特别的危机管理训练,并取得合格证书。该小组主要使用警棍、眩晕枪和化学药剂之类的防卫武器。二是武装型骚乱控制小组。该小组可以在危机特别严重时,使用致命武器来处理危机。三是战术型骚乱控制小组。该小组成员接受了危机处理的高级技能训练,如破坏路障、解救人质、精确使用各种类型的枪支等,能够对紧急事件熟练地做出反应。美国的监狱除了建立处理犯人骚乱和暴乱的专门小组外,在一些监狱还建立了应付其他危机的专门组织,如美国北达科他州州立感化院的自杀预防危机干预小组等。

(2) 危机管理计划

仅有处理危机事件的组织力量和必要的设备,还不足以很好地处理紧急事件,监狱必须制定详细的危机管理计划或者应急处理机制。美国加利福尼亚州的监狱管理当局就要求监狱长和监狱主管必须制定"骚乱控制计划",计划必须明确各部门工作人员的职责、应急处理措施、紧急情况向外界求助的程序等。由于监狱危机的内容和形式可能多种多样,因此,监狱危机管理计划的制定必须考虑到可能发生的各种情况。一个良好的监狱危机管理计划,一般都包括了如下几个方面:警报联络,保护现场,指挥、通知与回应程序,建立指挥中心,对危机情况的评估,准备应急小组,外部联络和准备预案等。

2. 防止与处置犯人自杀制度

在西方国家的监狱中,无论是看守所中的未决犯,还是监狱中的已决犯,都存在着严重的自杀问题,这已严重困扰了许多国家和地区的监狱管理部门。在美国,有研究表明:监狱中犯人的自杀发生率几乎是社区的两倍,而看守所的自杀发生率也要高于监狱。[1] 英国和加拿大也有类似的研究成果。导致监狱和看守所犯人自杀的原因比较复杂,因此,各国监狱和看

---

[1] Marilyn McShan & Frank P. Williams III (eds.), *Encyclopedia of American Prisons* (New York: Garland Publishing, Inc., 1996), p.453.

守所都采取了多种措施来防止和处置犯人自杀问题。

西方国家在看守所中采取的防止与处置犯人自杀问题的措施主要有两个方面。一是密切关注有自杀倾向和危险的犯人。西方国家的看守所一般都会定期提醒管理工作人员，要高度关注那些有自杀倾向和危险的犯人，对这些犯人要采取必要的干预措施。二是采取必要的自杀预防政策和措施。美国从 1995 年在看守所中采取犯人自杀预防政策和措施以来，已经取得了一定的成效。根据林赛·海耶的研究，[1] 一项成功的看守所自杀预防计划必须包括如下几个方面：① 管理工作人员的培训，培训内容包括看守所环境为什么容易引起自杀、引起自杀的潜在诱发因素、自杀高危期、自杀的警告信号等等；② 收押检查，通过收押检查来识别罪犯是否具有自杀的倾向；③ 交流，包括逮捕/移交工作人员与看守所工作人员之间、看守所管理工作人员（包括心理健康工作人员和医务人员）之间，以及看守所工作人员与在押人员之间的交流，以便及时发现犯人有可能自杀的信号；④ 住宿，应当及时安排有自杀倾向的犯人与其他犯人同住，并除去他们的腰带、鞋带等可能用来自杀的物品，如有必要可以对其身体采取强制措施，如配戴手铐等；⑤ 监督，一种是密切监督，即监督的间隔时间不超过 15 分钟，一种是持续监督，即对有自杀行为和自杀倾向严重的犯人要连续不断地进行监督；⑥ 干预，包括管理人员的心理干预和急救干预；⑦ 报告，管理人员要及时向上级报告自杀事件和犯人的自杀倾向，并及时通知犯人家属；⑧ 追踪和评论，包括自杀事件的报告、对预防管理工作的建议等。

而对于监狱已决犯自杀的预防，则主要包括两个方面：一是对自杀危险的识别，美国监狱对犯人的自杀危险都有主要的指标或者征兆参考，同样，在英国也如此；二是自杀行为的预防措施，看守所预防未决犯自杀的大部分措施都适用于已决犯。但也必须注意以下预防措施。一是对有自杀和自伤可能的犯人的管理。英国在 1994 年发展了一种"管理自杀者"计划[2]，该计划运用多种管理措施来预防犯人自杀：① 基本管理，即创造一

---

[1] Gary F. Cornelius, *Jails in America: An Overview of Issues* (Lanham, M.D.: American Correctional Association, 1997), p. 33.

[2] Steve Gravett, *Coping with Prison: A Guide to Practitioners on the Realities of Imprisonment* (London: Cassell, 1999), pp. 34 – 35.

种安全的环境，通过提供多种咨询帮助他们应付被监禁的生活，通过各种福利服务满足他们的特别需要；② 特别管理，即收监时对犯人的危险性进行评估，并根据评估结果对有自杀倾向和危险的犯人给予专门管理；③ 事后管理，即在犯人的自杀危机结束之后给予的管理；④ 监狱社区管理，即监狱中的每个人都有预防犯人自杀的任务，要动员监狱内的所有力量开展自杀预防工作。二是获取社会支持。西方国家有一种专门帮助心里极为苦闷而需要倾诉的绝望人士的组织，名叫撒马利亚会，监狱一般都与其密切合作，在必要的时候，让撒马利亚会的成员为自杀犯人提供帮助。英国现在还实行一种"聆听者计划"，让撒马利亚会的成员到监狱中帮助训练犯人，使犯人学会如何支持和安慰其他犯人，犯人和聆听者之间所说的任何话都是保密的。

3. 防止与处置犯人逃跑制度[①]

西方国家监狱跟所有国家监狱一样，都存在犯人逃跑的现象。西方国家监狱犯人脱逃一般都发生在最低警戒度监狱或者附条件释放期间，因为最高警戒度监狱由于罪犯的人身危险性高而采取了很好的防逃措施，而最低警戒度监狱则由于罪犯矫正与回归社会的需要对防逃不够重视。但并不是说最高警戒度监狱就没有脱逃想象，只能说最低警戒度监狱的逃跑率一般都比最高警戒度监狱高。西方国家的监狱管理当局一般都采用下列措施来防止犯人逃跑：

（1）逃跑名单。制定逃跑名单是英国发明的一种确定逃跑危险大的犯人的方法。根据"合理情报"认为正在计划逃跑的犯人和最近有逃跑记录或者企图逃跑的犯人，经监狱长决定将被列入逃跑名单。一旦被列入逃跑名单，就将被重点防范，例如，如果一名被监禁在较低警戒度的监狱中的犯人被列入了逃跑名单，那么他将立即被转入相应警戒度等级的监狱中。该决定必须通过书面或者口头的方式告知犯人。这种决定不是长期的，必须至少每28天审查一次这种决定，如果犯人的逃跑危险性降低，那么就应该将犯人从逃跑名单中除去。监狱对列入逃跑名单的犯人将采取严厉的预防监管措施：第一，在住宿方面，监狱一般将列入逃跑名单的犯人监禁在A

[①] 参见吴宗宪《当代西方监狱学》，法律出版社，2005，第380～387页；郭建安《西方监狱制度概论》，法律出版社，2003，第106页。

类犯人使用的小监舍内,并对小监舍采取严厉监管措施;第二,列入逃跑名单的犯人必须穿着"与众不同的逃跑名单衣服",并且夜晚必须将除睡衣以外的衣服全部上交,衣服第二天再返还给囚犯;第三,必须将列入逃跑名单的犯人最近的照片贴在大门上和信息室中,以便监狱管理人员熟悉,以及在犯人逃跑时,能够及时将照片分发给追逃的警察;第四,列入逃跑名单的犯人不能拥有任何有可能有助于逃跑的物品;第五,列入逃跑名单的犯人拨打所有电话都必须事先预定,除了法定电话之外,其他电话都必须接受监听和记录;第六,列入逃跑名单的犯人在监狱中的走动必须受到严密的监控;第七,列入逃跑名单的犯人参加其他活动必须经监狱长批准;第八,列入逃跑名单的犯人参加完所有活动之后,都必须接受全身搜查;第九,其他监狱外部安全措施。

(2) 制定罪犯逃跑追捕计划。西方国家监狱一般都制定有成文的罪犯逃跑追捕计划。如美国加利福尼亚州监狱当局就要求监狱制定任何时候都可以运行的罪犯逃跑追捕计划,包括逃跑事件的报告、追捕、逮捕等事宜。

(3) 电子防逃技术。美国加利福尼亚州的卡利帕特利亚州立监狱于1993年11月就开始使用通电栅栏,以替代监狱的围墙。这种通电栅栏减少了看守人员的数量,有效地减少了犯人逃跑事件的发生,因此,这种通电栅栏在美国迅速流行起来。当然,西方国家还采用了其他电子防逃技术,限于篇幅,在此就不一一介绍了。

(4) 空中领域管理。由于西方国家民用航空器的增多,许多国家都发生了利用直升机等航空器帮助罪犯从空中逃跑的事件,因此,许多国家的监狱管理当局都很重视监狱空中领域的管理。如西方许多监狱都在露天的放风场所、运动场所、走道等上空罩上铁丝网,防止囚犯从空中逃跑。同时,一些国家的法律也规定了防止空中逃跑的措施,如美国加利福尼亚州法律规定:应该明确告知犯人并张贴警告标志,如果未经允许靠近监狱附近的航空器,将有可能遭到枪击;如果某一航空器为了明显的逃跑企图而进入监狱的空中领域,工作人员有权采取必要的防止逃跑的措施。

当然,许多国家还采取了对犯人进行准军事化管理、培训专门的防逃工作人员等措施,这些措施都取得了不错的防逃效果。

4. 防止与处置监狱暴力行为制度[①]

监狱暴力行为对监狱的管理造成了非常恶劣的影响。西方国家将监狱暴力行为分为三种。一是罪犯之间的暴力行为。经研究发现，这种犯人之间的暴力行为占监狱暴力行为的大多数，是监狱管理中应该重点关注的问题。美国针对四个监狱的一项调查显示，每年有9.96%的犯人遭受过暴力侵害，而英国针对五所成年男性监狱的调查表明，每年遭受侵害的有13%，遭受性袭击的有7%，遭受暴力威胁的有33%。二是罪犯与监狱官员之间的暴力行为。这种暴力行为可以分为两种：罪犯对监狱官员的暴力行为和监狱官员对罪犯的暴力行为。尽管美国经常有报道说监狱工作人员被罪犯劫持为人质，但是罪犯对监狱管理人员的暴力行为毕竟只是少数，罪犯之间的暴力行为才是监狱暴力行为的常态。至于监狱管理人员对罪犯的暴力行为则在西方国家最受媒体和社会关注。

西方国家的学者对监狱暴力产生的原因进行了研究，产生了两种学说和观点：一是美国学者汉斯·托奇的监狱气氛特征助长监狱暴力说，该学说认为监狱暴力是由监狱环境本身造成的，监狱中的社会气氛具有助长暴力行为的作用；一是克里斯托弗·英尼斯等人的犯人特征与监狱暴力说，该学说认为监狱暴力行为是由监狱性质造成的，监狱暴力行为与犯人的特征有着密切的关系，监狱关押着大量暴力型的罪犯，随时都有可能产生暴力行为。前一种观点类似于"环境决定论"，后一种观点则是一种"暴力型犯人输入论"。我们应该综合地看待这两种观点，似乎只有将这两种观点统一起来，才能更好地解释监狱暴力行为产生的原因。

为了更好地防止和处置监狱暴力行为，西方国家都采用大量的措施来处理这一问题，这些措施包括：① 进一步做好罪犯分类工作，将暴力型罪犯和其他犯人分开关押；② 为那些担心自己会受到暴力侵害的罪犯提供向监狱官员求助的机会和渠道；③ 加强对监狱官员预防和处置监狱暴力行为的能力的培训；④ 增加监狱的空间面积，降低监狱的拥挤度；⑤ 畅通和完善罪犯的诉冤机制，切实保障罪犯的合法权利；⑥ 增加对犯人的奖励，以减轻其被监禁的痛苦；⑦ 加强对罪犯如何处理暴力行为以及对暴力行为的

---

① 参见郭建安《西方监狱制度概论》，法律出版社，2003，第107~109页；吴宗宪《当代西方监狱学》，法律出版社，2005，第524~530页。

危害的认识的教育；⑧建立危机干预小组，研究新型强制措施，如美国的新型无毒黏性泡沫器、辣椒喷射器等，以便在处置随时可能发生的暴力行为过程中，最大限度地降低对罪犯和监狱管理人员的伤害；⑨在立法中明确界定监狱管理人员对罪犯合理使用暴力和强制力的范围，加强对监狱管理人员滥用强制力的处罚，切实保障罪犯的合法权利。

5. 防止与处置监狱暴乱制度[①]

监狱暴乱具有暴力性、破坏性、失控性、群体性和持久性等特征，是造成监狱人员死亡和秩序混乱最可怕、最严重的暴力事件，是监狱管理内部矛盾激化的集中表现。西方国家监狱一般都曾发生过监狱暴乱。如美国从1900年到1995年总共发生了1334次监狱暴乱，平均每年发生十多起监狱暴乱，并呈逐年上升趋势；[②]同样，英国也存在监狱暴乱，但英国官方采取了"中和技术"来模糊监狱暴乱的性质；据加拿大官方资料显示，仅仅在1994~1997年三个年度，加拿大监狱系统就发生了14起监狱暴乱。[③]引起监狱暴乱的原因或者因素是多方面的，里德·蒙特格莫里等人对美国从1900年到1995年发生的1334次监狱暴乱进行了统计分析，发现了多种引起监狱暴乱的因素：[④]与其他犯人的冲突（399起，占29.91%）、不明原因（227起，占17.02%）、违反监狱规则（208起，占15.60%）、种族关系紧张（141起，占10.57%）、多种因素（108起，占8.10%）、与帮伙有关的因素（56起，占4.20%）、安全问题（46起，占3.45%）、和监狱工作人员对抗（45起，占3.45%）、监狱食物（42起，占3.15%）、大量犯人企图逃跑（25起，占1.88%）、酒精和毒品问题（19起，占1.42%）、谣言（18起，占1.35%）。

因为监狱暴乱会带来巨大破坏性和人员伤亡，因此西方国家都非常重

---

① 参见吴宗宪《当代西方监狱学》，法律出版社，2005，第341~368页；郭建安《西方监狱制度概论》，法律出版社，2003，第107页。

② Reid H. Montgomery & Gordon A. Crews, *A History of Correctional Violence: An Examination of Reported Causes of Riots and Disturbance* (Lanham, M.D.: American Correctional Association, 1998), p. 74.

③ Correctional Services of Canada, *Basic facts About Corrections in Canada* (1997), p. 22.

④ Reid H. Montgomery & Gordon A. Crews, *A History of Correctional Violence: An Examination of Reported Causes of Riots and Disturbance* (Lanham, M.D.: American Correctional Association, 1998), p. 68.

视对监狱暴乱的预防。西方国家主要采取了如下措施对监狱暴乱进行预防。一是研究监狱暴乱的规律，以便有针对性地采取预防措施。发现的规律有：最高警戒度监狱发生监狱暴乱的概率比较高；监狱设计容量越大，监狱暴乱发生率越大；监狱中犯人和监狱管理官员文化程度越高，发生监狱暴乱的概率越小；等等。二是改善监狱建筑和条件，如增加监狱空间、改善监狱的环境条件等。三是改进监狱管理，如组织有意义的犯人活动、开展职业培训和教育、增加监狱管理人员与犯人的直接接触、严格控制监狱内的帮派团伙活动、完善犯人诉冤机制等等。四是做好监狱暴乱的防范准备，如培训监狱管理人员、制定监狱暴乱应急计划、建立监狱暴乱战术小组、定期进行安全检查等。这些措施都有效地降低了监狱暴乱的发生率。

尽管西方国家监狱一般都采取了有效的预防措施，但是仍然不能完全避免监狱暴乱的发生。西方国家监狱在发生监狱暴乱之后，一般都根据具体的情况采取了如下措施。一是和犯人谈判，了解犯人的诉求，解决其中合理的要求，以换取和平解决监狱暴乱，这应该是最经济、最合理的监狱暴乱解决方式。二是使用武力，包括直接武力、有计划的战术进攻、防暴班编队等。武力解决一般都是在谈判破裂后，才采取的不得已的措施。鉴于武力解决可能会付出巨大的生命财产代价，特别是在有人质被犯人劫持的情况下，必须慎重考虑，并且要符合使用武力解决的法律规定和程序。三是要处理好与新闻媒体的接触，因为新闻媒体可能从四个方面影响监狱暴力的解决：新闻报道可能会成为讨价还价的筹码；可能影响战术行动；可能构成一种管理问题；可能会吸引大量媒体的大量报道。因此，西方国家监狱在发生监狱暴乱时，一般对新闻媒体的采访报道持不欢迎态度。四是如果监狱暴乱发生罪犯劫持人质的情况，应该首先采取谈判等比较缓和的方式来解决监狱暴乱，避免在没有把握的情况下使用武力解决，造成对人质的伤害。

第三章
监狱暴力及监狱体制改革

　　监狱作为国家的刑罚执行机关，通过监禁的形式实现对罪犯的惩罚功能。罪犯一入监狱，其矛盾与冲突就必然存在，这些矛盾一旦激化，就会引发各类监管安全事故。由此，监狱从其诞生之日起就一直伴随着是否安全的问题。世界各国，无论古今中外，也无论其社会制度、生活方式、文化背景、意识形态差异如何，都始终重视维护监狱的安全稳定。监狱各项工作，包括各项改革措施，也都是在确保安全的前提下展开的。

　　一　监狱暴力概述

　　近年来，我国监狱在押犯中十年以上的重刑犯、暴力犯、二次以上犯罪的罪犯与团伙犯持续增加，呈现逐年上升的趋势，并已经成为监狱押犯的主体。以北京监狱系统为例，截至2010年底，押犯中刑期在十年以上的重刑犯、暴力犯、二次以上犯罪的罪犯与团伙犯分别占到押犯总数的54%、44%、28%和52%。罪行重、恶习深、危害大的罪犯的增加，意味着罪犯暴力危险的突发性和严重性进一步增加，狱内改造与反改造斗争日趋尖锐复杂，监管安全面临着严重威胁。当前，全国的监狱工作在总体上实现持续安全稳定的同时，面临着押犯不断增多、监管改造压力增大以及经费、设施、警力不足等问题，一些地方、一些单位安全隐患大量存在，特别是极少数罪犯存在殴打他犯、袭警、劫持人质、行凶等暴力危险,不仅罪犯普遍存在对暴力危险的一种恐惧心理,狱内安全稳定也面临着严峻的考验。

安全需要是人的最基本的一项需要,是其他需要得以实现的前提和基础。罪犯作为因触犯刑律而被剥夺人身自由的特殊群体,具有"人"与"犯"的双重属性,而"人"的属性决定了自然人的一项基本需要——安全需要。他们和其他自然人一样,也需要有一个安全的生活环境。监狱要保障罪犯的合法权益,就必须首先确保罪犯的人身安全。如果罪犯在服刑期间没有一个安全的改造环境,每天生活在威胁、恐怖、混乱的环境中,生命、健康都不能够得到保障,自然也不可能安心改造。中国共产党十七大明确提出,构建社会主义和谐社会,要努力维护社会安定团结,"最大限度地增加和谐因素,减少不和谐因素"。[1] 监狱作为刑罚执行机关,是维护社会安全稳定的重要部门之一,在维护社会稳定、实现社会和谐方面发挥着不可替代的重要作用。从罪犯犯罪的原因看,虽然有客观方面的原因,但更主要的是主观因素,绝大多数罪犯的违法犯罪,都是由自我约束能力不强、易于冲动、性格暴躁或利欲熏心等原因而导致,这些特点决定了相当多的罪犯具有危险、凶残的本性。将罪犯投入监狱关押控制,既是对他们实施惩罚和改造的需要,也是减少社会危害性、提高社会安全程度、努力构建和谐社会的必然要求。从这个意义上说,将罪犯关押到监狱可以起到对社会危险因素的"净化"作用。但是,如果监狱安全工作做得不到位,没有有效维护好监管安全,使罪犯脱离监狱的控制,就会给社会带来巨大的危害,甚至造成人们的心理恐慌,影响社会的安定和谐。

二 监狱暴力影响因素

监狱暴力危险受多种因素影响和制约。消极因素增加,发生暴力危险的可能性就会增加,反之,积极因素增加,发生暴力危险的可能性就会减少。完善和运行监狱防范罪犯暴力危险工作机制,就是要掌握发生暴力危险各种因素之间的变化规律,运用规律有针对性地采取各种手段和措施,最大程度地增加有利于监管安全的积极因素,最大程度地减少影响监管安全的消极因素,从而实现对罪犯的超前防范、有效控制、及时处置,确保

---

[1] 胡锦涛:《在省部级主要领导干部专题研讨班开班式上的讲话》,2011年2月19日。

监狱的长治久安。因此,建立并运行监狱防范罪犯暴力危险工作机制,掌握影响暴力危险的各种因素是关键。通过多年监管实践,当前影响监狱暴力危险的各种变量因素主要包括以下几方面:

(一) 监管人员因素

监管人员是监狱的管理者,在整个刑罚执行工作中居于行刑主体的地位,是监管安全重要的维护者和实现者。从以往出现监管安全事故的原因可以得知,每一次监管安全事故的发生,原因可能是多方面的,但其中重要的一个原因就是监管人员不能正确履行职责而未能有效制止问题出现。要维护监管安全,建立监狱防范罪犯暴力危险工作机制,首先就要从监管人员这个变量因素进行分析。具体因素为:

意识因素:包括是否具有较强的危机意识、安全意识,是否具有认真履行岗位职责的身份意识和责任意识,是否具有公平、公正与文明执法意识等。

能力因素:包括能否掌握和控制罪犯,能否有效教育罪犯,能否有效地运用狱内侦查手段及时掌握狱情,能否及时、妥善处置各种狱内突发事件等。

执行因素:包括落实制度是否到位,执法是否公正文明,操作和监督程序是否缜密、合理、科学,各项工作环节是否存在缺位、错位、衔接上有断层的现象,处理问题是否果断、得法,控制时机是否主动、有利等。

(二) 罪犯因素

罪犯作为服刑主体,是影响监狱安全稳定的主要因素,是监狱不安全、不稳定的实施主体。掌握影响罪犯危险程度的各种因素,通过分析有针对性地做好防范,就可以最大程度地减少安全隐患,实现监狱的长治久安。监狱工作实践证明,影响罪犯危险性的因素十分复杂,但主要因素来源于罪犯的成长环境、犯罪情况、服刑表现以及罪犯的心理状况等几个方面,每个因素的具体内容主要为:

成长环境:主要包括服刑前的居住状况、受教育状况、婚姻状况、与家庭成员的关系、家庭经济状况、就业经历以及掌握劳动技能情况、社会关系情况等。

犯罪情况:主要包括犯罪时的年龄、刑种、刑期、犯罪类别、作案手段、犯罪性质以及犯罪史情况。

服刑表现：主要包括认罪悔罪情况、遵规守纪情况、学习情况、劳动情况等。

心理状况：主要包括心理健康情况、性格特点、人格特征、适应环境状况等。

(三) 环境因素

现代科学对人的发展因素研究表明，人与环境共存是人类社会发展的必然选择，人的发展是主体因素与环境因素相互作用的过程。环境可以影响人、改变人、塑造人。罪犯作为特殊人群，在改造过程中同样受监狱和社会各种环境因素的影响。环境因素主要为：

硬环境：主要是指能够通过感觉器官直接感知的物理性状态。主要包括监管设施、生活物资、生产设备等。例如：监管设施越完备，监管安全就越有保障；生活物资充足，罪犯生活保障到位，罪犯因不满生活环境、生活条件而发生暴动的可能性就小；[①] 同时，罪犯可利用的作案工具越少、作案成功的可能性就越小。

软环境：指罪犯所处的非物理状态下的周围情况和条件。主要包括监管人员执法情况、监区文化、改造风气、罪犯之间关系、罪犯与监管人员之间关系等。

(四) 制度因素

完备、严密、科学、合理、有效的制度会促进监管安全。当然，影响监管安全的因素除以上因素外，还有很多因素，如社会因素，罪犯家属及其社会关系也对安全稳定产生一定的影响；管理因素诸如任务的设置是否合理、岗位职责是否明确也都会影响监管安全。同时，涉及安全的不确定因素和范围，还将随着押犯结构的变化，社会环境、改造环境、罪犯个体情况以及改造工作的不断深化出现新的因素构成，直接或间接影响罪犯思想波动和行动上的突变。因此，长效机制不是一劳永逸、一成不变的，它必须随着时间、条件的变化而不断丰富、发展和完善。在分析研究影响监管安全的因素过程中，必须要坚持动态性的原则，及时发现和预测各种新的变化因素。

[①] 尚波：《暴狱问题研究》，《中国监狱学刊》2010年第1期。

三 监狱暴力防范机制类型

(一) 安全教育机制

安全教育机制是为增强监管人员安全意识和危机意识、解决思想认识问题、打牢维护监管安全的思想基础，而对监管人员开展的以安全形势和警示教育为主要内容的系统教育活动。监管工作实践表明，安全意识、危机意识不强，是导致监管安全事故发生的深层次原因。而安全教育是强化监管人员安全意识和危机意识的有效渠道。根据教育学的原理和规律，通过教育活动，将以往安全管理活动中的异常、危险、事故给人以刺激，由神经传输于大脑，大脑根据已有的安全意识对刺激做出判断，形成有目的、有方向的行动，并通过一次、两次或多次反复的"刺激"，促使受教育者形成正确的安全意识，从而做出有利于维护安全的判断和行动。因此，通过经常性、规范性的安全教育活动，能促使广大监管人员的行为更符合监管安全的规范和要求，牢固树立安全意识、责任意识和忧患意识。

(二) 安全责任机制

安全责任机制是为增强监管人员的责任意识和履行岗位职责的自觉性，通过各种形式建立的监管人员工作与岗位职责之间的责权利相结合的制度体系。在各个领域、各行各业，要实现工作目标，都必须首先要树立责任意识。对于维护监管安全而言，同样需要责任，即安全责任。监管安全实践表明，责任意识不强往往是导致监管事故发生的重要原因。没有较强的履行岗位职责和维护监管安全的责任意识，即使有再完善的制度、再强的个人工作能力，也无法实现最终的工作目标。因此，要实现监管安全，首先要强化监管人员的责任意识，提高监管人员履行岗位职责、维护监管安全的主动性和自觉性。这就需要在各个部门、各个岗位，按照权责分明和责、权、利相统一的原则，按照目标责任体系，建立严密精确、覆盖全员的安全责任制网络，形成责任清晰，责、权、利相对应的安全工作格局。同时，加大考核力度，严格兑现奖惩，严肃责任追究，确保把安全稳定的各项工作任务落到实处。

(三) 检查评比机制

检查评比机制是为发现和堵塞工作中的隐患和漏洞、促进监狱整体工作水平的提高而开展的一系列的检查评比活动。通过检查评比，把不同主体、不同方式的安全检查活动规范化、系统化、科学化，确保各项安全防范工作的规章制度得到落实，及时发现各种隐患和漏洞；同时实施科学的考核评比，奖优罚劣，充分调动人员与部门的工作积极性，还可以使各单位、各部门之间通过评比，相互借鉴，弥补不足，提高工作水平。在检查评比的方式上，采取季度检查与随机抽查相结合、普遍检查与专项检查相结合、上级检查与组织各单位自查互查相结合的方式，确保各项机制的有效运行。

（四）信息分析机制

信息分析机制是对收集的信息进行科学分析、研判，从中获得可能影响监管安全的有效信息，确保及时、准确、全面掌握罪犯的思想和行为动态的一种机制。在信息分析机制建设上，按照"突出重点、剖析原因、找寻规律、明确措施、狠抓落实、注重效果"的二十四字要求，狠抓狱情分析机制运行，扩大参加狱情分析会人员的范围，丰富狱情分析内容，加强对狱情的分析，使狱情分析机制真正成为把握狱内情况动态、及早采取防范措施的重要手段。此外，利用现代科技手段，对罪犯情况进行综合分析，随时掌握罪犯从个体到整体的变化态势。

（五）安全预警机制

危机发展的周期规律促使我们把监狱危机管理的触角向前延伸。[1] 安全预警机制是运用各种知识和科学手段，分析研究历史资料、调研资料以及根据信息分析机制得出的有效信息，对狱内安全的发展趋势或可能的结果进行事先的推测和估计，并采取针对性防范措施的制度。在安全预警机制建设中，首先要明确安全预警的范围，包括监狱关押罪犯规模、罪犯构成、罪犯群体动态、罪犯个体的危险性等；其次，要确定不同内容的预警级别和参考指标；再次，要确定不同级别预警所要采取的防范措施，预警有两种触发方式，一是单一指标触发，二是综合评价触发。[2]

（六）狱内侦查机制

狱内侦查机制是通过建立完善的狱内侦查制度和运用有效的侦查手段，

---

[1] 任金昌：《运用层次分析法建构监狱危机预警模型之研究》，《中国监狱学刊》2010年第6期。

[2] 朱志杰：《监狱安全风险评估的研究》，《犯罪与改造研究》2010年第5期。

及时预防和打击狱内再犯罪,从而减少狱内违法违纪的发生,维护狱内安全稳定。该机制强调的是要加强狱情搜集,做到耳聪目明,实现防患于未然。在狱内侦查机制建设上,配齐配强各级狱侦监管人员,建立局、监狱、分监区三级狱侦组织体系,形成从兼职到专职的狱侦监管人员队伍;在通过查阅罪犯档案、观察罪犯言行、个别谈话等各种途径广泛搜集狱侦情报的基础上,建立狱侦工作交流机制,定期召开狱侦工作会议,分析罪犯思想动态、违纪特点和管理中容易出现的漏洞,提高狱侦工作针对性和实效性。同时,进一步完善狱情衔接,使各种隐患和苗头能够得到及时消除,提高狱内安全系数。

(七)现场控制机制

现场控制机制是为维护狱内改造秩序稳定,对罪犯活动现场采取的一整套的管理和控制措施。针对罪犯在监狱内的活动、改造情况,通常将监狱内的现场分为生活现场、学习现场、劳动现场。管理学的控制原理认为,一项管理活动由三个方面的要素构成:一是控制者;二是控制对象,包括管理要素中的人、财、物、时间、信息等;三是控制手段和工具,主要包括管理的组织机构、管理制度等。因此,在现场控制机制建设中,应当明确罪犯三大现场的控制者,即责任监管人员;明确控制对象,即罪犯的基本情况;同时还要明确控制的手段,即三大现场罪犯管理制度。同时,在控制的方式上,要坚持预防与控制相结合、日常防范和重点控制相结合的原则,充分利用人防、物防、技防手段,严格落实多年来已经形成的较为完善、行之有效的管控措施,如监管人员直接管理、现场监控、点名、巡查、安检、清监、搜身、对外来人员和车辆的管理控制等制度。

(八)教育转化机制

教育转化机制是为促使罪犯认罪悔罪、服管服教而对这部分罪犯采取的系统的有针对性的教育措施。建立教育转化机制,有利于确保监狱安全,维护狱内改造秩序;有利于提高罪犯的改造质量。在教育转化机制建设上,坚持集体教育和个别教育相结合的教育转化方法,采取包人、包教、包转化的"三包"责任制度,采取各级领导和专家型监管人员在攻坚转化重控罪犯中包案、挂案等措施,提高罪犯的教育转化率。

(九)应急处置机制

应急处置机制是监狱对狱内突发事件和灾害事故所进行的紧急处置和

善后处理等相互联系的制度体系。通过突发事件应急处置机制，及时对狱内突发事件和灾害事故进行紧急处置和善后处理，从而确保监狱安全与狱内改造秩序的稳定，保护人的生命安全，杜绝和减少人员伤亡。在突发事件应急处置机制建设上，突出以下两个方面：一是制定完善的处置突发事件预案。在预案制定中，按照"一事一案"和实战性的原则，明确组织领导、责任分工、报警联动、现场控制、现场处置等各项程序，确保发生突发事件后，能够及时有效处置。二是定期开展实战演练，突出针对性和实战性。在日常演练的基础上，举办各种"处突"培训，使"处突"监管人员掌握应急处置技巧，不断提高处置突发事件的能力与水平。

（十）防逃制逃机制

防逃制逃机制是监狱为防止罪犯脱逃以及迅速抓捕脱逃后的罪犯而制定的一系列相互联系的制度体系。通过建立防逃制逃机制，可以有效预防罪犯脱逃，并为脱逃后的迅速抓捕提供保障。监狱必须建立完善的防逃制逃预案，实现案发现场与指挥中心、处置突发事件小分队、大门控制、区域控制、武警外围控制的联动机制；结合各监狱所处的地理环境，精心绘制监狱周边交通要道抓逃卡哨位示意图，明确一旦发生罪犯脱逃，监狱各职能部门、各设卡哨位人员分工和岗位职责，以便能够在最短时间内在监狱周边对逃犯实施围捕。此外，要与公安机关、周边单位建立联防机制，形成狱内外防逃、制逃和追逃网络体系。

四 监狱暴力防范机制改革

（一）丰富完善机制内涵

经过不断的探索和实践，我国对监狱防范罪犯暴力危险工作机制的认识不断深入，机制的内涵不断丰富，很多被实践证明适合维护监管安全的措施被固化下来，充实到各个机制当中，使监狱防范罪犯暴力危险工作机制在维护监狱安全方面起到越来越大的作用。但是，从监管实践看，目前监狱防范罪犯暴力危险工作机制的各项子机制在内容上还很不平衡，影响了长效机制效果的发挥。当前机制建设的重点是以下两个方面：一是增强机制的可操作性。目前，机制的内容基本形成，但一些机制在落实上缺乏具体的工作措施。如安全预警机制的内涵是什么，在涉及安全的哪些环节需要预警，分为几级预警等，都没有具体的标准和操作措施。二是增加影响监管安全积极因素的措施。在现有机制中，对影响监管安全消极因素的控制措施强调较多，内容也更加丰富，而对增加影响监管安全积极因素的措施在机制中体现较少，使得对罪犯管理的疏与堵不平衡，没有充分体现出机制"最大限度地增加有利于监管安全的积极因素、最大限度地减少不利于监管安全的消极因素"的指导思想。因此，在完善监狱防范罪犯暴力危险工作机制过程中，应重点研究如何采取有效措施，最大限度调动罪犯改造的积极性，激发他们自觉改造、主动改造的内趋力。

（二）系统分析作用因素

监管安全受多种因素的作用和影响，丰富和完善监狱防范罪犯暴力危险工作机制，就必须全面系统分析影响监管安全的各种因素。如果不全面系统分析各个因素的变化，找出其变化的规律，就不可能从根本上实现监管安全，就会使维护监管安全永远停留在只能靠严防死守确保安全的被动防范上。在分析和认识影响机制的各种因素时，虽然会受到认识水平的限制，不可能完全掌握影响监管安全的各种因素，但也不是说在没有全面系统掌握影响监管安全因素的时候，就不建立或不丰富这个机制了，而是要认识一点完善一点，监狱防范罪犯暴力危险工作机制也有一个循序渐进、逐步完善的过程。

（三）总结分析各种监狱事故

20世纪30年代，美国著名的安全工程师海因里希发表了著名的事故致因理论研究成果。其基本出发点就是事故，以事故为研究的对象和认识的目标，在事故的基础上来认识和分析安全，这是一种对安全的逆向思路，其目的就是通过对事故的分析，找出引发事故的原因，让人们少走弯路，把事故消灭在萌芽状态。这一理论被广泛应用到企业的安全管理中，其同样也适用于监管安全。通过对监管事故的分析，推导出引发事故的各种因素。虽然影响监管安全的因素很多，但各种因素对监管安全的作用效果或影响力却不尽相同，有的可能大一些，有的可能小一些，如果对这些因素不采取必要的防范措施，那么从理论上讲，对监管安全影响大的因素，导致监管事故的概率相对会增加。丰富和完善监狱防范罪犯暴力危险工作机制，应当重点抓好对监管安全影响大的因素的防范，从而最大限度地减少各种安全隐患。在定位影响监管安全因素的影响力时，可以从监管事故中分析原因。每个监管事故都是由影响监管安全的一个或几个因素发生变化导致的，通过分析导致事故的因素，就会发现哪些是主要因素，哪些是次要因素，这样，通过对不同类型监管事故的分析，就会准确认识对监管安全发生作用的因素的影响力，从而有针对性、有重点地丰富和完善监狱防范罪犯暴力危险工作机制。

（四）正确评估运行效果

监狱防范罪犯暴力危险工作机制完善以后，还必须对机制的运行情况进行科学系统的评估。通过评估，全面了解和掌握该机制在运行过程中是否可行，对维护监管安全是否有效，是否还存在不完善的地方等问题。在评估过程中，首先要做到全面，不仅要逐个评估监狱防范罪犯暴力危险工作机制的各项子机制，还要对子机制包含的更多的子机制进行评估；不仅要评估机制对维护监管的效果，还要评估监管人员运行机制的可行性；不仅要听取各单位领导以及直接从事监狱防范罪犯暴力危险工作机制运行监管人员的意见，还要充分听取不同岗位、不同层级监管人员的意见。其次要做到客观，在评估中，不能凭想当然，而是要深入实际，每个子机制、每个运行环节，都要进行检验，有些虽然不能检验其实际运行效果，也必须要在演练中、模拟中确定其可行性和有效性。

第四章
拘留所暴力及拘留所体制改革

拘留所是具有中国特色的羁押场所。尽管在拘留所的被羁押者也被剥夺了人身自由，但是，人们对拘留所的关注程度却远不及监狱、看守所等处于诉讼程序中的羁押场所。学界对于拘留所的研究，也更多的是在行政法学方法的范畴内进行的，而对于其体制改革的关注，更是凤毛麟角。事实上，作为执行非刑事制裁的羁押场所，拘留所在人权保障层面的制度完善更需要引起我们的重视，绝不能使之成为人权保障原则落实的"死角"。

一 拘留所的属性

什么是拘留所？其功能又是什么？若要准确地回答这一问题，就需要先明确把握拘留所的产生"土壤"，即拘留的内涵。

（一）拘留所的属性

在我国，拘留有刑事拘留、司法拘留与行政拘留之分，三者既有相同之处也有诸多差异。为了更加明确地界定拘留所的适用范围，我们有必要将三种拘留进行一个简单的对比，以明确相互间的区别。

行政拘留是指公安机关依法对违反行政法律规范的自然人，在短期内限制人身自由的一种行政处罚。刑事拘留是指公安机关、人民检察院对直接受理的案件，在侦查过程中，遇到法定的紧急情况时，对现行犯或者重大嫌疑分子所采取的临时剥夺其人身自由的强制方法。司法拘留是指人民法院在审理案件过程中，为了保证审判活动正常进行，对实施了严重妨害诉讼活动的人，采取限制其短期限的人身自由的一种强制措施。

三种拘留都是由法定机关依据法定程序对行为人进行的短期内的拘禁，都具有剥夺人身自由的性质。三者之间的区别主要体现在以下几个方面：

（1）性质不同。行政拘留是一种最严厉的行政处罚方式，实质上是一种行政制裁。刑事拘留是一种临时性的限制人身自由的强制措施，不具有惩罚的性质。司法拘留是一种保障性措施，保障法院审判活动正常进行。

（2）决定主体不同。行政拘留的决定主体是县级以上的公安机关；刑事拘留的决定主体是公安机关或者检察机关；司法拘留的决定机关是人民法院。

（3）目的不同。行政拘留是行政处罚，带有惩罚的目的。刑事拘留是刑事强制措施，是一种预防性措施，没有惩罚性，刑事拘留的目的在于保证刑事诉讼活动的正常进行。司法拘留的目的在于排除诉讼程序或执行中的妨碍，通过限制妨碍诉讼程序正常进行的人员的人身自由以达到惩罚教育意义，具有制裁性，但一般不会引起其他的法律后果。

（4）法律依据不同。行政拘留是以行政法律规范（主要是治安管理法律规范）为法律依据；刑事拘留是以《中华人民共和国刑事诉讼法》为法律依据；司法拘留是以《中华人民共和国民事诉讼法》《中华人民共和国行政诉讼法》等为法律依据。

（5）期限不同。我国现在行政拘留的期限是 1 日以上 15 日以下，分别决定、合并执行时，不超过 20 日。根据刑事诉讼法的规定，公安机关对被拘留的人认为需要逮捕的，应当在拘留后的 3 日以内，提请人民检察院审查批准，在特殊情况下，提请审查批准的时间可以延长 1 日至 4 日。人民检察院应当自接到公安机关提请批准逮捕书后的 7 日以内，做出批准逮捕或者不批准逮捕的决定，即在这种情况下刑事拘留最长期限不超过 14 天。刑事诉讼法还规定对于流窜作案、多次作案、结伙作案的重大嫌疑分子，提请审查批准的时间可以延长至 30 日，即在这种情况下刑事拘留最长期限为 37 日。司法拘留的期限为 1 日以上 15 日以下。

（6）执行主体不同。行政拘留与刑事拘留由公安机关执行；司法拘留由人民法院的司法警察执行。

(7) 执行场所不同。行政拘留与司法拘留的执行场所相同，都是行政拘留所（以下简称拘留所）；刑事拘留的执行场所是看守所。

所谓拘留所，就是依法拘押、监管行政拘留、司法拘留和行政强制措施性质拘留人员的场所，是公安机关执法机构的重要组成部分。通过上述分析，我们可以进一步看出，拘留所执行的不是预防性羁押，而是惩戒性的关押，在押人员的违法性程度相对较低。

（二）拘留所的制度脉络

1957年10月22日，中华人民共和国第一届全国人民代表大会常务委员会第八十一次会议通过了《中华人民共和国治安管理处罚条例》，规定拘留作为治安管理的法定处罚种类，拘留期限为半日以上10日以下，加重处罚不得超过15日。同年，市、县公安局、公安分局在公安部要求下设置行政拘留所，用于拘留被治安处罚的人，与看守所相分离。"文化大革命"时期，《中华人民共和国治安管理处罚条例》和拘留所均被破坏。直到1978年以后，随着公、检、法部门及相关制度的恢复，拘留所的各项工作也逐步健全和恢复起来。1985年，公安部颁布了《行政拘留所工作制度（试行）》《拘留所规则（试行）》，从而使行政拘留的管理得到了规范。同时，公安部还要求全国各地公安机关严格分开关押逮捕犯、刑事拘留犯，进一步规范拘留所的监管工作。1986年9月5日第六届全国人民代表大会常务委员会第十七次会议通过修订的《治安管理处罚条例》，规定拘留期限为1日以上15日以下，与1957年《治安管理处罚条例》相比拘留期限延长。1990年1月3日，公安部发布了《治安管理所管理办法（试行）》，分别对拘留所的入所、管理、出所做出了严格的规定，将行政拘留所更名为治安拘留所，并规定治安拘留所由县、市、城市公安分局设置，由公安机关的治安部门管辖。2005年8月28日，十届全国人大常委会第十七次会议通过了《中华人民共和国治安管理处罚法》。该法与1986年《中华人民共和国治安管理处罚条例》对治安拘留的规定相比，处罚幅度有所扩张。《治安管理处罚法》中增加了适用拘留的条款，并且延长了拘留的期限，[①]《治安管理处罚条例》中规定拘留期限为10日以下或者15日以下，而《治安管理

---

① 黄祥德等：《治安管理处罚权的扩张与规制——治安法立法之视角》，《山东警察学院学报》2006年第1期。

处罚法》中将治安拘留处罚区分为5日以下、5日至10日、10日至15日，行政拘留处罚合并执行的最长期限为20日。2005年12月9日，公安部根据《中华人民共和国行政处罚法》《中华人民共和国治安管理处罚法》相关规定和拘留所的职能任务，决定将全国治安拘留所一致更名为拘留所。2009年，国务院法制办向社会公布了《拘留所条例（征求意见稿）》，征求社会各界意见，加大力度保障被关押人员的各项权利。2012年，国务院颁布实施《拘留所条例》，公安部也于2012年12月14日出台《拘留所条例实施办法》，对拘留所的收拘对象、设置、管理、教育、被拘留人权益保障、执法监督等方面做了比较全面的规定。

（三）拘留所的基本特征

结合适用对象，就拘留所的性质而言，其主要具有以下三方面的特征：

（1）拘留所是一种羁押场所，是对被关押人员实施惩罚的机构，被关押人员在拘留所中的人身自由受到限制，这也是监所最基本的性质。正因为拘留所的这一属性，拘留所必须采取特殊的管理方式，要以"高墙电网"形成封闭区，实施半军事化管理。拘留所的管理权依据法律规定只有公安机关才能行使，其他任何机构和个人都不能行使这一特殊的管理权。

（2）拘留所对其关押的人员要进行教育矫正，拘留所对于那些违法人员来说是一所"特殊的学校"。通过对被关押人员的教育改造，使其认识到自身的违法行为，改掉以往的陋习、恶习，预防和减少犯罪，从这个意义上来讲，拘留所具有教育性质。

（3）拘留所是一种"共同生活体"式的小社会，同一般人生活的社会一样，拘留所中也需要进行正常的活动、要保持拘留所内的安定，所以拘留所内需要有严明的规则和纪律来维持秩序。

二 拘留所暴力类型及原因分析

一般民众很少有人能够对拘留所和看守所区分清楚，即使关注监所暴力者，也多将视角集中于关押犯罪嫌疑人的看守所，而极少关注羁押期限较短的拘留所。事实上，拘留所作为行政羁押机关，同样在一定程度上存在着暴力问题。

(一) 拘留所暴力类型及产生的基本原因分析

1. 拘留所暴力类型

根据笔者调研的情况，拘留所的暴力主要来自被关押人员之间，也有个别监管人员对被关押人员实施暴力的情况。由于拘留所被拘留人员羁押时间较短、流动快，客观上不易滋生"牢头狱霸"的现象。

2. 拘留所暴力产生的基本原因分析

拘留所暴力的产生是多方面原因作用的结果，总体上看，主要有如下几个方面：

（1）从被关押人员角度分析。拘留所与其他监所相比，被关押人员数量具有不确定性的特点。拘留所关押人数浮动较大，逢专项整治时常人满为患，甚至超负荷运转。例如，治安案件往往带有季节性，夏季卖淫嫖娼较多，秋冬季盗窃较多，而且拘留所关押的人员中大部分是因为治安案件被行政拘留的，所以在相应季节拘留所中的羁押量就会骤增；在节假日期间公安机关开展交通违章专项整治工作时，因交通违章被拘留的人员就会大幅度增多；集中打击黄、赌、毒时，因黄、赌、毒被拘留的人员也会大幅度增加。这些原因引起的拘留所关押人员短时间内激增，使拘留所进行规范化管理存在一定难度，造成监管人员以一些粗暴的方式对待被关押人员。

（2）从监管人员角度分析。部分地区的拘留所一线监管人员不足，素质不高。在调查中发现，某地级市拘留所有干警20名，而被关押人员在关押最多时达到300多人，而真正从事一线监管教育的干警只有一人。[①]这样的警力配备无法满足拘留所监管工作的需要，监管人员工作繁重，压力过大，对被关押人员无心管教，难免以暴力方式使被关押人员服从监管。与此同时，一线监管人员的文化素质有待提高，特别是在县级拘留所中更为严重。笔者对一个县级拘留所进行调研时发现，该县级拘留所的20名监管人员中只有一人具有本科学历，其余监管人员多数为专科学历，还有4名监管人员只有高中学历。而且，该县拘留所从来没有对监管人员进行过心理

---

① 该数据是作者作为"遏制监所暴力与监所改革研究"课题组成员在2010年12月对河北省某地级市拘留所进行调研时获得的。

健康教育和法律知识培训。① 拘留所监管人员业务素质偏低已经成为严重困扰拘留所教育改造的重大问题，监管人员缺乏对被关押人员进行心理疏导、普法教育的能力，"只能拘，不能教"。面对一些扰乱监管秩序的被关押人员往往采用威胁、殴打等方式迫使被关押人员服从，更谈不上对被关押人员的教育矫正。

（3）从拘留所管理角度分析。一些拘留所的管理缺乏科学性，监管人员分工不明确，拘留所缺乏从事教育矫正的专业人员。监管人员一方面要对监舍进行巡视监察，保障被关押人员服从拘留所的监管制度；另一方面需要对被关押人员进行教育矫正，保障被关押人员自觉维护监舍秩序，摒弃恶习。这两个方面要求监管人员具备不同的能力素质，完成监管任务需要监管人员具有良好的身体素质，需要具有高度的责任感；而完成教育矫正任务则需要多种专业知识，例如文化素养、心理学知识、法律知识等。目前拘留所的监管人员没有明确的分工，一位监管人员常常负责多个监舍的全部工作包括巡视监察保障监舍安全，以及监舍内的被关押人员的教育矫正。缺乏专业化分工及专业知识导致监管人员巡视监察力度不够，拘留所暴力得不到有效的控制；对被关押人员不能采取有效的教育感化措施，导致监管人员对不服从监管、扰乱监舍秩序的人员采用殴打虐待等暴力方式使其遵守监舍制度。

拘留所管理的监督力度不足。各级检察机关在看守所都设有"驻所检察室"，监督看守所的监管工作，目前拘留所中没有检察机关的监督机构。拘留所作为羁押场所，监管人员处于强势地位，而被关押人员的人身自由受到了限制剥夺，处于弱势地位。监管人员手中的权力是一种特殊的行政权力，这种权力具有单向性、直接性和强制性，直接关系到被关押人员的生命安全。正如自由主义思想家孔斯坦所说："监禁，在刑罚的所有形式中，是最常见的和最容易导致滥用刑罚的一种方式。表面上它缓和了问题，但是，如果我们记得当被赋予任意一项权力时，我们中的大部分人都会突然改变……记得在监狱内部每一件事都是处于秘密和阴暗之中的，那么我

---

① 该数据是笔者作为"遏制监所暴力与监所改革研究"课题组成员在2011年1月对河北省某县级拘留所进行调研时获得的。

认为对任何恐怖的想象都不为过分。"① 虽然以上这段话针对监狱而谈,但是,同样是羁押场所,这段话完全适用于拘留所。

(4) 从行政拘留制度角度分析。目前,行政拘留制度存在一定的缺陷,在一定程度上可能导致拘留所暴力的发生。行政拘留制度缺陷主要表现为三个方面:①行政拘留的决定权、执行权都掌握在公安机关手中,对于此类案件的查处和惩治,公安机关事实上承担了从警察到检察官再到法官直至狱警的全部角色。这使得行政拘留的权力高度集中在公安机关,虽然对于及时、有效地维护治安有一定作用,但是缺乏客观、公正的程序使得被拘留人员的人权无法得到充分的保障,被关押人员的积怨情绪增加,产生抵触心理,成为拘留所内的不安定因素,影响拘留所的监管安全。②行政拘留的适用范围过广,全国绝大多数拘留所存在超员羁押的情况。超员羁押的情况下,拘留所的监管压力增加,难以正常开展各项监管工作,监管力度下降。③行政拘留的期限过长。与奥地利等国家和我国台湾地区相比,我国行政拘留的期限过长,不利于被关押人员的教育矫正。

(二) 被监管人员实施暴力原因分析

1. 在押人员成分复杂

某地级市拘留所 2010 年共关押 1080 人次,其中行政拘留人员达 1056 人次,司法拘留人员 4 人次,行政强制措施被监管人员有 20 人次,被监管人员的违法行为各不相同,仅治安拘留的违法行为就多达 13 种,此外还有司法拘留人员的违法行为。② 这些人员在年龄结构、文化程度、职业、生活习惯、兴趣爱好等方面存在着较大的差异,加之目前拘留所没有实现分类关押,各种人员被混合关押在一起。监舍内有些人员自身攻击性较强,在监舍内易制造事端,给监舍安全带来隐患。此外,拘留所被监管人员中有的多次进出拘留所,在调查中发现被处以行政拘留的人员中有 63 人两次进入拘留所,47 人三次进入拘留所,28 人四次进入拘留所,③ 这些人员的社

---

① 〔荷〕冯克:《近代中国的犯罪、惩罚与监狱》,徐有威译,江苏人民出版社,2008,第370页。

② 该数据是笔者作为"遏制监所暴力与监所改革研究"课题组成员在 2010 年 12 月对河北省某地级市拘留所进行调研时获得的。

③ 该数据是笔者作为"遏制监所暴力与监所改革研究"课题组成员在 2010 年 12 月对河北省某地级市拘留所进行调研时获得的。

会危害性比其他被监管人员大，恶习难改，监管人员教育矫正的难度较大，这些人员往往利用自己对拘留所环境的熟悉、同监管人员的熟识，欺压新进人员。

2. 警力不足

拘留所的关押人数具有较大的弹性，警力不足问题比较突出（上文已经详细论述，在此不再赘述）。此外拘留所关押期限短，关押人员进出频繁，监舍内的秩序不易掌控，怎样"效果性"地维持秩序成为监管人员的首要任务，秩序的维持本身成为行政拘留的主要目的，被监管人员的权利保护等被置于脑后，[①] 监管人员往往采取被监管人员管理被监管人员的方法，只要被监管人员遵守拘留所的监管规定，自己的工作就算完成了。一般情况下，每个监舍里都会任命一名监舍长负责向其他被监管人员介绍拘留所的监管规定，并负责带领其他人员完成规定的任务，例如，每天的内务整理等等。这种被监管人员管理被关押人员的监管方式，容易滋生在押监管人员之间的暴力。[②]

3. 拘留所内资源稀缺

拘留所内资源稀缺的问题普遍存在，食品、饮用水、空间甚至阳光都是每个被监管人员努力争夺的对象，"在外边微小的可以忽略不计的资源在这里被无限放大，成为人人羡慕的东西。"[③] 某些被监管人员往往通过暴力获得监舍内的资源支配权力，以获得更多的生活资源。当某一"牢头"在监舍内取得支配地位后，他不仅能够对整个监舍内的国家定量供应的伙食分配享有较大的权力，而且还能够强迫监舍内的其他人员向其"进贡"，享受其他人员家属为其提供的额外物资。除了食物严重紧缺以外，拘留所中空间也是一种稀缺资源，严打时拘留所中关押人员数量远远超过拘留所的设计容量，甚至被监管人员需要轮流睡觉。在这种情况下，睡觉的空间、时间的分配是在押人员之间暴力争夺的对象。

4. 拘留所内生活单一枯燥

拘留所与监狱不同，被监管人员不从事劳动，本应接受相关的法制教

---

① 王云海：《"法治式劳动改造"论》，《中国刑事法杂志》2002年第5期。
② 朱沅沅：《透视牢头狱霸现象的防治与打击》，《法治论丛》2009年第4期。
③ 黄秀丽：《还原牢头狱霸真实生活：监狱管理之弊亟需改革——专访中国犯罪学会副秘书长、中国政法大学教授王顺安》，《南方周末》2009年3月26日。

育，但是绝大多数拘留所对被监管人员"只拘不教"，如何打发时间成为被关押人员面临的一个问题。拘留所内枯燥的拘禁生活无法同社会上那些丰富多彩的消遣娱乐生活相比，一旦被关押人员拥有"牢头"的地位，便会运用手中的"权力"指使其他人以自己的方式打发无聊的时间，而该"方式"往往具有暴力色彩，主要是针对新进人员或者一些弱势人员而进行的暴力游戏。

5. 混合关押

行政拘留人员同刑事犯罪嫌疑人混合关押曾屡遭学界诟病，公安部也在 2006 年要求看守所、拘留所严格分开，拘留所应搬出看守所警戒围墙，但时至今日有些地区的看守所和拘留所仍然没有分离。拘留所羁押的是受行政拘留处罚的人，所以拘留所在性质上是国家行政羁押机关；而看守所羁押的是依法被逮捕、刑事拘留的犯罪嫌疑人和被告人，以及余刑在 3 个月以下的已决犯，具有刑事羁押机关的性质。[1] 将一个并没有犯罪，拘留期最长不超过 20 天的人同涉嫌犯罪的人员羁押在一起，对于被处以行政拘留的人员是非常不公平的，也是存在很大风险的。

（三）监管人员实施暴力原因分析

监管人员是拘留所的管理者，但在现实中监管人员却成为拘留所中的施暴者。主要原因如下：

首先，市场经济的负面影响，使得一些监管人员在巨大的利益诱惑面前丧失了应有的职业道德。正如有的学者指出的一样，随着商品、货币享乐型的生活方式不断进入人们的精神领域，极端个人主义、享乐主义和利己主义的思潮也沉渣泛起。一个时期以来，在社会上，共产主义道德观念被视为空洞而不切实际的理想被束之高阁，以往一切高尚的道德价值被扭曲得面目全非，由于共产主义道德观念和重视公共利益的道德观念在社会上的失落，金钱至上和自私自利的道德观念四处泛滥，[2] 这种风气也渗透到了监管人员之中。在这种社会氛围中，拘留所中的一些监管人员耳濡目染，逐渐丧失了其应有的监管职业道德操守，自律意识也日趋淡薄。一些监管

---

[1] 陈卫东：《拘留所改革新政：走出看守所》，http://www.mzyfz.com/news/times/a/20091118/103452.shtml，最后访问日期：2010 年 12 月 18 日。

[2] 王昌学主编《职务犯罪特论》，中国政法大学出版社，1995，第 412 页。

人员利用手中的权力换取经济回报，满足自己的私欲。被关押人员要获得监管人员的"照顾"免于受到虐待，其家属或者本人就要对监管人员施以金钱财物。甚至有的监管人员利用监管职权帮助其他人打击报复一些被关押人员，从而换取物质利益。

其次，一些监管人员缺乏人权意识，这是监管人员虐待殴打被关押人员的一个重要原因。拘留所中的被关押人员虽然是违法者，但是他们首先都是人，都应该享有人格尊严，他们除了部分权利被合法地剥夺或者被限制以外，还享有法律所赋予的一系列基本人权，其人格尊严在任何情况下都不得被任何人限制和剥夺，国家有义务保护每一个公民的人权。但是在陈旧观念的影响下，这些违法者应有的权利并没有得到完全的认可，监管人员无视被关押人员的人权，甚至有些监管人员认为被关押人员受到殴打、欺压是罪有应得。监管人员通过粗暴的方式监管被关押人员，严重侵犯了被关押人员的人权，同时严重扰乱了拘留所的监管秩序，监管人员本应是矫正违法人员灵魂的工程师，现实中却成为虐待殴打被关押人员的凶手。

再次，惩罚力度不足。对虐待被关押人员的监管人员惩治力度不够，致使法律的惩罚功能未能发挥最大的效能，使得监管人员虐待被关押人员的现象不能杜绝。虐待被关押人员属于监管人员职务犯罪，长期以来对监管人员职务犯罪的查处力度不够，对监管人员职务犯罪执法不严，对监管人员职务犯罪的实际处罚普遍偏轻，出现了"以罚代刑""以官抵罪""官官相护"的倾向，[①] 致使违法犯罪的监管人员得不到应有的惩罚。在司法实践中，对虐待被关押人员的监管人员的查处，往往难以突破"权力相护"和强大社会关系网的阻力，出现相关部门相互隐瞒，多部门联合公关，即使罪行被查处后进入司法程序，在强大的关系网的影响下常常出现重罪轻判、以罚代刑的情况。这种情况会使得一些监管人员心存侥幸，依然我行我素，照干不误，受其影响其他人也会效仿，致使监管人员对被关押人员施暴现象不能从根本上杜绝。

三 《拘留所条例》颁布与暴力遏制

2012 年 2 月 23 日，国务院总理温家宝签署第 614 号国务院令，公布了

[①] 董鑫主编《国家公务员犯罪及其防治》，成都科技大学出版社，1995，第 182 页。

《拘留所条例》，并于当年 4 月 1 日起正式实施。对于拘留所体制而言，这是具有里程碑意义的大事件。较之原有的《治安拘留所管理办法（试行）》，"条例"在立法位阶上提升了一个层级，由原来的部门规章上升为行政法规。从纵向看，这当然是一个值得欣喜的进步。[1] 该条例的颁布实施，从立法层面解决了长期困扰拘留所工作的机构设置、基础设施、经费保障等方面问题，规范了拘留所的执法、管理和教育工作，强化了对被拘留人合法权益的维护和保障，对于贯彻依法治国方略、加强法治政府建设、提高监管执法水平、促进公安机关执法规范化、维护和保障在押人员合法权益，促进社会和谐稳定，都具有举足轻重的作用。

（一）《拘留所条例》的主导思想

《拘留所条例》的制定依据，主要来自《治安管理处罚法》等有关法律的规定。在条例的制定过程中，国务院法制部门以及公安部监所管理等部门按照与时俱进、创新规范和以人为本的要求，认真总结吸收以往拘留所工作的成功经验和做法，充分发扬立法民主，广泛征求民众意见。最终在条文中，进一步明确了拘留所的性质、任务，全面规范了拘留所的设置、执法、管理、教育、保障等工作，从而为拘留所充分发挥职能作用提供法制保障。通过对条例内容的综合把握，我们可以从中发觉行政法规制定者创新拘留所管理教育模式的基本精神。总的来说，就是坚持以人为本、教育为先，不断推进和深化以充分体现"强制性、行政性、教育性、规范性、人文性"为鲜明特征的拘留所管理教育新模式。尤为可贵的是，条例内容在诸多方面对于人权保障给予支持和肯定，充分体现了监管场所执法理念的日新月异，也是对宪法尊重与保障人权条款的忠实履行。其实，公安监管部门的负责人员就曾经专门表示过："公安监管场所要认真落实国家尊重和保障人权的政策，'教育、感化、挽救'的方针要突出，要改变原来思想认识上的一些旧观念，不能单单强调'安全'，而忽视人权保障。除法律规定外，任何人都不能剥夺在押人员的合法权益。我们监管民警如果侵犯在押人员权利，也可能成为犯罪嫌疑人。总之，我们有权力管理他们，但没

---

[1] 王琳：《拘留所改革，欣慰后的冷思考》，《广州日报》2012 年 3 月 3 日。

有权力侵犯他们的权利。"① 而条例的制定精神,正是将上述思想升华至法律规范层面的绝佳映射。因此,人权保障的思想已然潜移默化地融入拘留所管理机制的基本精神中,并将占据更加重要的位置。

(二)《拘留所条例》的基本内核

《拘留所条例》共 6 章 35 条,囊括了总则、拘留所、拘留、管理教育、解除拘留、附则等事项。就其内核而言,主要体现在四个方面:

(1) 明确了拘留所工作的职能定位,完善了拘留所的管理体制和职责任务。在条例的规定中,国务院公安部门负责主管全国拘留所的管理工作,由县级以上人民政府公安机关负责本行政区域拘留所的管理工作;县级以上地方人民政府根据需要设置拘留所,从而依法固化了拘留所是人民政府设置、由公安机关管理的管理体制。就功能而言,条例进一步明确规定:拘留所不仅要拘押、监管公安机关做出行政拘留处罚和行政强制措施性质拘留的人员,而且要拘押监管国家安全机关、人民法院做出行政拘留、司法拘留的人员。这样一来,就容易消除很多人对于拘留所适用对象上的认识误区,超越一般治安拘留所认知的拘留所中的群体。

(2) 明确了新时期拘留所工作的基本方针和发展方向。在条例中,"惩戒和教育被拘留人"成为立法宗旨之一,要求"拘留所应当对被拘留人进行法律、道德等教育,组织被拘留人开展适当的文体活动",充分体现和宣扬了"教育、感化、挽救"的公安监管工作基本方针,发展和丰富了拘留所的工作内涵,超越了单纯的惩戒功能,也为拘留所未来的工作指引了方向。

(3) 规定了拘留所执法工作基本规范。通过条例规范拘留所的执法环节,从而保障拘留的正确顺利执行,是《拘留所条例》制定的根本目的。在条例中,对拘留所的收拘、安全检查、值班巡视、应急处置、医疗卫生、教育、请假出所、解除拘留等各个执法和管理环节做出了明确的规定,从行政法规的层面对拘留所规范执法工作提出了新要求。

(4) 注重维护和保障被拘留人合法权益。在条例中,维护和保障被拘留人合法权益成为立法原则,从权利义务告知、生活饮食、医疗卫生、日

---

① 参见《关于印发赵春光局长在陕西省渭南市公安监管工作会议上的讲话的通知》(公监管 [2011] 477 号)。

常作息、通信、会见、检举控告以及特殊情形下的请假出所等多方面，健全和完善了对被拘留人合法权益的保护，弥补了立法层面的一项空白，充分体现了国家尊重和保障人权的宪法原则。这种变化既体现在一些细节方面，例如拘留所应当保证被拘留人每日不少于两小时的拘室外活动时间，再比如，拘留所不得强迫被拘留人从事生产劳动；在宏观层面也有所体现，例如申明"拘留所应当坚持依法、科学、文明管理，依法保障被拘留人的人身安全和合法权益，尊重被拘留人的人格，不得侮辱、体罚、虐待被拘留人，或者指使、纵容他人侮辱、体罚、虐待被拘留人"。拘留所对人权的尊重，更是比例原则在行政法领域的一种作用体现。[①]

（三）《拘留所条例》的催化效果

《拘留所条例》的出台引起了各级监管机关的高度重视，公安部紧接着制定了《拘留所条例实施办法》，狠抓公安监所执法规范化、精细化管理。为了提高拘留所内的监管水平，公安监管部门开展了"三项重点工作"和"三项建设"，依照条例和实施办法的要求，采取多项措施加强和改进拘留所工作。通过集中培训与自学相结合的方式，促使监管民警学习掌握并严格执行条例和实施办法内容，牢固树立依法履行职责的法律意识，杜绝法律虚无、仅凭习惯做法的管理陋习。

监管部门不仅在执法规范的学习层面加大力度，还要求各级公安机关积极争取党委和政府的重视、支持。由于条例规定拘留所所需经费列入本级人民政府财政预算，为拘留所经费由财政足额保障提供了法律依据，监管部门与财政部门的协调就成为重中之重。除了经费保障，关于拘留所人员编制、职级配备、基础设施和装备、医疗卫生等方面的问题，也需要协调机构编制、组织人事、发展改革、卫生等有关部门，由后者给予必要的支持。

此外，公安监管部门借助条例出台的契机也强化了自我监督，通过业务指导机构的自查、互查、突击检查、专项督查等方法，纠正拘留所执法规范化建设进程中存在的问题。充分利用远程视频监控系统和网上执法办

[①] 所谓比例原则，是指国家公权力干预公民基本权利的手段，与其要达成的目的之间，必须合于比例，还要具有相当性的关系，其内涵包括适合性、必要性与狭义的比例性等子原则。林钰雄：《刑事诉讼法论》，元照出版有限公司，2007，第307页。

案平台加强动态监督,把监督与服务、监督与效率有机地结合起来。同时,有效运用执法信息化建设的成果,加强公安监管部门日常考评和阶段性考评,更加注重群众意愿、社会评价,运用考评手段、考评结果以及奖惩措施,激励广大公安监管民警做到安全文明管理,自觉规范执法,不断提高管理水平。

公安监管部门将条例和实施办法的贯彻,与推行拘留所管理教育新模式紧密结合,以保证被拘留人的合法权益为主线,坚持"教育、感化、挽救"的基本方针和"管教并举、教育为先"的基本原则,严格执法、文明管理,不断创新管理被拘留人的方式、方法和勤务运行机制,促进拘留所成为安全文明的监管场所、教育矫治违法人员的特殊学校。为了完成上述目标,除了政策层面的高调宣示,更需要全力以赴贯彻落实,而后者的成败则成为决定拘留所机制发展走向的关键。

四 拘留所体制改革

拘留所体制改革的"钥匙"是拘留决定权的司法化。然而,在中国,警察机关拥有拘留决定权可以追溯到清末,清末《违警律》赋予警察机关以拘留决定权,直到今日拘留的决定权都由公安机关拥有。[①] 基于历史的惯性,在短期内构建中立司法机关主导的治安违法处罚模式,障碍颇多,所以"两步走"的战略,当是务实之举。第一步,在公安机关决定拘留模式短期不能改变的情况下,加大拘留所内的人权保障力度,特别是对暴力事件的防范,提升管理水平;第二步,拘留决定司法化改造,不仅将拘留交由法院决定,而且让拘留所的管理同时实现羁押中立。要实现上述发展路径,目前在规范的贯彻层面还存在不小的障碍,既有来自软件方面的观念制度等,也有来自硬件方面的物质基础等。若要推进卓有成效的改革,还是应当着力于拘留所管理体制"六化"建设。

(一)观念法治化

自19世纪启蒙运动以来,个人权利得到前所未有的尊重。人权作为"人类大家庭所有成员固有的尊严与平等而不可剥夺的权利",成为一种基本权利,并且受到了广泛的关注,还演变成为现代法治的主要内容。人权

---

① 陈群:《行政拘留若干问题研究》,苏州大学法律硕士学位论文,2008。

是"镶嵌"在普遍道德体系中的原则,正因为如此,人权构成了普遍低度道德标准的一部分。[①] 在某种意义上,人权是超越地域、阶级甚至国家的。在人权理念的感召下,被追诉人不再被视作"行尸走肉",更不会被当作任人宰割的异类,而是作为一个真正的"人"存在。拘留所作为合法剥夺人身自由的场所,更应当秉持人道主义的基本原则,维护在押人员的基本权利。在《世界人权宣言》《经济、社会和文化权利国际公约》《公民权利与政治权利国际公约》《联合国反酷刑公约》等国际公约中,人道主义的原则也都得到了体现,甚至是贯穿始终的"主旋律"。无论以任何形式被羁押的人,都应受到人道方式的对待,并且其固有的人格尊严亦应受到尊重。拘留所在我国是唯一法定的、公开化的羁押场所,在这个地方,人道主义不能被克减,应当提供正常的羁押条件,同时还应当竭力避免和防止肉体或精神上的虐待。因此,接受保护人权理念,是监管现代化的重要体现。尽管目前的公安监管系统在观念上与当年相比,有了很大的进步,但是具体到执行监管的民警层面,不能奢望其在思想上朝夕间就出现翻天覆地的转变。许多监管人员早已形成了思维定式,而且在执法活动中养成了习惯。即便上级文件中对于拘留所管理提出了新的要求,并且做出了不同于以往的解读,民警们要完全认可也尚需时日。

在2006年的《欧洲监狱规则》中,确立了九项针对所有羁押场所的指导性原则:① 任何被剥夺自由的人的人权都应当得到尊重;② 被剥夺自由的人有权保有法律未剥夺的权利,无论他是已决犯还是未决犯;③ 对在押人员施加的限制应当与采取措施的目标成比例,并且符合满足最低限度的必要性;④ 资源的缺乏不能成为羁押场所侵犯人权的借口;⑤ 在押人员于羁押场所中的生活应当尽可能地接近社区中的积极生活;⑥ 任何羁押都应当将促进在押人员复归自由作为出发点;⑦ 与外界社会福利事业的合作以及融入公民社会的行为,在羁押场所中应当得到鼓励;⑧ 羁押场所的工作人员执行的是重要的公共服务,他们应当接受严格的录用和培训,并且应当得到良好的工作条件,以便对在押人员提供最高标准的关照;⑨ 所有的羁押场所都应当受到定期的政府巡查和独立监督。支撑上述原则的正是观

---

① 〔美〕A. J. L. 米尔恩:《人的权利与人的多样性——人权哲学》,夏勇等译,中国大百科全书出版社,1995,第135页。

念上的高度认同,因此,拘留所管理体制的进步离不开监管执法者观念上的现代化。

(二)技术现代化

在美国,近年来技术发展对于羁押场所的帮助主要体现在两个方面:一是强化了安全体系,例如通过无线电频的身份识别、全球定位系统,可以持续监控在押人员在羁押场所内的活动。二是运用生物统计学的方法对在押人员生理及行为特征进行识别解构,例如指纹阅读、虹膜识别技术、面部认知系统、掌纹扫描、动态签名识别体系等。这既可以提高监所内日常活动的运行效率,也可以有效控制出入行为。此外,视频会见、视频会议等技术的发达对于实现在押人员的会见权利也有所帮助。近几年来,对于拘留所的技术装备投入呈现不断上升的趋势,条例中也强调了视频监控系统的利用。的确,现代信息技术的推广对于提升拘留所的安全性,尤其是防范暴力事件的频发而言,具有人力资源难以比拟的先天优势。将技术现代化的成果融入拘留管理活动之中,是今后不可逆转的发展趋势。

此外,借助技术发展促进被拘留人的人权待遇,也能切实促进教育管理效果的实现。"公民自由地生活在如今这个信息社会当中,信息可以借助电脑、因特网、电话、传真等媒介广为扩散,从而使每个人与各种理念、价值的距离得以缩小……在押人员一旦在使用现代技术媒介的问题上受到过分限制,就会导致其与外部世界的进一步绝缘。这种情况一旦真真切切地发生了,就意味着在押人员与外部世界失去了必要的联系,我们可以将其看作现代意义上的一种新型的苦难……通过这个层面,推进改革是有必要的,即把信息自由引导进入羁押场所,以此弱化上述羁押中的痛苦,形成一种秩序上的稳定和平衡……而当下的羁押场所已经越来越像一个自由的世界,并且接纳因此而产生的变化。"[①] 因而,技术现代化不仅关乎拘留所的管理水准,也能影响被拘留人的羁押状态,成为提升人权待遇的切入点。

(三)监督科学化

自我监督带有强烈的自律性,无法阻止公众对于拘留所执法状况的怀

---

① R. Johnson, "Brave New Prisons: the Growing Social Isolation of modern Penal Institutions", in A. Liebling and S. Maruna (eds), *The Effects of Imprisonment*, Willan, 2005, pp. 256–257.

疑和不解。因此，加强来自外部的制约就成为实现拘留所监督现代化的必由之路。根据《联合国反酷刑公约》第1任择议定书的规定，各国应当建立独立的羁押巡视机制，对本国各个羁押场所进行定期巡视，以实现监督，防止酷刑的发生。任择议定书中为这种机制设定了一些核心指标。① 接受巡视的，必须是那些限制、剥夺人身自由的场所，即便其不以羁押场所称谓。② 应当定期开展巡视，巡视主体有权掌握各种与剥夺自由相关的信息，如羁押量、在押人员待遇、羁押环境等；在巡视过程中，巡视人员可以涉足羁押场所的任何地点，并且有权任意选定在押人员与其单独、私下进行交流。③ 在职能上，巡视主体独立于羁押场所，具备涉及巡视的专业知识和能力；此外，巡视制度的开展需要获得足够的资源支持。接受巡视羁押场所的范围主要包括：① 警察局；② 保安部队处所；③ 审前羁押中心；④ 还押监狱；⑤ 服刑监狱；⑥ 青少年拘留中心；⑦ 移民拘留中心；⑧ 国际机场拘留区域；⑨ 收容中心；⑩ 精神疾病医疗机构；⑪ 行政拘留场所；⑫ 其他公民被剥夺自由的场所等。结合上述标准，可以发现在中国，拘留所理所当然应当属于接受巡视监督的场所。而事实上，近几年来公安监管部门一直致力于推进羁押场所对社会的开放机制。2012年4月，公安部监管局下发了《关于组织开展公安监管场所"三访三评"对社会开放日活动的通知》，要求三级以上公安监管场所一律对社会开放。[①] 截止到2012年2月，全国共有1427个拘留所向社会进行了开放。然而，与国际准则定义的巡视机制相比，我国拘留所的对外开放依然存在较大的差距。

对于拘留所社会监督机制的构建，需要着力于如下几个方面的工作，才能实现真正意义上的现代化。① 一个独立的建构基础。为了使巡视机制

[①] 该文件还指出："要认真听取党委政府、综合治理联席会议成员单位、群众代表、相关执法办案单位、律师、法学工作者、记者等对公安监管工作的意见建议；要加强同被监管人员家属沟通联系工作，召开家属座谈会主动介绍被监管人员的一日生活制度、医疗卫生、伙食和权益保障等情况，宣传相关法律法规及羁押监管要求；征询被监管人员意见；回访出所人员，听取意见；运用现代化科技手段，创新评议平台和渠道，多方听取意见和建议；通过设立警务公开栏、电子触摸屏、信息网、印发警务公开手册、联系卡等形式促进社会对公安监管工作的了解；要把监所对社会开放作为一项常态性的工作来抓，邀请人大代表、政协委员到监所检查指导，主动接受检察机关、特邀监督员以及社会各界对公安监管工作的监督，以监督促规范，让公安监管场所对社会开放的过程，成为服务群众、增进了解的过程，成为规范执法、文明管理的过程，成为锻炼队伍、提高素质的过程，成为树立形象、引导舆论的过程。"

建立在一个强有力的法律基础之上，进而使其在时间运作上具有持续性，其应当规定在宪法或立法机关制订的法律当中。② 具有起草其自身规则和程序的能力，并且程序规则的修订绝不能屈从于外部权威。③ 与公权力机关相分离。为了确保其有效性，被公众视作独立运行的机制，社会监督机制不能在形式上与行政部门、司法机关产生联系。④ 独立的、透明的任命程序。任命程序应当决定任命的方法和范围，同时还囊括任命的持久度、特权与免责、免职及申请程序。此外，任命程序应当涵盖民众的参与、咨询。⑤ 财政独立。财政上的自治是一个基础性标准，它包括充分的经费和建议、确认预算的独立性能力。财政自治是一个基础性的标准，如果缺少它，监督机制将不能独立做出决定，巡视机制应当具有财权和事权实现其基本的功能。⑥ 透明的工作实践和公开性报告。通过公开的报告，巡视机制将加强它的独立性，也会被视为具有独立性。① 唯有如此，拘留所的执法才能真正地在阳光下健康运行。当执法者如履薄冰、时刻担心民众的质询时，拘留所的管理水平就会同社会的文明进步趋向一致。

（四）拘留决定司法化

无论是出于遏制拘留所暴力考虑还是出于对相对人权利的维护，还是利于同国际接轨，都应该将限制人身自由的短期处罚交由法院决定，使行政拘留的决定权司法化，"程序的公正性的实质是排除恣意因素，保证决定的客观公正"，② 这也符合西方古老的规则"任何人不能做自己案件的法官"，以保证行政拘留的公正。当前我国行政拘留的决定由公安机关做出的成因是多方面的。（1）历史传统的重要影响。警察机关拥有拘留决定权可以追溯到清末，清末《违警律》赋予警察机关以拘留决定权，直到今日拘留的决定权都由公安机关所拥有。③（2）片面追求行政效率。极为片面地将"效率"简单理解为行政受益与行政成本的对比关系，于是错误地认为行政程序越简单越好。行政拘留由公安机关按照行政程序进行，比由司法机关按照司法程序进行显然要简单许多，按照行政程序进行还可以避免司法权对行政权的制约和审查。综合以上分析，目前改变行政拘留的决定主体存

---

① Geneva, *Monitoring places of detention, a practical guide*, Imp, Abrax F-21300 Chenove 2004. p. 54.
② 季卫东：《法治秩序的建构》，中国政法大学出版社，1999，第14页。
③ 陈群：《行政拘留若干问题研究》，苏州大学法律硕士学位论文，2008。

在一定的困难，但我们应该看到，行政拘留决定权的司法化是一种必然的趋势，我们应该借鉴国外一些先进经验，结合我国实际情况，探讨我国行政拘留决定权的司法化道路。具体建议如下：

1. 将拘留权交由法院行使

行政拘留司法化的核心，便是将行政拘留的决定权交由法院行使。这样一方面可以将行政拘留的决定权与调查权真正分离，避免因为警察先入为主影响案件的公正判决；另一方面可以更有效地避免行政权力的扩大，最大程度地保障行政相对人的权利。程序的公正性使处罚结果更容易被拘留者接受，同时在此过程中也使得被关押人员更清楚地认识到自己的违法行为及其行为的危害性，利于对其进行教育改造，在一定程度上可以减少拘留所内暴力事件的发生。但是从实际情况出发，根据我国目前法院系统内审判庭的设置情况，现有的司法资源无法承受众多的行政拘留案件，此外，根据法院内部判决职能的划分，将行政拘留案件交由法院来审判也是不合理的。因此，建议在基层法院增设专门负责此类案件审判工作的治安审判庭。

2. 采取简易程序审理

行政拘留的决定权转移到法院后，行政拘留将适用审判程序，但是考虑到这类案件的数量众多，如果按照普通审判程序进行，将会产生一系列问题：① 众多的行政拘留案件将占用大量的司法资源，财政负担将会骤然增加，法院也将面临巨大压力；② 通过审判程序处理行政拘留案件，将会大大降低处理此类案件的效率，造成审判和当事人的"累讼"。笔者认为，处理行政拘留案件应当遵循效率优先的原则，通过审判程序处理此类案件时也应当注意效率优先的原则。此案件可以借鉴治安审判庭和简易审判庭的经验，实行一审终审制，采取的方式为法官独任审判，如果当事人不服判决，也只能通过再审程序进行救济，不能上诉。

（五）拘留范围缩小化

行政拘留中因违反《治安管理处罚法》处以治安拘留的人数最多，比例超过80%，所以此处只分析《治安管理处罚法》中对行政拘留的适用范围。《治安管理处罚法》对于行政拘留的适用面过宽，造成拘留所中的关押人数过多，各地区行政拘留所都存在超负荷运转的情况，使得一些监管人员采用不当的监管方式，出现监管人员虐待被关押人员的情况。首先，行政拘留的总体适用范围过宽,《治安管理处罚法》中适用行政拘留的条款多达53个,占总数的93%,不适用条款仅仅有4个,只占总数的7%。在《公安部关于规范违反治安管理行为名称的意见》中,在违反治安管理的115个行为中,适用行政拘留的案由多达107个,占总数的93%,不适用拘留的案由只有8个,仅占总数的7%。而且《治安管理处罚法》中规定的必须适用行政拘留的范围也过于宽泛,必须适用行政拘留(不包括情节严重时必须适用拘留)的条款多达26个,占总条款的46%。在《公安部关于规范违反治安管理行为名称的意见》中规定必须处以拘留的行为多达62个,占全部行为的50%以上。作为限制人身自由如此严厉的行政处罚手段,行政拘留的适用面未免太宽,由此给拘留所的监管工作带来巨大的压力。改变这种状况的具体改革建议如下:

1. 在总体上缩小行政拘留的适用范围

行政拘留限制人身自由,因而是最严厉的行政处罚种类,应严格限制其适用范围,减少行政拘留的总体适用。行政拘留的适用应当仅限于威胁公共安全,扰乱社会秩序,侵犯公民财产、人身,比较严重的妨碍社会管理的行为。行政拘留的适用率总体上不应超过总数的50%。减少行政拘留的适用,并不等于对那些适用行政拘留的人员免于行政处罚,而是采取其他的行政处罚,笔者建议可以增设强制一些违法人员进行一定时间的义务劳动这一处罚形式。根据违法行为强令一些违法人员向社会提供义务劳动,例如对一些违反交通法规应被处以拘留处罚的人员强令其在交警队的安排下进行义务劳动,接受现实教育。这种处罚形式,一方面减少了拘留所的关押人数,减轻了监管人员的监管压力,利于其对重点对象进行改造教育;另一方面这种强制义务劳动处罚不必将违法人员关押在拘留所内,必然减少拘留所暴力的发生。

2. 减少必须适用行政拘留的条款

我国台湾地区的"社会秩序维护法"中规定的必须适用拘留的条款非常少。大陆地区也应当缩小行政拘留的总体适用范围,同时减少条款中必须适用行政拘留的情况。基于此应将必须适用拘留的条款控制在总数的30%以下,使那些严重扰乱社会秩序、威胁公共安全、侵犯公民人身权利的违法人员得到应有的惩罚(处以行政拘留),在拘留所中接受全面的教育改造。

（六）拘留适用轻缓化

造成现在行政拘留所人满为患、拘留所超负荷运转的另外一个重要原因便是行政拘留的期限总体偏长。我国《治安管理处罚法》所规定的行政拘留的期限为 1 日以上 15 日以下，有两种以上违反治安管理行为的，分别决定，合并执行，行政拘留处罚合并执行的，最长不超过 20 日。同其他国家和地区相比，这种拘留期限偏长。奥地利《行政处罚法》第 11 条规定的行政拘留的最短期限为 6 个小时，[1] 我国台湾地区的行政拘留期限为 1 日以上、3 日以下，合计不超过 5 日。行政拘留的目的主要是对违法行为人进行惩戒教育，而不在于给行为人以较长时间的人身限制。过长的行政拘留期限不仅给拘留所带来监管压力，也会影响到被拘留者的其他权利，如 10 日以上的行政拘留，在处罚的同时，很多人可能因此失去了工作，存在这样的心理负担会使被关押人员情绪过激，对监管产生逆反心理，不利于对其进行教育改造。此外，行政拘留幅度设定不合理。行政拘留期限仅仅设定了三个幅度：5 日以下、5 日以上 10 日以下和 10 日以上 15 日以下，这种过于死板的行政拘留期限可能造成处罚的不公平，使得一些被拘留者对处罚结果不满，产生积怨情绪，不利于对其进行教育改造。行政拘留的轻罚规定较少，5 日以下的行政拘留不足适用拘留行为的 1/3，事实上，由于公安机关对从轻情节适用的从严掌握，在实践中 5 日以下拘留适用的比例非常小。长时间的拘留给拘留所带来监管压力，缩短拘留期限，减少拘留人数，利于监管人员对被关押人员进行法制教育和心理教育，改变现在"只拘不教"的情况。过长的拘留期限使监舍内也易形成"牢头狱霸"，如果仅仅拘留两三天，拘留所中就不容易出现"牢头狱霸"。具体改革建议如下：

（1）从总体上缩短行政拘留的拘留期限，笔者建议行政拘留的期限设定在 1 日至 7 日这个幅度内。

（2）适当增加行政拘留的幅度，如增加设置 7 日以下、5 日以上 7 日以下、5 日以下、3 日以上 5 日以下、3 日以下、2 日以下几个幅度，按照违法行为的危害性和是否有减轻或加重情节，规定每个行为行政拘留的各自适用幅度。

---

[1] 胡建淼主编《中外行政法规分解与比较》，法律出版社，2004，第 644 页。

（3）多适用短期拘留。处以行政拘留，多数应规定为 3 日以下，这样既可以使行为人反省自身的违法行为，又可以减轻被拘留者的积怨情绪。

上述"六化"建设，是我国拘留所体制改革成功的关键点。目前随着《拘留所条例》的颁布实施，拘留所管理的现代化已经进入了新的历史发展阶段，而这仅仅是一个起点，随着改革的不断深入，拘留所终究会成为反映我国人权进步的重要窗口。

第五章
看守所暴力及看守所体制改革

  很长一段时期以来，我国的看守所是一个相对封闭的、行政化色彩极为浓厚的羁押场所，法学界与法律界对之缺乏应有的关注和研究。2009年云南"躲猫猫"事件出现后，社会各界开始聚焦看守所的改革与完善问题，高度关注看守所的功能与法治发展状况。以"躲猫猫"事件作为分水岭，看守所的面貌与改革进程明显表现为前后两个差别巨大的历史时期。2009年以来，经过五年改革，看守所对在押人员权利的保障水平发生了重大变化，取得了重大进展。

  本章从监所暴力问题最突出的看守所暴力现象入手，研究看守所暴力的表现形式及其一般性成因，进而分析看守所暴力现象所反映出的我国看守所改革中存在的问题。最后，在借鉴域外羁押制度进步之处的基础上，探索遏制看守所暴力的对策，并从法治的角度对看守所改革提出观念层面以及立法、司法和行政实践层面的改革措施。

  笔者认为，看守所暴力主要包括三类：监管人员对被监管人员施加的暴力、被监管人员相互之间的暴力以及被监管人员暴力反抗或越狱的行为。看守所制度存在的问题与缺陷，反映出我国看守所羁押的目的与其属性和功能相冲突，羁押的法定性、场所设置的合理性、司法控制的有效性以及被羁押者权利保障等方面存在根本的制度缺位。《中华人民共和国看守所条例》已不再适应我国法治发展的要求,有必要在法律这个层面实现看守所功能的中立化、看守所羁押的法定化,并建立相关配套立法制度,从根本上实现规制看守所羁押的权力行使与被羁押者的权利保障,减少看守所暴力现象的发生。遏制看守所暴力,首先要强化树立人权保障与无罪推定等法治的理念。同时,需要从行政、司法甚至立法的多个角度改革我国看守所有关制度,提高司法行政人员职业素质;完善看守所内部管理制度;强化司法控制,强化看守所中立于侦查职能的相关机制;健全看守所法律体系,制定和完善看守所法;改善看守所外部监督机制。最终实现两个大的转变:一是看守所的相对独立;二是司法控制权由检察院转向法院。

一 概述

在我国,强制措施令被追诉者处于未决羁押[①]的状态,而以看守所羁押最为普遍,长期羁押令被追诉者面临遭受更多暴力的危险,这严重侵犯被追诉者的人权。

2009年2月12日,云南某看守所的一起名为"躲猫猫"的非正常死亡事件引起了政府有关部门、国内外法学理论界和实务界专家以及多数民众的深度关注,因涉嫌盗伐林木罪被羁押于云南省昆明市晋宁县看守所的李荞明意外死亡。警方称,死亡原因为李荞明与狱友玩"躲猫猫"以头撞墙。此说一出,即遭非议。近一个月后,云南省政府公布该事件司法调查结果:李荞明在看守所内受"牢头"施虐和体罚,最后导致死亡,两名看守所民警因玩忽职守罪和虐待被监管人罪受到刑事处罚。

进入21世纪以来,大众媒体在对监所管理以及对被监管人员的权利保障方面逐渐发挥起巨大的舆论监督作用。"躲猫猫"之后,"睡觉死""洗澡死""喝水死"等一系列看守所非正常死亡事件,持续引起舆论关注。笔者发现,通过大众媒体曝光的在押人员于羁押场所非正常死亡的事例,在20世纪鲜有报道,而2001年以来的报道消息中的场所多数集中于看守所这座以羁押未决犯为主的监所当中。看守所在我国是隶属于公安机关的专门单位,其制度运行的公开化、透明化程度之低不言而喻,因此,对于在看守

[①] 本文所述之羁押皆指未决羁押,包括侦查阶段的羁押、审查起诉阶段的羁押和审判阶段的羁押。

所内部发生的侵犯被羁押人权利的状况，以大众媒体披露的信息居多，而很难获取到权威的数据支撑。正是该类非正常死亡事件的披露引发了笔者对于看守所暴力现象的检讨及对我国看守所羁押的法律制度的反思。

在我国，看守所是对依法被逮捕、刑事拘留的犯罪嫌疑人、被告人进行刑事羁押，以及对依法被判处有期徒刑的罪犯，在交付执行刑罚前剩余刑期在三个月以下的刑罚予以执行的机关。我国现行《中华人民共和国看守所条例》[①] 第2条规定："看守所是羁押依法被逮捕、刑事拘留的人犯的机关。"第5条规定："看守所以县级以上的行政区域为单位设置，由本级公安机关管辖。"新《刑事诉讼法》第253条规定："对于被判处有期徒刑的罪犯，在被交付执行刑罚前，剩余刑期在三个月以下的，由看守所代为执行。"由此可见，看守所作为国家的实现未决羁押与刑罚执行双重功能的机关，其内部行政管理所依据的行政法规是《看守所条例》，其中"人犯"这个与社会主义法治发展相悖的概念反复出现，严重地侵蚀和误导着侦查部门、公诉部门以及看守所监管人员的司法行政思维和工作态度、方式。笔者认为，《看守所条例》应当尽快退出历史舞台，看守所有关制度亟待通过立法加以完善。而造成我国看守所暴力的原因是什么；怎样改善我国目前看守所羁押的恶劣现状；怎样从司法、行政等层面促进看守所立法的确立和实施，进而从根源上遏制看守所暴力的发生：是亟待我们思考和解决的问题。

在我国，实务界对于遏制看守所暴力的研究以强调看守所自身的执法工作运行机制和内部管理监督机制，以及强调检察机关的外部监督为主。而鉴于我国羁押场所受到具有刑事侦查职能的公安机关所控制的体制现状，国内学术界有部分学者提出将看守所从公安机关分离，由不具有刑事侦查和公诉职权的部门负责管理的建议。如中国社会科学院学部委员梁慧星教授曾分别在2006年全国政协十届四次会议、2009年第十一届全国人大二次会议上发表提案，强烈建议将羁押场所划归司法部门管辖，彻底禁绝刑讯逼供现象。然而立法机关尚未下定决心解决看守所的场所设置与管辖权归属的问题。总的来看，国内学术界关于看守所改革课题的研究，主要集中在针对我国看守所羁押制度存在的问题、成因与完善等方面的分析，以及

---

① 国务院颁布出台的《中华人民共和国看守所条例》沿用至今，以下简称《看守所条例》。

对于域外羁押制度的比较法研究上，如在孙长永教授的《侦查程序与人权——比较法考察》一书中包含对于各国侦查羁押制度较为详尽的介评还有国内较早对于未决羁押制度存在问题与制度的重构提出全面和深刻的分析的论文——《中国未决羁押制度批判性重构》。此外许多学者皆从程序正当性角度对我国未决羁押的司法控制展开分析研究，如王敏远教授的《中国刑事羁押的司法控制》、陈瑞华教授的《审前羁押的法律控制——比较法角度的分析》《未决羁押制度的理论反思》、汪建成教授的《正当程序维度内的强制措施》等等。

在域外，由于多数法治发达国家早已将未决羁押措施纳入法制轨道，对于未决羁押的实体与程序的合法性皆设置了严格的司法审查制度，类似我国羁押场所发生的暴力问题并非域外国家近年来关注的焦点。相比之下，域外国家更加关注"暴力越狱""暴力袭警"等类型的监所暴力现象的对策性研究。与此同时，在国际人权公约的影响和制约下，许多国家也对各自的刑事诉讼制度进行改革，旨在减少对被追诉人权利的侵犯。例如法国在 2000 年修改了刑事诉讼法，从对被追诉者的刑事拘留、先行羁押等方面进行了改革，明确了被拘留者享有的沉默权、会见律师权、通知亲属权以及身体检查权等权利；对于先行羁押在法院中增设专门负责审查先行羁押合法性的法官，同时对先行羁押的期限和条件也进行了更为严格的规定。

然而，对于看守所暴力，国内外尚无专门的论著对此现象及其所反映的问题展开详尽的分析和探讨，遏制看守所暴力与看守所改革作为一个新课题，在这方面的研究尚缺乏系统性，研究方法尚缺乏针对性，本章希冀通过对看守所羁押中出现的暴力现象进行根源性剖析，并从法治化的角度对看守所羁押制度的改革提出具有理论与实践意义的建议。

二　看守所暴力类型及原因分析

研究遏制看守所暴力现象及看守所改革的对策，首先须认清看守所暴力的表现形式。2010 年之前，看守所频发的非正常死亡现象是看守所暴力的极端反映，从中能够管窥我国看守所暴力形成的诸多因素；在此基础上分析暴力形成的共性原因，进而为看守所制度改革确立对象和目标。

(一) 看守所非正常死亡现象

检索 2001 年以来媒体曝光的羁押场所被限制人身自由人员非正常死亡的事例,[①] 笔者总结出我国看守所暴力问题的三个特点。第一,看守所暴力事件的多发性。在我们搜集到的 33 例监所非正常死亡事件当中,有 20 例都是发生在看守所,占全部曝光事件的近 65%(见图 5-1)。其中,既有监管人员施加的暴力殴打以及使被监管者挨饿等非狭义之暴力的虐待行为,也有被监管人员对被监管人员实施的暴力行为,多数为暴力殴打行为。第二,暴力发生原因的荒诞性。笔者注意到,凡是被曝光的非正常死亡事件中施加暴力主体未明确的,总是有来自相关部门主张的一个看似冠冕堂皇实则自欺欺人的理由来解释被监管者死因,例如 2005 年郑州修武县的上吊自杀死、2007 年河北赞皇县的呼吸衰竭死、2009 年昆明市盘龙区的洗澡死、2009 年福州市第二看守所的坠床死、2009 年广东省吴川市发狂死等等(见表 5-1),诸如此类的事件在被报道过程中虽未能明确施暴主体,但死亡的被羁押者身体上的累累伤痕却是报道内容所共同呈现的一个事实。第三,公民人权意识的增强令看守所神秘的面纱逐渐被揭开。在早几年的新闻报道中,关于看守所暴力主要集中于"牢头狱霸"等同监室人员之间发生的暴力,然而随着法治社会的不断发展、信息传播途径的不断扩张,媒体披露的信息越来越多地指向了办案部门与监管部门,而且非正常死亡的曝光频率也直线上升,由以往每年的一至两起发展到仅 2009 年一年便被曝光了近十起。

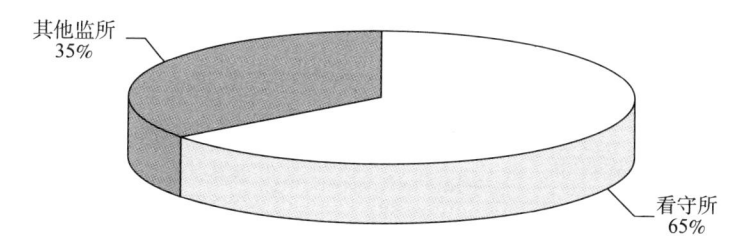

图 5-1 媒体披露的在押人员非正常死亡事件发生场所的比例

[①] 本部分引用的事例均来源于媒体报道,作者无从核实其真实性,多数案例最终认定责任结果情况并未公布,特此说明。

表 5-1 媒体披露的看守所非正常死亡事件情况一览

时间	发生地	强制措施	羁押时间	死因描述	暴力类型
2001年7月	北京市西城区看守所	刑事拘留	不详	同监室人员殴打	被监管者之间的暴力
2004年7月	黑龙江省哈尔滨市呼兰区第一看守所	刑事拘留	7日	同监室人员暴力、虐待行为	被监管者之间的暴力
2005年3月	河南省郑州市修武县看守所	刑事拘留、逮捕	4个月	"秋衣上吊死"（有外伤）	
2006年7月	黑龙江省亚布力林业区看守所	刑事拘留	39日	同监室人员殴打	被监管者之间的暴力
2007年4月	广西桂林市兴安县看守所	刑事拘留	10日	被监管民警体罚骂虐待致死	监管者对被监管者施加的暴力行为
2007年4月	河北省石家庄市赞皇县看守所	不详	不详	"呼吸衰竭死"	
2009年1月	云南省昆明市盘龙区第一看守所	刑事拘留	不详	"洗澡死"	
2009年2月	云南省昆明市晋宁县看守所	刑事拘留	11日	"躲猫猫死"	被监管者之间的暴力
2009年2月	河北省保定市顺平县看守所	不详	不详	大叶性肺炎（化脓性）合并感染中毒性休克死亡	
2009年3月	海南省儋州第一看守所	刑事拘留	3日	遭同监室数名嫌犯殴打致颈椎断裂，次日死亡	被监管者之间的暴力
2009年3月	福建省福州市第二看守所	不详	不详	"从床上摔下死"	
2009年3月	江西省九江市看守所	刑事拘留	不详	"做恶梦死"（有外伤）	
2009年4月	福建省厦门市第二看守所	不详	不详	"抢救时被电死"（有外伤）	
2009年6月	广东省吴川市第二看守所	刑事拘留	1日	"发狂死"（有多处伤痕，腹部肿胀）	
2009年9月	北京市海淀区看守所	不详	49日	"绝食死"（有伤痕）	
2010年2月	江西省九江市修水县看守所	不详	不详	"摔跤死"（疑被殴打致死）	

续表

时间	发生地	强制措施	羁押时间	死因描述	暴力类型
2010年2月	河南省鲁山县看守所	不详	3日	"喝开水死"（有伤痕）	
2010年3月	内蒙古呼和浩特市托县看守所	不详	不详	"如厕死"（有多处伤痕）	
2010年	四川省绵阳市盐亭县看守所	不详	不详	"证据不足死"（经两审都因证据不足未能宣判）	
2010年4月	湖北省荆州市公安县看守所	不详	不详	"洗脸死"	

在我国，虽然羁押并不是法律规定的独立的强制措施，但是由上述图表我们可以清晰地看到，看守所羁押早已成为刑事拘留、逮捕等强制措施采取之后的必然状态。不可否认，过高的羁押率是引发非正常死亡事件的必然因素之一。对于该表中所反映出来的看守所暴力的诸多问题与成因，将在下文中做进一步分析。

（二）看守所暴力类型

纵览我国看守所内部发生的暴力现象，笔者认为，看守所暴力主要包括以下三类：即监管人员对被监管人员施加的暴力、被监管人员相互之间的暴力以及被监管人员暴力反抗或越狱的行为等。

1. 监管人员对被监管人员实施的暴力

监管人员对被监管人员实施的暴力行为，主要表现为刑讯逼供等暴力取证手段和虐待被监管人。根据暴力行为实施的直接原因，笔者将监管人员实施的暴力行为界定为两类：目的性行为与非目的性暴力行为。刑讯逼供是司法工作人员采用肉刑或变相肉刑折磨被讯问人的肉体或精神，以获取其供述的一种极恶劣的审讯方法，此谓目的性暴力行为；而虐待被监管者主要是由于监管者人权意识淡漠，加之工作压力大以及对工作环境的不满等等泄愤于被监管者，笔者谓之非目的性暴力行为。

刑讯逼供久禁不绝，被羁押者生命健康权遭到漠视。在笔者搜集的看守所非正常死亡事件的报道中就有实例：2007年4月广西桂林市兴安县看守所"法官黎朝阳案"犯罪嫌疑人因涉嫌受贿罪被检察机关决定刑事拘留后，被刑讯逼供致死；① 2010年四川绵阳的"证据不足死"事件反映了实践中侦查人员为获取证据以满足控诉目标而实施暴力的现象；② 2010年2月河南鲁山县某看守所"喝开水死"则是在犯罪嫌疑人被提审时发生的，据报道称该死者嫌疑人身上有多处伤痕。③ 侦查人员正是利用了看守所隶属公安机关管理的便利条件，在看守所提审犯罪嫌疑人时经常发生刑讯逼供的暴力取证行为，漠视羁押的犯罪嫌疑人的人权。利用羁押逼取口供或实施其他非法侦查行为，违背了羁押的合目的性原则，超越了强制措施应有的功能。

虐待被监管者的行为在看守所中更加普遍。刑讯逼供的主体多是来看守所提审犯罪嫌疑人的侦查人员，而对被监管者实施虐待的则主要是看守所内部的行政监管人员。令人发指的是，目前看守所当中出现监管人员不亲自动手，而是教唆甚至命令被监管人员对同监室人员实施虐待，这同样属于虐待被监管人的行为。

刑讯逼供与虐待被监管人的行为都是可以在我国刑法当中入罪的行为。我国《刑事诉讼法》第50条、《最高人民法院关于适用〈中华人民共和国刑事诉讼法〉的解释》第95条、《人民检察院刑事诉讼规则》第65条等法律、司法解释均明确规定禁止刑讯逼供以及司法工作人员实施刑讯逼供应承担的法律责任，而虐待被监管人则必须具备"情节严重"的要件才能入罪。

2. 被监管人员之间的暴力

被监管人员之间的暴力行为，通常表现为监管场所内拉帮结伙、称王称霸、恃强凌弱、寻衅滋事，侵犯他人合法权益。新入所的被羁押者假若被关押到已经存在数个被羁押者的监室，容易受到他们的合伙刁难或暴力攻击。被监管者之间的暴力最显著的表现便是"牢头狱霸"。"牢头狱霸"现象多年来在我国一直长期存在，2009年之前看守所发生的被监管人员死伤等恶性事故，多与"牢头狱霸"有关联。例如表5－1中所反映的，媒体报道的2001年、2004年、2006年发生的被羁押人非正常死亡以及2009年轰动全国的"躲猫猫"事件等都是看守所内"牢头狱霸"问题的直接反映。

---

① 详见http://blog.sina.com.cn/s/blog_5e3ab8d80100chju.html，16：10：50。

② 详见http://www.dadunet.com/24－30－view－30－201004－18651－7.html。

③ 详见http://wh.goodcar.cn/10/0331/000110871_10.shtml，10：30。

由于社会经济文化的快速发展、犯罪率的相应上升，司法资源，特别是看守所警力资源相对匮乏的问题日益突出，警力不足其实是监管场所普遍存在的一个问题。以看守所为例，目前民警与被监管人员的比例不足8%。因为警力严重不足，一些羁押量高的监管场所，监管民警挑选个别表现好的在押人员，协助管理其他在押人员，久而久之，这种"拐棍"行为滋长形成了"牢头狱霸"。实际上，对于"牢头狱霸"的暴力行为，有关监管主体也负有不可推卸的责任，"牢头狱霸"的存在不但没有起到协助管理和维护看守所正常秩序的作用，反而严重侵犯了其他被监管人员的合法权益。这已经成为目前影响被监管人员正常改造和看守所正常秩序的严重问题。

3. 被监管人员的暴力反抗

被监管人员的暴力反抗，主要表现为被监管人员暴力越狱和监所内发生的暴力袭警案件。它们在实践中虽不如刑讯逼供和"牢头狱霸"现象多，但在我国看守所内也确实存在着。2006年9月22日，罗山堂、韩玉林在旅顺看守所内密谋暴力越狱；2007年3月29日瑞丽市看守所内罪犯愉永胜、杨忠涛、刘俊鹏、王洪胜、查海光5人劫持教导员为人质暴动越狱等，都是近年来看守所内被监管人员暴力反抗的典型案件，在社会上产生了较大的影响。"暴力越狱、暴力袭警"与"刑讯逼供"和"牢头狱霸"等都是现阶段看守所暴力的典型表现，所不同的是，暴力越狱和袭警行为针对的是看守所的管理部门，更能暴露出我国看守所管理制度的漏洞。这一行为社会危害性较之前两者更大，其不仅扰乱了正常的监所管理秩序，更给看守所管理人员和人民群众的生命安全造成了严重威胁。

尽管被监管人员暴力反抗的形成原因中很可能包含监管者对被监管者施加暴力、侵犯其人权引起被监管者无法忍受而进行反抗的因素，但相较前两种暴力行为表现而言，被监管者的主观性因素较大，且并非看守所暴力的主要表现形式，因此，它不是本章论述的重点。本章将着重针对前两种直接侵犯被监管者人权的暴力表现进行探讨和对策性研究。

（三）看守所暴力形成原因分析

看守所暴力的形成原因是多层次的，也是多方面的，既有观念、理念上的原因，更有立法、司法、行政制度等方面的原因。本章着重从看守所各类暴力现象形成的一般原因入手进行分析：

1. 有关看守所羁押的观念落后

部分被羁押者不同于监狱的已决犯,其被羁押的原因是为了能够保证他们到案接受侦查机关的讯问和调查,避免他们私自威胁或伤害证人或者毁灭证据,以及保障可能被判处监禁刑的人能够被顺利地执行刑罚。依据无罪推定原则,他们应当在法律上被推定为无罪。然而在我国的司法实践中,他们的基本权利更容易受侵犯,也需要得到更多的保障,其中最重要和最基本的权利当属刑事诉讼法第 50 条规定的不得被强迫自证其罪的权利。一方面,若看守所羁押的决定主体和执行主体始终持羁押是拘留、逮捕的必然后果之观念,被羁押者的人权必然受到漠视;加之我国目前看守所仍然隶属公安机关领导,这无疑为在看守所进行侦查活动甚至暴力逼取口供提供了一定的空间。我国看守所羁押不仅具有明显的预防社会危险性再发生的作用,还带有侦查犯罪、获取证据的性质,有时甚至还带有一定的惩罚性。我国《刑事诉讼法》第 12 条规定,未经人民法院依法判决,对任何人不得确定有罪,这至多称得上是"定罪权由人民法院行使"原则,即是否有罪应当以法院的裁判为准的原则,而远非国际刑事司法准则当中所推行的"无罪推定"原则。另一方面,就被追诉者而言,当其被剥夺人身自由、骤然从大千世界到一个完全封闭和灰暗的角落而面对控诉方强大的侦查武器的时候,其精神之崩溃与内心之极度脆弱直接导致其在刑事诉讼活动中处于极为不利的地位,久而久之,甚至出现被羁押者自证其罪的意外结果。在持续羁押与人权观念缺失的环境中长期生存,被羁押者的思维都有可能被"有罪推定"同化,并且在自身权利受到侵犯时麻木不仁。

2. 监管人员的职业素养偏低

监管者施加暴力行为主要源于部分监管者对于被监管者基本人权的漠视和"有罪推定"观念在监所尤其是部分执行未决羁押的看守所监管人员的思想中根深蒂固。这种思想导致部分监管主体与被监管主体的行为皆缺乏引导、监督和制约。笔者在对我国某些地区的看守所监管人员访谈时了解到,他们认为被羁押人员既然会进到看守所,定非"空穴来风",起码"是做了具有严重社会危害性的坏事",因此他们不仅与监管者地位悬殊,而且应当受到来自监管人员一定手段的威慑、惩罚或制裁,否则体现不出"监管"二字的效用。这种旧的思想观念导致目前羁押具有了惩罚性的功能,这可看作是看守所暴力现象的观念性成因;目的性成因则是监管者或在看守所提审犯罪嫌疑人的侦查人员希望通过刑讯的手段获取证据，为刑事诉讼中的侦查需要服务。监管者一味地认为被羁押者必定是有罪的，通过各种手段从他们身上找到指控犯罪的证据，成为监管者施加暴力的目的性成因。

3. 看守所内部行政管理制度不完善

从看守所被监管者的角度来看，被羁押人员成分复杂，若看守所缺乏严格规范的分押管理制度，容易滋生"弱肉强食"的"牢头狱霸"等暴力现象。

从看守所监管者的角度来看，看守所缺乏用于对监管人员的法治人权教育的经费支出，致使目前我国部分地区监管人员的管理观念陈旧落后；同时，由于我国固有的"有罪推定"观念与人权意识的淡薄，看守所内部对于被监管者的生存生活条件、精神面貌及心理状态等重要情况在很长一段时间内关注不够。这从另一方面也容易激起被监管者的不满与愤恨，从而有可能引发被监管者暴力反抗、有组织越狱的情况。

此外，针对实施暴力的监管者惩处和制裁力度不够，有些地方的看守所以及负有法律监督职能的驻所检察室甚至对施暴现象视而不见，或者纵容，导致了这类暴力现象的蔓延。

4. 看守所的中立性不足

笔者认为，之所以出现严重的看守所暴力现象，很大程度上是由于在实践中，看守所违背甚至超越了作为未决羁押场所的属性和功能。看守所的机构职能被侦查机关给予了过高的"期待"，前文论证的看守所本身所应秉持的作为未决羁押场所的性质和功能在我国的司法实践中被无限扩张——不仅带有惩罚性，有时还被附加了侦查犯罪的功能。而看守所暴力现象频发归根到底是由于看守所未能完全独立于侦查机关。我国现行公安机关集侦查机关与行政机关的双重身份于一体，刑事诉讼过程中控方为了达到追诉犯罪的目的，很容易利用公安机关负责人统一领导侦查机关与看守所的条件，使作为未决羁押场所的看守所更多地服务于侦查犯罪的需要。看守所场所本身的设置无疑具有正当性，但从看守所的功能上辨析其机构的属性，看守所本质上应当属于具有行政管理职能的机关而非具有侦查职能的机关。因为无论是未决羁押还是刑罚执行，都是对被追诉人人身自由的一种限制或者剥夺，这种限制或剥夺是为了实现保证犯罪嫌疑人到案、保全证据以及保证刑罚顺利执行的"三保"目的，而不是为了侦查案件线索。尤其是发挥看守所大部分功能的未决羁押，它绝不是公安机关借以进一步侦查犯罪的手段，而应当是为了保证刑事诉讼程序的顺利进行而采取的必要措施。笔者认为，看守所设置缺乏中立性是导致我国看守所对侦查机关的违法取证行为制约不足，侦查人员刑讯逼供等情况得不到及时有效的监督和控制，继而发生暴力现象的根本原因。

5. 看守所羁押缺乏司法控制

我国目前看守所的管辖权归属公安部门，中立性方面天然欠缺，致使对于看守所羁押的司法审查难以落到实处。我国的看守所羁押制度缺乏前置的审查程序，更无所谓过程的审查机制与事后复查机制。在域外，即便是中立的第三方审查决定的羁押措施，在执行人员执行拘留或者逮捕之后直至交付预审法官之前的这段羁押期间，也受到十分严格的时间限制。如前所述，德国的司法警察自行决定的拘留，其执行后交付法官前羁押期限为 12 小时；若为依预审法官之令状而执行的拘留，其交付法官之前的羁押期限为 24 小时，经预审法官批准最多可延长至 48 小时。而我国的拘留强制措施，在决定的做出完全没有外部制约的情况下犯罪嫌疑人还能在侦查机关的控制下被限制人身自由长达 3~7 天，若侦查机关认为需要逮捕，那么加上提请检察机关批捕的时间之后将可能长达 14 天，也即 336 小时之中法律上无罪的人的人身权利和自由便被"无人问津"地限制在与之相对立的侦查机关内部！如此强烈的对比，不得不引起我们对于完善我国看守所羁押之司法审查制度的重视。同时也体现出进一步实现看守所中立于侦查职能的必要性。

在西方法治发达国家，保释是原则而羁押是一种例外。由中立的法院或法官行使拘留或逮捕后羁押的决定权，同时还享有决定将其保释的权力。而在我国，由于检察机关既是犯罪的控诉主体又是做出逮捕决定的司法审查主体，这便导致其很难中立地做出不予逮捕的决定。加之在我国做出取保候审与监视居住这种非羁押型强制措施的决定主体仍为侦查机关自身而非中立的第三方，缺乏司法控制，导致选择或变更为这些强制措施的决定权完全掌握在与被羁押者对抗的侦查机关手中，最终必然使得被追诉者进入刑事诉讼程序后从被拘留走向被逮捕，从被逮捕走向被羁押，甚至被长期、超期羁押的命运。

6. 看守所羁押缺乏法律规制

大众媒体披露的 33 例监所非正常死亡事件中，死者生前无一例外被侦查机关采取了限制或剥夺人身自由的措施，羁押的普遍适用已经使其成为拘留、逮捕等强制措施之下的当然状态，尤其在看守所这样一个人权意识较为淡漠的狭小空间内，更加剧了被羁押者遭受暴力侵害的风险。这暴露出我国看守所羁押措施的适用、羁押的期限和羁押的程序等方面缺乏法律规制的问题。

（1）羁押措施的适用缺乏法律规制。

看守所羁押措施的适用缺乏法律规制。首先表现在，将看守所羁押作为一项措施来使用缺乏法律依据。我国刑事诉讼法并未将羁押规定为独立的强制措施。《看守所条例》第 2 条规定："看守所是羁押依法被逮捕、刑事拘留的人犯的机关。"然而这并不意味着依法被逮捕、刑事拘留的被追诉人就一定要被羁押，且这样做也不符合法治理念和人权思想的要求。在此种情况下，看守所羁押措施在刑事拘留、逮捕措施之后的当然适用在法律上无任何依据。羁押措施的滥用不仅繁殖了对于未决羁押人员"有罪推定"的先入为主的认识，还加重了看守所监管人员的工作负担，在此基础上加剧了被羁押者遭受看守所暴力的危险。

其次，羁押措施的适用条件缺乏法律规制，羁押的替代性措施被忽视。我国《看守所条例》第 3 条接着规定，"看守所的任务是依据国家法律对被羁押的人犯实行武装警戒看守，保障安全……"但问题的关键是，哪些人应当被羁押、哪些可以不被羁押并没有明确的法律规定。这便为看守所对被追诉者不加区分地采取羁押措施找到了规避法律的缝隙。在我国，取保候审与监视居住，和拘传、拘留、逮捕同为侦查阶段的强制措施，而羁押并不是法定独立的强制措施。然而实践中呈现的却是羁押措施的常态化与取保候审、监视居住措施的例外化之鲜明的反差。《公民权利与政治权利国际公约》等一系列国际人权文件都规定，人人享有不受任意剥夺的自由与安全，羁押必须符合法定的依据和程序。我国目前的这种反差与国际人权法定原则相背离，也同世界上大多数法治发达国家"羁押例外化"的趋向相违背。羁押适用的限制程度之低与羁押替代性措施适用频率之低，通俗地说，看守所"进来容易出来难"，是导致看守所暴力现象滋生的又一因素。

再次，羁押措施的不独立，致使羁押措施适用的合比例性更无从谈起。由于我国法律没有明确规定羁押措施的独立性，也便没有关于该措施适用的原则及条件等规定。很明显的例子便是，在上文归纳的媒体披露的非正常死亡事件中，被羁押者所涉嫌罪名不乏诸如盗伐林木、偷盗电缆，或是具有精神疾病的酌定情节的犯罪，其可能判处的刑罚与具有重罪嫌疑的被羁押者相差甚远，而却都因看守所暴力导致死亡结果的发生。通过观察域外未决羁押制度中关于羁押的适用条件，我们容易发现，世界其他各国规定的羁押条件都比较高，唯有我国，拘留、逮捕的强制措施当然地引起羁押的后果，相当于在我国只要可能判处徒刑以上刑罚的（最低6个月即可）被追诉人都有可能面临被采取同样的羁押措施的危险，这严重不符合羁押措施适用的合比例性原则。许多本可以被采取替代性措施而免于羁押的犯罪嫌疑人、被告人，却被无视可能的罪名之类别、刑罚之轻重而一同关押，从而遭受看守所"牢头狱霸"等暴力行为的打击，轻易地被剥夺了自由甚至丧失生命。

（2）看守所羁押的期限缺乏法律规制。

我国看守所羁押的普遍性、长期性问题严重。首先，我国侦查阶段的羁押不符合法治和保障人权的精神。拘留的决定权与执行权集于公安机关一身，没有任何前置的司法审查程序，大大增加了权力滥用的可能。同时，逮捕的审查主体也不符合中立性原则，公安机关侦查部门同提请批捕的检察机关都是追诉犯罪的主体，它们在刑事诉讼程序中具有共同的目标。相比之下，日本的强制措施只有逮捕和羁押两种，司法警察在逮捕犯罪嫌疑人之后认为有必要羁押的须在48小时内将其移交检察机关，尔后检察机关认为有继续羁押必要的须在24小时内或被捕者受羁押72小时内请求法官对其决定羁押。[①] 比较我国与日本的羁押制度笔者发现，从刑事诉讼进程上看，日本的逮捕相当于我国的拘留，而不同的是其初次限制被追诉人人身自由后的羁押期限为48小时，而我国侦查阶段的羁押期限最多达14天；《日本刑事诉讼法》第208条规定起诉前的羁押期限为10天，而我国法律规定为2个月。关键问题是由于我国法律还详细规定了不同的延长期限情

[①] 参见冀祥德《比较法中的羁押制度》，陈卫东主编《羁押制度与人权保障》，中国检察出版社，2005，第64页。

形，导致司法实践审查起诉的羁押期限远不止两个月。在关于我国拘留、逮捕适用的实证研究中笔者注意到，2002～2003年我国西部L市J区刑事拘留的使用率高达约80%；[1] 而2004～2006年四川省某市及某县检察院的平均批准逮捕率更是达到95.33%。[2] 如此，羁押不仅成为拘留、逮捕强制措施的当然后果，并且这种后果还将长期存在于刑事诉讼的各个阶段，即导致"羁押候审"的常态化。这在一方面严重侵犯了被追诉人的人权，另一方面导致我国看守所监管人员不足、工作量繁重、工作压力巨大、国家司法行政资源的浪费等问题，进而为看守所监管人员暴力管理、滋生"牢头狱霸"埋下了种子。

我国看守所内的超期羁押问题在相当一段历史时期内比较严重。《公民权利与政治权利国际公约》第9条第3款规定，任何因刑事指控被逮捕或拘禁的人有权在合理时间内接受审判或者被释放。也就是说，对于有合理理由对其采取羁押的被追诉人，其不被持续羁押不是以是否能够交付审判为判断标准，而应当仅仅是根据法定的羁押期限是否达到为判断标准。不能因控诉机关工作不力等主观或客观原因导致的控诉不畅，便仅依控诉机关的意志使被羁押者的人身权利持续被侵犯。这是国际人权公约的基本要求，国家应当对未决羁押的期限设置一个最终上限。联合国预防歧视和保护少数人下属委员会在1982年通过的一个决议案中建议：应当在羁押的3个月内接受审判或者被释放。[3] 相比之下，我国的未决羁押期限不但没有明确规定"或审判，或释放"的最终期限，反而规定了一系列延长羁押期限的事由。例如，我国《刑事诉讼法》规定了侦查羁押期限原则上不超过两个月，特殊情形下分别延长一个月、两个月、两个月以及"由最高人民检察院报请全国人民代表大会常委会批准延期审理"的规定。至此，原本是保障被追诉人权利免于较长时间侵犯的侦查羁押期限俨然被我国法律规定成了

---

[1] 参见孙长永主编《侦查程序与人权保障——中国侦查程序的改革和完善》，中国法制出版社，2009，第35页。转引自余澳《关于我国刑事拘留运行状态的实证研究》，四川大学2005届硕士学位论文，第9页。

[2] 参见孙长永主编《侦查程序与人权保障——中国侦查程序的改革和完善》，中国法制出版社，2009，第36页。转引自马静《羁押率研究》，《今日信息报》2007年6月8日，第3版。

[3] 李伟：《国际刑事司法准则视角下的中国审前羁押制度》，陈卫东主编《羁押制度与人权保障》，中国检察出版社，2005，第86页。

"无期羁押"。此外，该法第 158 条还规定有更加致命的羁押期限"归零"计算方法，即发现"另有重要罪行"或者"不讲真实姓名、住址，身份不明的"，自"发现之日起"重新计算或者"自查清其身份之日起"再计算。① 这样的法律规定严重忽视了对被追诉人人身权利、诉讼权利的保障，同时也不符合我国签署的国际人权公约的要求。

（3）看守所羁押的程序缺乏法律规制。

我国看守所羁押措施缺乏法律规制还表现在羁押的程序未经法定化，刑事诉讼的程序公正无法得到保障。羁押的程序性规定是建立在羁押审查制度基础之上的，只有确立了羁押权主体，决定采取羁押措施的初查程序、羁押的执行程序、羁押合法性的复查程序以及被羁押者申请救济的程序才能相应确立。程序的不公正导致实体的不公正，因此看守所暴力及其所带来的严重实体后果，与看守所羁押程序上的漏洞息息相关。

7. 被羁押者诉讼权利得不到保障

（1）羁押措施的异议权缺失。

《保护所有遭受任何形式拘留或监禁的人的原则》第 32 条第 1 款规定："拘留如属非法，被拘留人或其律师应有权随时按照国内立法向司法或其他当局提起诉讼，对其拘留的合法性提出异议，以便使其获得立即释放。"② 而在我国，拘留由公安机关决定并执行，由于拘留措施本身就不符合司法审查法定化的要求，而拘留又几乎必然地导致羁押的存在。因此可以说，在逮捕前的羁押阶段，被追诉人的各项权利被漠视。

（2）获得律师帮助权得不到保障。

在这些被报道的看守所非正常死亡事件当中，笔者还注意到，没有一篇报道提及律师的介入。纵使律师的介入并不属于报道的重点内容，然而无一例外的巧合却很难不引人思索，至少我们能够判断，律师在这些被羁押者非正常死亡的过程中并未起到有效的帮助作用。完全有必要进一步扩大看守所内律师帮助以及法律援助工作的比例，特别是对于非正常死亡案件的调查应当提供律师的法律帮助。

---

① 参见《中华人民共和国刑事诉讼法》第 124～128 条的规定。
② 李伟：《国际刑事司法准则视角下的中国审前羁押制度》，陈卫东主编《羁押制度与人权保障》，中国检察出版社，2005，第 85 页。

8. 缺乏应有的救济途径

"无救济则无权利。"救济的方式一方面是保障被羁押者的权利，另一方面是追究有关人员的责任。我国看守所羁押的救济现状是"主动救济形同虚设，申请救济没有途径"①。

我国相关法律没有设置司法审查制度，也就没有专门主体依职权对看守所关押的犯罪嫌疑人、被告人是否应当被羁押，羁押过程中是否存在超期或者被施加暴力等人权被侵犯的状况进行审查；加之检察监督的不力，使得我国几乎不存在针对看守所羁押的主动救济。例如，我国《看守所条例》第九章、第十章规定了看守所羁押"人犯"时违反法律规定的检察监督与处理办法，仅规定就"超期羁押"现象及时报告检察院、检察院"提出纠正"，对"错拘、错捕或错判的""及时通知办案机关查证属实，依法处理"，从根本上缺乏对被侵权人的救济机制与对侵权主体的制裁机制，"检察监督"形同虚设。

同时，在我国，律师不能有效介入以维护被追诉人在看守所羁押过程中的诉求，导致他们被羁押后无力申诉或者申诉无门的窘境。例如我国《看守所条例》与《人民检察院看守所检查工作细则（试行）》当中皆有"'人犯'及其家属申诉、揭发、控告司法工作人员的违法行为，检察院应当处理"的规定。但是至于看守所是否转送申诉、检察院怎样查处、对于违反人员怎样制裁，相关法律文件从未作详细规定；几部法律文件更是将辩护人的权利抛到了九霄云外。这归根到底与司法审查制度缺失、羁押的替代性措施的弱化、被羁押者诉讼权利得不到保障等因素密不可分，它们共同导致了申请救济无途径的不良状况。另外，2003年11月12日，最高人民法院、最高人民检察院、公安部联合发布《关于严格执行刑事诉讼法，切实纠防超期羁押的通知》（以下简称《通知》），指出凡违反刑事诉讼法和《通知》的有关规定，造成犯罪嫌疑人、被告人超期羁押的，对于直接负责的主管人员和其他直接责任人员，由其所在单位或者上级主管机关依照有关规定予以行政或者纪律处分；造成犯罪嫌疑人、被告人超期羁押，情节严重的，对于直接负责的主管人员和其他直接责任人员，依照《刑法》第

---

① 汪建成、冀祥德：《中国未决羁押制度的批判性重构》，人大复印资料转载，2004年第5期。

397条的规定，以玩忽职守罪或者滥用职权罪追究刑事责任。尽管这项措施在短时间内起到一定的震慑作用，然而目前超期羁押隐性化，尤其对于看守所这个神秘的灰色地带而言，又有多少人能够发现与查证所谓的超期羁押呢？该规定在司法实践当中的可操作性和可预期的效果令人质疑。

三　看守所体制机制改革建议

遏制看守所暴力，首先要强化法治的理念，同时，需要从行政、司法甚至立法的多个角度改革我国看守所有关制度，提高司法行政人员职业素质；完善看守所内部管理制度；强化司法控制，逐步实现看守所的中立化；健全看守所法律体系，制定和完善《看守所法》；改善看守所外部监督机制。

（一）树立法治理念

联合国大会早在1948年便通过了人类历史上第一个专门规定人权问题的国际文件《世界人权宣言》，继而于1966年12月16日通过了《公民权利与政治权利国际公约》等重要的国际公约，为各国建立有关未决羁押等限制、剥夺人身自由的刑事司法制度设立了基本的人权标准和目标。[①] 研究看守所的暴力问题与深化看守所制度改革，不仅有利于保障被羁押者人权、维护司法公正、促进社会和谐，同时也为社会主义法治理念的不断弘扬与发展，以及化解社会矛盾、创新看守所管理、遏制看守所暴力现象提供坚强的理论支持。

1. 无罪推定的理念

无罪推定原则的确立，是现代法治的基本标志之一。刑事诉讼中的人权保障关键是犯罪嫌疑人、被告人的人权保障。无罪推定原则强调的是刑事控告人"在未经获得辩护上所需的一切保证的公开审判而依法证实有罪之前，有权被视为无罪"。这一原则已被联合国写入《公民权利与政治权利国际公约》，是被国际所公认的刑事诉讼的基本准则。"无罪推定"并非"无罪认定"，它是在法官判决以前基于保障人权、维护刑事诉讼的程序公正与实体公正，而在法律上对被追诉人所做的一种无罪的假定。因此，无罪推定原则与未决羁押的适用阶段相吻合，它是未决羁押适用目的的正确

---

① 参见冯建仓《国际人权公约与中国监狱人权保障研究》，《中国司法》2004年第6期。

认识，是羁押场所的中立、羁押措施的慎用、司法审查制度的建立以及保障被追诉人及其辩护人诉讼权利的思想基础，是实施看守所改革的一块基石。

2. 人权保障的理念

随着法治的发展，刑事诉讼在实现控制犯罪与保障人权的双重目的上逐渐向保障人权倾斜。近代以来，各国均在刑事诉讼中确立了无罪推定原则来设定被追诉人的主体地位。[①] 国际人权法的重要文件如《世界人权宣言》《经济、社会和文化权利国际公约》《公民权利与政治权利国际公约》等，以及《囚犯待遇最低限度标准规则》《保护所有遭受任何形式拘留或监禁的人的原则》《美国人权公约》《人权和基本自由保障欧洲公约》，皆规定和强调了人权保障的重要理念。可以说，人权状况是衡量一国法治发展的重要标准。1998年10月，我国政府光荣地签署了《公民权利与政治权利国际公约》，迄今为止仍有待全国人大常委会的批准；2004年我国宪法修正案增加了"国家尊重和保障人权"的规定。"国家对人权的尊重和保障义务不仅是一种政治道德的要求，同时也是一种约束一切国家权力的规范的要求，是一种法的义务"[②]，这标志着人权观念在我国逐渐被接受并有力地指导着我国立法、司法和行政工作。2012年刑事诉讼法修改过程中，宪法人权条款又被写入刑事诉讼法立法任务当中，这对刑事司法落实人权保障目标提出了新的要求。

美国学者帕卡（H. Packer）的理论认为现代刑事诉讼的目的具有犯罪控制与人权保障的双重性，随着人权思想的不断发展，刑事诉讼保障人权的目的越来越受到重视。而从我国看守所目前的状况来看，无论是《看守所条例》落后的规定抑或看守所羁押制度的缺失，皆违背了人权保障这一重要目的。因此，我们必须将人权保障作为看守所改革的重要目标，使我国有关看守所的立法与司法实践逐渐与国际社会重视保障人权的有关羁押制度接轨。

---

① 李伟：《国际刑事司法准则视角下的中国审前羁押制度》，陈卫东主编《羁押制度与人权保障》，中国检察出版社，2005，第82页。
② 韩大元：《宪法文本中"人权条款"的规范分析》，陈卫东主编《羁押制度与人权保障》，中国检察出版社，2005，第10页。

3. 社会管理创新理念

2009年全国政法三项重点工作的提出，对司法行政机关树立社会主义法治权威、增进政法机关公信力、维护社会稳定具有重大的现实意义。公正廉洁执法对于严格看守所内部管理秩序、树立公正廉洁的执法理念提出了新的要求；社会矛盾化解强调遏制看守所暴力现象，尊重和保障被羁押者的人权，维护社会和谐稳定；而社会管理创新理念更加促使权力机关对现存不公正、不合理的看守所羁押制度进行改革，促使司法行政机关进一步加强看守所有关管理制度的改革创新，使之更加符合国际人权思想和社会主义法治发展的要求。

我国羁押措施的惯常使用，以及看守所监管人员的刑讯逼供与虐待被监管者的暴力行为，皆可谓深受我国古代"治乱世用重典"的重刑思想的贻害。在司法层面，社会管理创新理念要求我们贯彻落实2006年党的六中全会提出的"宽严相济的刑事司法政策"，杜绝"重刑主义"思想侵袭，把握刑事诉讼控制犯罪与保障人权双重目标的平衡与统一；同时，弱化司法实践中的"口供中心主义"思想，逐渐取缔"由供到证"的侦查模式，从而将实践当中看守所刑讯逼供的发生概率降到最低。在行政层面，社会管理创新理念要求我们积极探索限制行政权力扩张的新途径，即通过实现"权利"对"权力"的制衡，通过保障被羁押者的人身权利与诉讼权利，完善被羁押者权利被侵犯时的救济途径，创新看守所内部管理制度与外部监督制度，来遏制看守所暴力，促进法治社会的和谐健康发展。

（二）完善看守所内部管理体制

紧随"躲猫猫"一系列事件发生之后，2009年4月公安部首推"阳光监所"，7月20日下发《关于进一步加强和改进公安监管工作的意见》，公安部监所管理局也迅速出台了《看守所防范和打击"牢头狱霸"十条规定》。根据规定，对收押新入所人员实行收押告知制度，实行被监管人员受虐报警制度，实施监室巡视监控制度等。发现被监管人员有"牢头狱霸"行为的，立即实施严管；情节严重的，依照有关规定加戴械具或者实施禁闭；对造成严重后果、构成犯罪的，依法追究刑事责任。然而对于遏制看守所暴力而言，所针对的不仅仅是"牢头狱霸"，起码还应包括监管人员侵犯被监管者人权的暴力行为。对此，笔者提出如下进一步的改革意见。

1. 建立专业的分类关押管理机制

《公民权利与政治权利国际公约》第 10 条规定:"被控告的人应与被判决有罪的人隔离开,并应给予适合于其未判罪者身份的分别待遇。"[1] 通过看守所内部管理规定,确立并完善对罪犯的社会危险性调查、认定的专业技术手段,通过对面临羁押的人进行专门的社会危险性分析,进一步确定对其采取羁押措施的适当性,并据此分析结果对被羁押者进行分类关押。

2. 加强监管人员的法治与人权意识培养,增强职业素养

这里的监管人员既包括看守所监管人员,也包括到看守所进行提审的侦查人员。监管人员是直接接触被监管人员的主体,监管人员是否具备应有的法治理念与人权意识,直接影响到被监管人员的权利能否得到保障。将看守所交由司法行政部门管辖,更为普及监管人员法治观念和人权意识提供了有利的条件。司法行政部门加强对看守所监管人员的法治宣传教育,可以统一规定定期进行培训,还可以对于实施过暴力行为的监管者进行专门的强制性教育,增强监管人员的职业素养与道德情操。

3. 完善看守所内部监督机制

内部监督机制与检察机关的外部监督同样重要。看守所进行监控巡视,不仅应在监室内部安装摄像头以防控"牢头狱霸"等暴力现象,更应当在被羁押者的提审室甚至监室走廊里安装监控设备,以保证侦查人员在提审被羁押人时不对其采取刑讯逼供等暴力行为,真正使看守所管理公开化、透明化、服务化。

4. 强化监管中违法行为的制裁机制

虽然刑法规定了刑讯、虐待被监管人罪,但内部监督不够严格,刑讯逼供很难取证;后者须"情节严重",那么情节一般或轻微的虐待行为就不侵犯人权了吗?监管者就可以在这个限度内对被监管者为所欲为了吗?有鉴于此,我们还须针对实施暴力的监管者建立分层级的制裁机制,加大其行为尚未触犯刑法之时的惩处力度,并与看守所内部监督机制与教育培训机制结合起来,对于发现的非法监管行为,对其录像进行内部存档备案,轻者对其进行绩效考核层面的惩罚,停职接受司法部门统一组织的法治教育培训;重者对其进

---

[1] 岳礼玲:《刑事诉讼程序中预防性羁押的国际标准》,陈光中、〔德〕汉斯 – 约格、阿尔布莱特主编《中德强制措施国际研讨会论文集》,中国人民公安大学出版社,2003,第 52 页。

行相应的行政处分,触犯刑法的,根据现有的规定进行处罚。

5. 加强看守所经费储备和改善经费开支管理

首先保障看守所监管人员的基本收入,使其没有后顾之忧地投入工作,减少其因对工作不满而将个人情绪通过对被监管人员施加暴力发泄出来的潜在危险。其次,要保障被监管人员生活资源分配的充足与均衡。只有保证他们平等地享有基本生存条件,才能从根本上确保看守所在押人员情绪和心理状况的基本稳定,从而有助于避免"弱肉强食"的"牢头狱霸"暴力现象,以及预谋反抗的暴力越狱等现象的发生。再次,加强对看守所行政人员法治教育与心理健康教育的资金投入。这是全面提升管理人员职业素养、加强人权意识、提高看守所管理水平、减少各类暴力现象发生的重要因素。同时,还应注重对被监管人员进行人文关怀与普法教育,合理安排在押人员的监内生活,为被监管人员营造良好的监舍环境与相对宽松的氛围。

(三) 实现看守所地位中立和羁押法定化

西方国家普遍实行侦查机关和羁押场所相分离的制度,将羁押场所置于第三方机关的控制之下,避免侦查机关利用对羁押权力控制的便利而对被羁押人员采取各种不恰当的或者非法的侦查手段,从而有效地保护犯罪嫌疑人、被告人的人权。多数西方国家,被追诉者羁押的场所均以法官的司法审查为拐点,在交付审查之前被追诉人通常的羁押场所是警察局(也有监狱),而法官审查过后的羁押场所为更为中立的监狱。总的来看,国外的羁押场所设置遵循"两个分离"原则,一个是逮捕措施与羁押措施的分离,一个是侦查机关与监管机关的分离。比如,在英国,警察的类别当中设有独立的羁押官,直接由内政部管辖。不同于普通的警察,他们行使的不是侦查权而是羁押权,警衔也往往高于侦查警察,因而能够起到防止侦查权力滥用、保障被羁押者合法权利的作用。在法国,羁押被追诉人的场所是看守所,根据法国法律的规定,许多法院下设看守所,这便有利于有效地执行法官司法审查的决定。在德国,警察机构属于内务部管辖而监管机构属于司法部管辖,[①] 从而避免了两个机构被同一个上级机构指挥的情

---

① 参见孙本鹏、王超《比较法视野中的未决羁押场所设置》,陈卫东主编《羁押制度与人权保障》,中国检察出版社,2005,第 72~76 页。

况，加强了羁押权对于侦查权的约束和制衡。

怎样将未决羁押主要场所的看守所从主要行使侦查职能的公安机关当中剥离开来，实现看守所独立羁押，是我国看守所改革的关键目标，也是看守所立法的重中之重。笔者坚持认为，为避免被羁押者时刻面临刑讯逼供、监管人员虐待、"牢头狱霸"等暴力行为，以及其辩护权与申诉救济的权利被全盘剥夺的危险，应当将看守所进一步中立化，比如实行县市两级看守所人财物由省级人民政府统管，同时在中央层面可以设置羁押监管总局，直属国务院，从而实现看守所设置的中立化。正如笔者在第二部分分析问题时所述，只有将看守所从公安机关分离出来，才能实现羁押措施与拘留、逮捕等强制措施的分离，使羁押不再成为这些强制措施的必然结果；才能实现羁押场所与侦查机关的分离，从而有利于杜绝刑讯逼供与虐待被监管者等暴力现象；才能更有效地落实法院行使司法控制权能，进而有利于保障被羁押者的人身权利与诉讼权利，加强看守所监管水平，从而有助于防止被监管人员之间暴力现象的发生。

在2012年的新《刑事诉讼法》中，"看守所"终于被视作重要的诉讼主体要素出现在了条文中。其有限的几个条文，描绘出了看守所的主要功能轮廓："看守所主要是承担未决羁押的场所""看守所是独立的羁押场所，不依附于其他办案单位""看守所是预防刑讯逼供等侵犯人权现象的重要场所"。从这些表述中可以发现，2012年的新刑诉法突出了看守所在诉讼活动中的主体地位，使之成为独立、唯一的未决羁押场所，不依附于其他办案单位。尤其强化了其预防刑讯逼供等侵犯人权现象的重要功能，并通过至少三个方面得以落实。

首先是入所时间的提前。目前来看，刑讯行为尽管依然存在，但"主战场"不是看守所，而是侦查机关的办案地点。调查研究表明，非法审讯发生的时间多在犯罪嫌疑人到案后送看守所之前，而地点则多在办案机关的办案场所。2009年的"躲猫猫"事件后，公安监管部门加强了看守所的安全管理，将所内发生的死亡、伤害等事件视作重大责任事故。出于自身利益的维护，看守所方面自然不会容忍办案人员在自己的"地面"上，做出侵害犯罪嫌疑人人身权利的行为。因而，一旦进入看守所，犯罪嫌疑人的人身权利实际上能得到更加充分的保障，看守所也就成为预防刑讯逼供的"前哨阵地"。因此，尽量限制办案单位独立控制犯罪嫌疑人的时间，自然也就成为避免非法取证的关键。正是抓住了这一点，立法机关在刑诉法中第83条写明："拘留后，应当立即将被拘留人送看守所羁押，至迟不得超过二十四小时。"同时，第91条明确规定："逮捕后，应当立即将被逮捕人送看守所羁押。"一般情况下，我国的刑事司法活动中，拘留都是逮捕的前置活动，即犯罪嫌疑人被羁押的起点大多是刑事拘留决定的实施。本条款作为一项新增条款，意在压缩侦查办案单位控制嫌疑人人身自由的时间上限，从而达到限制其采用非法讯问手段的目的。这就意味着，侦查办案机关一旦抓获嫌疑人，要在尽可能短的时间内送交看守所羁押，考虑到交通等客观原因，至少要在24小时之内完成移送，否则即为违法。尽管侦查办案单位还存在着利用送交看守所之前24小时实施刑讯的可能，但一方面，成功获取口供的可能性大为降低，势必削弱侦讯人员非法取证的动力；另一方面，看守所的入所前健康检查机制也在某种程度上遏制了非人道待遇的生存空间。

其二，讯问场所的固定。限制拘留前的可控时间还仅仅是第一步，并不足以实现看守所对刑讯等非人道行为的阻却。如果"提外审"程序依然存在的话，前述努力就变得没有意义。所谓提外审，指办案单位出于实际需要，在办理相关手续后，将嫌疑人提解出看守所开展讯问活动。尽管在《看守所条例实施办法》中，曾明确：对在押人员的提讯一般应在看守所中的讯问室进行，但是在司法实践中，不少办案单位依然肆无忌惮地将在押人员带出看守所，在本单位进行讯问，以便施加压力，甚至采取非人道的取证方法。为此，2012年刑诉法就增加了这样的条款："犯罪嫌疑人被送交看守所羁押以后，侦查人员对其进行讯问，应当在看守所内进行。"通过此条款，就杜绝了侦查办案人员将犯罪嫌疑人带出看守所讯问的可能性，讯问活动就被局限在看守所内进行。那么，在押人员于看守所的讯问室内接受讯问，是否可以免予遭受刑讯呢？以目前的条件来看，看守所讯问室的安全性是可以得到保障的。截至目前，我国看守所的讯问室已经基本全部实行物理隔离，确保讯问人无法直接接触在押人员，并实行全程视频监控。侦查讯问人员在看守所中是很难对嫌疑人实施暴力压迫的，这一点在审判环节中也可以得到体现。大多数刑事办案法官对于不同阶段讯问笔录的信任程度是不同的，较之在办案单位获取的口供，法官们更加信任看守所中形成的言词证据。

其三，非法侦讯的证明。一直以来，我国学术界与司法界都将非法证据排除规则作为解决非法取证问题的重要路径。而通过2010年的《办理死刑案件证据规定》中的10个条文和《非法证据排除规定》中的15个条文，加之2012年新刑事诉讼法中设定的若干条款，我国已经初步确立了非法证据排除规则。尤其是涉及证据的合法性问题，法庭还可以专门组织审查程序决定排除与否，使其获得程序平台的支持。而这期间，看守所对于非法取证的证明活动也起着举足轻重的作用。由于每位在押人员在进入看守所之时，都要接受看守所较为严格的体表检查，一旦发现其身体有所损伤，在问明原因后监所医生会详尽予以记录。而这份记录也就成为法官、检察官们判断嫌疑人是否在进入看守所前受到刑讯的重要参考依据，此外，同监舍在押人员的证言、监所讯问室的监控录像，也可以协助法官、检察官判断非法取证行为是否存在。因而，看守所对于非法证据排除证明方法的完善可谓"功不可没"。一方面，人民法院、人民检察院会依据看守所提供的信息判断证据收集的合法性；另一方面，忌惮看守所方面的体检记录等证明材料，侦查办案人员在进行讯问活动时也会三思而后行。更为重要的是，看守所的各种记录也为在押人员的自我保护提供了保障，使之有条件完成非法证据排除的初步举证责任。

看守所对于刑讯等非法取证行为的预防作用还是值得期待的。但是，也不可忽视制约看守所实现刑诉法中的定位的个别因素。在笔者看来，看守所制度的运作表现出的以下三个方面特征，是不利于其实现遏制非法取证功能的。

第一，政策性。尽管看守所在对待侦查办案机关的刑讯逼供等问题上，采取了较为坚决的态度，但是需要注意的是，引导这种态度的并不是法律制度，而是现实的利益需求。决定这种需求的是社会大环境，而具体表现这种实际需求的则是政策导向。与法律制度相比，政策具有更加灵活、应急的特征，不具有法律的稳定性风格。在"社会—政治生活"的任何时刻，都可以看出两个方面的事件：其一是一系列的社会事件，它们有固定的模式并定期发生；其二是还处于形成过程中的事件，在这些事件中，在单个情况下必须做出导致新的、独特的形式的决定。第一个方面可以称为"国家的例行事务"，而第二个方面则可称为"政治"。前者可以通过法律来维系，而后者则需要政策加以引导。时下，看守所之所以能起到预防刑讯的功效，是社会大环境使然，是政策刺激下的必然结果，甚至夹杂了个别领导人的个人意志。但是，如果有一天社会舆论对该问题的关注不再如此亢奋，领导人的视线发生转移，零和博弈的存在基础也就会发生动摇，届时的看守所能否如同今日一般扛起遏制刑讯的旗帜，恐怕谁都不敢断言。考虑到看守所隶属于公安机关的基本现实，零和博弈向合作博弈转化也并非痴人说梦。这就是政策的不稳定性所带来的一种隐患，是法律与政策的本质区别所决定的。

第二，被动性。2009年，笔者在访问某看守所时，所内的狱医曾经向笔者展示了一本文档资料，其中记录了近三年来入所前遭受刑讯的在押人员的健康记录，其中不仅详尽记录了在押人员所受伤害的具体表征，还记载了在押人员所记忆的施虐方式。但当笔者询问这些资料是否曾被司法机关索取并作为证据使用时，得到的却是否定的答案。这种情况并不鲜见，嫌疑人遭受刑讯的伤情和原因尽管被看守所备案，却从未当作非法证据排除的证据资料使用。一方面，这是因为负有审查非法取证义务的检察机关、审判机关根本无心排除证据，提取这样的证据材料也就大可不必了；另一方面，看守所无意向司法机关提供上述材料。出现后一种情况，还是要回归到看守所抵制刑讯的动机上加以分析。因为非正常死亡的出现会殃及看守所的自身利益，才使得其必须保障在押人员的安全与健康，而决定该行为的其实是一种天然的自我保护意识，并非其基本功能使然。看守所只是在保护自身利益的同时，不经意间承担起预防刑讯的附属职能，这就决定了看守所在抵制刑讯行为时，具有一种被动的特征。它对在押人员的保护十分有限。因此，尽管看守所的体检记录在法律层面已经成为非法证据排除规则中重要的证明方法，但是实践中因该记录获益的被告人人数实在是寥寥。在一些案件中，嫌疑人入所之时甚至不敢承认自己受到非人道待遇，而基于被动性的特征，看守所方面也不予深究，一定程度上又成了侦查办案单位的帮凶。因此，看守所的消极被动也容易使其成为在押人员人身权利保护的掣肘，制约预防刑讯的实际效果。

第三，片面性。将看守所作为唯一的讯问场所看似解决了拘留后的非法讯问问题，实际上依然存在疏漏。侦查办案人员若要对在押人员施加压力，获取口供，仍然有可乘之机。首先是"提外审"问题，尽管办案人员不能以讯问的名义将嫌疑人带出看守所，却可借指认现场、辨认证据、起获赃物等理由，代替"提外审"的功能。无论是根据《看守所条例实施办法》，还是从办案实践出发，都不能对上述理由采取"一刀切"的态度，但是办案人员以此为借口实现非法取证之目的，可能性较之以往却大大增加了。其次，在看守所中的讯问活动尽管无法施加肉刑，却可通过其他变相手段实现同样的目的，而对在押人员的伤害则有过之而无不及。例如，讯问人员对嫌疑人进行连续讯问，通过"车轮战"、精神折磨等手段代替殴打。只要不会对身体健康造成直接、迅即的损害，看守所大可以顾及同人之谊，"睁一只眼闭一只眼"。纵然公安部的《看守所执法细则》强调看守所内讯问的必要休息与饮食时间，但作为内部的执法规则，效力本就有限，侦查与羁押在无损双方利益的大前提下，也就自然形成了默契。上述例证说明，尽管立法机关为看守所设定了新的角色，但在看守所中立化地位完全确立之前，个别看守所恐怕依然会扮演侦查附庸的传统角色，预防刑讯的功能也就带有一定的片面性。

看守所问题已不再是单纯一部《看守所条例》这样的行政法规所能规制的问题，而是关于看守所羁押的权力行使与被羁押者权利保障的博弈，涉及司法权与行政权同时需要规制的问题。有鉴于此，笔者认为有必要尽快出台《看守所法》，在法律这个层面实现看守所的中立化、看守所羁押的法定化，并建立相关配套立法制度，从根本上实现规制看守所羁押的权力行使与被羁押者的权利保障，减少看守所暴力现象的发生。

第一，应当在立法中明确羁押与拘传、拘留、逮捕、取保候审、监视居住同样为独立的强制措施。确定羁押措施的独立性是对其进行司法审查的前提。

第二，通过看守所立法规定羁押权的主体。

许多国家采取"法官保留原则"，即法官是决定羁押的唯一主体。笔者同意由法官排他性地享有羁押决定权的做法，建议在中立的法院机构中设立专门的"自由和羁押法官"处，负责对采取的强制措施进行审查，决定是否羁押。

第三，通过看守所立法规定我国看守所羁押适用的条件，明确羁押的替代性措施及其适用，规定羁押适用的例外性原则与合比例性原则。

意大利刑事诉讼法规定，审前羁押适用于可能被判处无期徒刑或三年以上有期徒刑的嫌疑人、被告人；法国在 2000 年 6 月修改了刑事诉讼有关法律规定以后，除规定先行羁押适用于重罪外，另外的条件由嫌疑人可判处一年以上监禁刑的现行轻罪或是可判处两年以上监禁刑的非现行轻罪的标准，提高到一般犯罪和财产犯罪的累犯为三年，非累犯的财产犯罪为五年；[1]美国刑事诉讼法典明确规定，审前羁押的适用条件之一是被告"人犯"有法定最高刑为死刑或者终身监禁的犯罪以及依法可判处10年以上有期徒刑的毒品犯罪。可见，各国对于未决羁押的适用条件都做了较高的规定。通过这样的限制性规定，排除了相当一部分案件适用羁押措施的可能，从而也使犯罪嫌疑人、被告人在刑事诉讼程序中人身权利受到侵犯的可能降到最低限度。

改革我国目前的刑事拘留、逮捕必然引起羁押的现状，应当采取羁押前审查"两步走"：即先审查执行刑事拘留、逮捕的必要性，对于被拘留、逮捕的被追诉人，在侦查机关、审查起诉机关提请后，再审查羁押的必要性。"自由和羁押法官"须秉持羁押的例外性原则，对于已经被采取拘留、逮捕强制措施的被羁押人符合适用羁押的替代性措施的，也可以依职权主动提出变更强制措施或者解除羁押的命令。

讯问活动被限定在看守所内，意味着监所必须提供足够的讯问室，以现有的条件来看，尚不能满足需要。因此，有必要拓展讯问空间，而且绝不能因此牺牲律师的会见权利。为了避免在讯问时办案人员运用"车轮战"等方式变相逼供，看守所还应当明确在押人员的作息制度，确保其饮食和休息时间。尤其是讯问时间应当有所控制，除了极其特殊的紧急情形，严禁办案单位在夜间讯问。此外，对于讯问的录音录像应当由看守所方面接管，实现对讯问过程的全方位监控，杜绝普遍存在的"打了不录、录了不打"现象。这样既为非法证据排除程序提供了客观公正的依据，在某种程度上也保护了办案人员。

第四，通过看守所立法规定看守所羁押的程序。我国台湾地区的刑事诉讼法规定，未经讯问不得进行羁押。笔者认为，为了保障被追诉人的合法权益，羁押前的审查有必要采取庭审的方式，由"自由和羁押法官"主持，而且赋予提请采取羁押措施的一方和被审查者及其辩护人充分的辩论权利，就如正式审判的庭审一样，"自由和羁押法官"听取双方的陈述或意

---

[1] 参见郎胜、熊选国主编《荷兰司法机构的初步考察和比较》，法律出版社，2003，第34页。

见，然后做出公正的决定。同时，"自由和羁押法官"不仅负责羁押前的审查，还对羁押过程中有无超期羁押、刑讯逼供等侵犯被羁押者人权的状况依申请或者依职权进行复查，在做出是否需要延长羁押期限的决定前，进行听证程序，给予被羁押方申辩的权利。

第五，通过看守所立法规定看守所羁押的期限。如前所述，无论是有证逮捕、无证逮捕抑或拘留等措施采取以后，下一步究竟是否继续羁押都必须以法官（预审法官）的司法审查为先决条件。然而，即便是中立的第三方审查决定的羁押措施，在执行人员执行拘留或者逮捕之后直至交付预审法官之前的这段羁押期间，也应受到十分严格的时间限制。以德国为例，由司法警察自行决定的拘留，其执行后交付法官前羁押期限为 12 小时；若为依预审法官之令状而执行的拘留，其交付法官之前的羁押期限为 24 小时，经预审法官批准最多可延长至 48 小时。唯有毒品犯罪或恐怖主义犯罪的被指控人的拘留时间可以延至 4 天。[1]

在考虑我国实际情况的基础上，缩短羁押期限。尤其是严格限制被追诉者被拘留、逮捕以后至等待司法审查这段时间的羁押期限，综观各国的做法，建议最多不超过 72 小时。同时，对于羁押措施的持续时间也应有明确的期限限定。刑事诉讼法第 128 条侦查羁押期限重新计算的规定应当弱化，对于"犯罪嫌疑人不讲真实姓名、住址，身份不明"的应当取消重新计算的规定；而"侦查期间发现犯罪嫌疑人另有重要罪行的"，其中"侦查期间"不应包括补充侦查期间，"重要罪行"也应当有一个更加清晰的刑法上的界定。

第六，规范辨认、指认等原因临时出所的行为。即要严格审查临时出所的真正原因，建立审慎的控制机制。对于没有必要出所的，辨认、指认活动可以在所内利用信息技术条件完成；一旦嫌疑人获准临时出所，归所时必须进行严格的身体和心理检查，以判断其是否在离所期间受到非人道待遇，并且留档备案。

第七，设置专门的监所案卷，附入全案的案卷材料之中。该案卷中应该涵盖在押人员自进入监所起的所有信息，且制作过程不受办案机关的干

---

[1] 冀祥德：《比较法中的羁押制度》，陈卫东主编《羁押制度与人权保障》，中国检察出版社，2005，第 62~63 页。

扰，由看守所独立完成。对于卷内的信息，法官、检察官可以据以参考非法证据的排除事项，也方便将在押人员羁押期间的表现纳入量刑信息的考量之中。最为关键的一点，是监所案卷的重要诉讼地位可以带动看守所由"被动地接受"转向"主动干预"。

看守所是保障刑事诉讼顺利进行的重要场所，既关系公民基本权利的保障，也关系到刑事诉讼法若干基本制度的贯彻与实施。新刑事诉讼法对看守所的定位、管理提出了更高的要求。当然，要配合刑诉法的要求，还需要有专门的法律规范来构建起全新的看守所制度，进而推动看守所的法治化。旧有的《看守所条例》制定于1996年刑诉法修改前，显然与社会现状脱节。因此，专门的立法工作是不容回避的。

(四) 构建司法审查制度和外部监督机制

联合国人权委员会《关于公正审判和补救权利的宣言（草案）》第34条规定："任何人只能基于合理的理由和按照合格当局签发的令状才能加以羁押。"同时，根据世界刑法学协会第十五届代表大会《关于刑事诉讼法中的人权问题的决议》第8条的规定，无论政府或者个人，只要影响了被告人的基本权利，当事人都有权申请法官进行司法审查，即便是警察采取的措施也必须由法官授权并接受司法审查。[①] 域外国家关于引起未决羁押的种类和方式不尽相同。例如拘留一般适用于大陆法系国家，主要是以查明身份或者审讯为目的。而英美法系国家有可能引起羁押的措施主要是以强制到案为目的的逮捕，包括有证逮捕和无证逮捕（arrest without a warrant）。拘留和无证逮捕皆可由司法警察决定并执行，而有证逮捕则必须先向预审法官申请取得逮捕令状，方可由侦查机关执行。

但是，无论是何种强制到案的方式，都必须经过严格的司法审查之后，才能确定是否继续对被追诉者予以羁押，这在无令状的拘留或者无证逮捕的情形之下，表现得极为突出，即所谓"及时带见法官制度"。例如美、英、法、德、日、中国台湾等国家和地区的刑事诉讼法都规定有司法警察须"不延迟"地将犯罪嫌疑人交给有管辖权的法院或法官，法官也须"毫不拖延"地进行侦查阶段的羁押审查，审查的方式通常为预审

---

① 李伟：《国际刑事司法准则视角下的中国审前羁押制度》，陈卫东主编《羁押制度与人权保障》，中国检察出版社，2005，第83页。

(庭审),如美国、法国等,警察和被追诉方均须参与,双方有权就是否羁押或者保释等问题进行辩论;或者为法官讯问的方式,如德国、日本、中国台湾等,法官须告知犯罪嫌疑人有辩解等诉讼权利并就羁押抑或保释做出相应的决定。[1] 在诸如有证逮捕这一类别的逮捕情形下,法律同样要求"无不必要延迟"地交付法官审查,一旦发现有不合理的拖延情况便是违宪。尤其是大陆法系国家,未决羁押的司法审查制度近乎周密,包括法官依申请与依职权采取审查。以法国的拘留为例,即便是经检察官书面授权的拘留,预审法官仍能够根据被拘留人的申请进行审查;德国等国家还赋予法官依职权进行司法复查的权力。相比之下,我国目前公安机关享有决定拘留权、检察院享有批准逮捕权,"检察院、公安机关共同的控诉职能和追诉本质,决定了这种羁押权制约缺乏诉讼特质,无法从保障被追诉者人权的角度对羁押权进行制约"[2],同时也决定了检察监督不可能完全中立。有鉴于此,必须构建完善的司法审查制度,将羁押的决定权交由中立的法院,同时将看守所羁押进行法律规制,实现司法控制权全部由检察院向法院的转移。

检察机关作为宪法规定的国家法律监督机关,对于刑事诉讼活动具有法律监督的权力。刑事诉讼法第8条规定,人民检察院依法对刑事诉讼实行法律监督。人民检察院组织法第5条授权各级检察院对判决的执行以及看守所等羁押场所的活动是否合法实行监督。关于监督的具体形式和内容,最高人民检察院颁布了《人民检察院看守所检察办法》(2008年3月)《人民检察院看守所检察工作规范》(1992年)等规范性文件作为指引。根据《人民检察院看守所检察办法》的规定,检察院在各看守所派驻所检察室,由驻所检察官负责对看守所进行监督,驻所检察官每月在看守所的工作时间原则上不少于16个工作日,[3] 主要监督形式为进入看守所进行巡视、实地检察,与在押人员及其亲属谈话;查阅看守所在押人员的各种档案;对在押人员非正常死亡事件进行检验;根据看守所的报告进行相关事件的调

---

[1] 参见陈卫东、陆而启《羁押启动权与决定权配置的比较分析》,陈卫东主编《羁押制度与人权保障》,中国检察出版社,2005,第97~99页。

[2] 陈卫东、陆而启:《羁押启动权与决定权配置的比较分析》,陈卫东主编《羁押制度与人权保障》,中国检察出版社,2005,第103页。

[3] 《人民检察院看守所检察办法》第45条。

查；对看守所警察利用职权实施的犯罪进行侦查。

因此检察院是对看守所实行监督的主体，检察机关积极发挥法律监督的职能不容忽视。检察院在我国是具有"中国特色"的机构，在行使公诉案件等职能的同时具有法律监督职能。而无论是《看守所条例》还是1999年最高人民检察院、公安部出台的《关于加强看守所法律监督工作的通知》当中，都有关于检察机关监所检察部门与公安机关监管部门"建立联系制度""互通情况"的规定。且不谈这种规定在实践中落实的效果如何，单从规定本身看就有违检察监督职能的本质，监所检察应当起到制衡监管部门权力行使的作用，而非"相互配合""互通情况"。因此，看守所立法当中关于检察监督的规定也应当加以改革。需要明确的是，撤回检察机关的批捕权以后，检察机关不是行使审查判断羁押措施如何采取、怎样采取的主体，那是法院专门的"羁押法官"的职能。检察院的检察监督部门的职责是监督侦查部门，审查起诉部门、审判部门对于行使羁押审查的法官所做的适用羁押或取保候审、监室居住等的决定的执行情况，也就是包括刑事司法层面上的采取或变更强制措施的执行情况，以及行政执法层面上的看守所内部监管情况。此外还应注意到，检察机关行使监所检察职能的时候，针对看守所这样的未决羁押场所的监督应与针对已决羁押（例如监狱）的监督在职能定位上加以区分，强调针对未决羁押场所的监督还包括刑事司法层面上的、与面临羁押的人的人权保障息息相关的那部分监督职能。

并且在实践中，现有的监督机制也暴露出不少的问题，突出表现在：第一，驻所检察官并非24小时在看守所值班，且办公地点并非在监区内，[1]这样无论是从时间还是地点来看，检察监督都存在盲点；[2] 第二，驻所检察官长期驻扎在同一看守所容易与看守警察达成"默契"，出现监督者为被监督者"同质化"的现象，对看守所的违规监管行为视而不见；第三，驻所

---

[1] 2004年发布的《公安部监所管理局对人民检察院驻所检察室能否搬入监区内办公的答复》指出，驻所检察室不能在监区内办公。
[2] 比如尽管目前看守所监管信息系统正在与驻所检察管理信息系统进行联网建设，但根据《公安部监所管理局关于看守所与驻所检察部门信息共享问题的答复》，信息共享范围是有限的，对于看守所的监控信号和监听信号这类对监督工作最为有效的信息是不允许与驻所检察官共享的。

检察官的监督权空泛，缺乏刚性后果，现有规定中对于检察监督的后果缺乏明确规定，导致其监督缺乏实效。我们建议在保留驻所检察制度的同时完善这一制度，毕竟这项具有一定历史基础的制度经过多年的磨合已经具有了一定的制度运行环境与条件，在看守所外来监督机制严重匮乏的情况下，保留加完善是相对合理的一种改革思路。具体而言，完善驻所检察制度的关键在于增强驻所检察官的独立性，鉴于同级人民检察院与公安机关存在多种错综复杂的利益纠葛关系，因此解决这一问题的出路应当是提高驻所检察官的层级，由上级人民检察院派驻检察官到下级公安机关的看守所开展监督，且采用巡回监督制度，定期轮换监督场所。① 同时应当进一步要求看守所向驻所检察官提供更为详尽与全面的监管信息，包括提供实时监控信号、在押人员完整台账信息，从而为检察官履行监督职责打下良好的基础。

此外，完善看守所外部监督机制，有必要建立独立医生制度以及独立巡视制度。

看守所具有天然的封闭性，看守所执法的规范化迫切需要独立的外部监督机制作为支撑条件，这一点对于长期以来高度封闭且外来监督机制严重匮乏的我国看守所而言，更具现实针对性。外来监督机制能否发挥作用，关键在于其独立性品质能否得到。参照国际准则以及法治发达国家的经验，我们认为独立医生制度与独立巡视制度是两项可行性较大的外来监督机制。

独立医生制度是指从社会上指定具有合格医师资格的医务人员负责看守所日常医疗事务或者应在押人员的申请对其身体进行医学检查。目前我国看守所中的医生均属于警察编制，为公安机关的工作人员，不仅独立性较弱，而且由于人员编制的原因，看守所中的医务人员的力量严重不足，引入独立医生制度完全可以从质和量两个方面改善看守所医疗工作，加强对看守所执法工作，乃至整个执法机关执法工作的监督。

独立巡视制度包括平民巡视制度与国家巡视制度两类，是《联合国反酷刑公约》任择议定书中提倡的遏制酷刑的有效机制。平民巡视制度是从

---

① 实际上在最高人民检察院与公安部近期开展对全国看守所非正常死亡事件的大检查工作中已经开始采取这种工作思路，明确要求今后看守所发生非正常死亡事件时，由上级检察机关负责调查。

社会公众中选拔志愿者定期或者不定期地访问看守所,查看看守所的条件、与任意选定的在押人员进行秘密交流,从而对看守所的执法工作予以监督。国家巡视制度是指由中央或者相对较高级别的机关派出巡视人员定期或者不定期地、未经事先通知地访问看守所,查看看守所的监管工作是否合法、在押人员的待遇是否适当。

(五) 建立被羁押人权利救济机制

在未来出台的《看守所法》以及《刑事诉讼法》的相关司法解释中,都应规定保障被羁押人获得律师帮助与辩护权的具体措施。例如,荷兰刑事诉讼法在第3章第2节第41条当中即规定了法律援助机构必须为已下达先行羁押令的被指控者指定辩护人。[1] 法国刑事诉讼法在规定羁押决定采取庭审的方式的同时,规定预审法官有义务告知被审查者做辩护的准备,被审查者有权聘请律师或者被指定辩护。[2] 在德国,在法官依职权对羁押的合法性进行复查时,要求被追诉者的律师必须到场,如果没有律师的须为其指定。德国《刑事诉讼法》第118条规定法官应当听取被追诉者及其辩护人的意见,同时如果做出维持羁押的决定,则州高等法院直到该案件被一审判决前,每隔三个月均须复查一次。[3] 诸如此类的规定旨在为辩护人提供条件对羁押决定以及羁押措施的采取施加影响,从而保障面临被羁押的人的人身权利和辩护权利,这种做法值得我们借鉴。

笔者从观念、立法、行政、司法以及法律监督五个角度为构建看守所在押人员投诉处理机制提供建议。

1. 构建具有现代人权观念的在押人员投诉处理机制

第一,推进在押人员权利保障意识。"享有充分的人权,是长期以来人类追求的理想。"[4] 人权价值实现的真正动因在于人自身,在于人权主体的自我觉醒,在于人权主体的人权意识的遗传性确定。[5] 而在我国看守所在押

---

[1] 参见郎胜、熊选国主编《荷兰司法机构的初步考察和比较》,法律出版社,2003,第133页。
[2] 陈卫东、陆而启:《羁押启动权与决定权配置的比较分析》,陈卫东主编《羁押制度与人权保障》,中国检察出版社,2005,第98页。
[3] 陈卫东、陆而启:《羁押启动权与决定权配置的比较分析》,陈卫东主编《羁押制度与人权保障》,中国检察出版社,2005,第102页。
[4] 国务院新闻办公室:《中国的人权状况》,http://www.chinataiwan.org/wxzl/zfbps/200511/t20051116_212643.htm,最后访问日期:2013年10月15日。
[5] 韩德强:《人权价值论》,徐显明主编《人权研究》,山东人民出版社,2001,第128页。

人员权利保障实践中,由于在押人员缺乏权利保障意识,当权利受到侵犯时,不知道使用法律武器来维护自己的合法权益。因此,要加强在押人员维权意识教育,让其了解自己的权利,并学会用法律的武器维护自己的合法权益,从而使其合法权利得到切实有效保障。①

第二,充分保障在押人员的人格尊严。尊重在押人员的人格尊严,除了消极地规定"不得侮辱犯罪人的人格尊严以外",社会主义中国在现代化的大环境下,更需要看守所树立保障人格尊严意识,在整个看守所监管活动中,都需要时刻用文明、人道的态度来教育、改造、帮助、保护在押人员,甚至在惩罚过程中,也必须注意以维护在押人的人格尊严为前提。②

第三,保障看守所在押人员的基本生活需要。看守所在押人员的基本生活需要有很多,既包括物质需要,也包括精神文化需要;既包括生理的需要,也包括心理的需要。具体是:一要保障看守所在押人员的基本物质生活需要;二要保障看守所在押人员的医疗保障需要;三要保障看守所在押人员的劳动休息权;四要保障在押人员的文化生活需要;五要保障看守所在押人员与社会建立正常联系的需要。③ 笔者认为,在押人员的权利应当和社会之间保持一定的平衡,即看守所在押人员的权利变动应当符合社会权利发展的趋势和进度;看守所在押人员权利范围过分超前或者滞后,都是违反平衡性原则的。④ 如果看守所在押人员的处遇优于社会最低生活保障人员,那么,惩罚的功能就难以实现。

第四,实现安全的动态管理。所谓安全的动态管理,就是看守所安全依赖于看守所管理人员与在押人员之间基于互信而互动的良好合作。通过看守所在押人员与看守所管理人员之间建立的积极关系,能够保证外部安全(免于脱逃)和内部安全(免于混乱)。⑤ 安全的动态管理要求看守所方面不要等到投诉发生才有所反应,要及时掌握在押人员的心理、生理状态,

---

① 冯一文:《中国服刑人员权利保障研究——以联合国服刑人员待遇标准为参照》,法律出版社,2010,第183页。
② 廖斌:《监禁刑现代化研究》,法律出版社,2008,第327页。
③ 廖斌:《监禁刑现代化研究》,法律出版社,2008,第347~350页。
④ 汪勇:《理性对待罪犯权利》,中国检察出版社,2010,第183页。
⑤ 刑法改革国际:《〈联合国囚犯待遇最低限度标准规则〉详解》,于南译,法律出版社,1998,第146页。

尽量做到防患于未然，对于出现的侵权事项在投诉发生前快速反应，有的放矢。看守所监管人员要与在押人员形成良性的互动机制，用日常的交流方式接触在押人员，时刻掌握监所中的动态，记录每个看守所在押人员的生理和心理状态、日常行为、反常举动以及原因。此外，看守所执法工作信息与人民检察院驻所检察室实行信息联网，实行动态监督，以利于及时发现并纠正违法行为。

2. 从立法上构建在押人员投诉处理机制

第一，健全和完善相关立法。要深化刑罚执行监督制度方面的理论研究，建议制定《检察监督法》或在制定《刑罚执行法》时单列一章规定刑罚执行监督内容。立法中，不仅要完善刑罚执行监督的内容、范围和方法等，还要详细规定检察机关发现违法、纠正违法、预防犯罪的职能，建立刑罚执行监督责任制，要明确规定行使监督的程序和违法行为的法律责任，使得执法监督有明确具体的操作依据。[①]

其一，规定检察机关发现违法的职能。要在立法中明确规定检察机关随时介入制度。对于看守所有关刑罚执行的活动，检察机关随时有权监督，要求看守所提供材料接受检查，看守所有义务提供材料，对拒不提供或者提供虚假材料的，要追究直接负责的主管人的责任，构成犯罪的要依法追究刑事责任。

其二，规定检察机关纠正违法的职权。只有将一些弹性监督条款改为硬性规定，才能真正提高监督的效益和质量。检察机关通过法定程序，以法律规定的手段，对违法行为提出纠正意见后，被监督者必须做出回应，并且这种回应应该是对违法行为的制止或者对违法者追究相应的责任。如检察机关提出纠正意见后，违法人员或者违法单位拒不纠正或者纠正效果不明显的，应该依法追究主要责任人员的行政责任直至刑事责任。[②]

其三，规定检察机关预防职务犯罪的功能。检察机关在发现违法、纠正违法的过程中，对于发现的看守所作为刑罚执行机关在工作中存在的漏洞，应当及时提出相应的预防职务犯罪的建议，帮助建章立制，预防和减

[①] 黄旭东：《关于"检察监督法"之立法构想》，《求索》2011年第2期。
[②] 陈振东、刘颖：《监所检察对服刑人员合法权益保障效果的探讨》，中国监狱学会、中国人权学会：《中国监狱人权保障》，法律出版社，2004，第130页。

少看守所职务犯罪，从而保证刑罚的正确执行，保障国家法律的统一正确实施。

其四，规定全面建立刑罚执行监督责任制。为了规范刑罚执行监督工作，必须建立相应的监督责任制。包括检察机关以及检察人员承担刑罚执行监督的职责和工作程序、为履行职责而享有的权利、不履行职责造成严重后果的责任形式、责任追究的主体和程序。[①]

第二，改变看守所管理体制。为保障公正执法，进一步维护看守所在押人员的合法权益，应当大胆借鉴国外先进做法，将看守所由现行的公安机关负责管理改为由不承担侦查、起诉和审判职责的司法行政机关管理。

第三，赋予辩护律师于在押人员接受讯问之时在场的权利。当前，要解决看守所内在押人员的人权保护问题，最有效的办法就是赋予辩护律师于看守所在押人员接受讯问之时在场的权利，以及在其他时段能与看守所在押人员依法无障碍地沟通。因为，辩护律师作为独立主体的存在，可以有效遏制侦查人员运用权力实施非人道行为的欲望，也能及时发现在押人员在看守所内受到的不公正待遇从而代理申控。

3. 构建在押人员投诉处理的行政救济途径

第一，规定在押人员的知情权。看守所是一个特殊的场所，对于绝大多数在押人员来说，可能是第一次进入这一封闭、神秘而且可能令人恐怖的环境。因此，凡是与在押人员相关的信息，都要及时告知在押人员。在押人员只有真实了解其享有的权利，其在权利遭受侵害时，才能知道如何寻求法律保护。《囚犯待遇最低限度标准规则》第35条规定："（1）囚犯入狱时应发给书面资料，载述有关同类囚犯待遇、监所的纪律要求、领取资料和提出申诉的规定办法等规章以及使囚犯明白其权利义务，适应监所生活的其他必要资料。（2）如果囚犯系不识字的文盲，应当口头上传达上述资料。"[②] 据安徽省郎溪县看守所有关负责人介绍，该县看守所给在押人员每人发放一本在押人员读本，告知其基本的权利和义务，并承诺在医疗、生活、卫生等方面保障看守所在押人员的合法权益不受侵害。笔者认为这

[①] 冯一文：《中国服刑人员权利保障研究——以联合国服刑人员待遇标准为参照》，法律出版社，2010，第215页。

[②] 郭建安：《联合国监狱管理规范概述》，法律出版社，2001，第171页。

种做法还是比较科学实用的。

第二，确保在押人员投诉渠道畅通。《囚犯待遇最低限度标准规则》第36条规定："（1）囚犯应当在每周工作日都有机会向监所主任或奉派代表主任的官员提出其请求或申诉。（2）监狱检查员检查监狱时，囚犯可以向其提出请求或申诉。（3）囚犯按照核定的渠道，还可向司法部监狱管理局或其他司法机关提出请求或申诉，内容不受检查，但须符合格式。"据此，看守所在押人员应当在每周工作日都有机会向看守所所长或代表所长的值班警察提出其合理请求或申诉。笔者认为，除此请求或申诉路径外我国还可以借鉴英国的做法，针对在押人员的不同情形为其设定不同的渠道：对于轻微的投诉，在押人员可以通过看守所警察来解决；对于重大投诉，则应当向驻所检察官投诉，并且通过程序设置保证在押人员投诉的秘密性。对于不服投诉处理的，可以启动在押人员投诉处理委员会处理机制，该机制笔者将在下文中重点分析。

第三，在押人员投诉处理的行政救济机制架构。

（1）在押人员秘密投诉原则。我国《囚犯待遇最低限度标准规则》第36条规定：监狱检查员检查监狱时，囚犯请求与检查员报告事项时，监狱长或其他工作人员不得在场。这一原则性规定的目的就是鼓励监管场所为在押人员的投诉保密，并且尊重在押人员以使其投诉得到秘密处理。因此，为防止在押人员投诉遭到报复，有必要建立一种秘密投诉机制。即在押人员能够向驻所检察官或者监管场所的上一级机关等独立于看守所的某个机构、某个人员进行秘密投诉。唯有如此，才能最大程度地消除在押人员在投诉时的顾虑，保障投诉机制适用的频率及投诉渠道的顺畅性。

（2）在押人员投诉的方式。要做到使在押人员既不与看守所有任何利益牵扯，又能方便地投诉，投诉受理机关投诉方式的设置尤其要慎重。要科学、人性地设置在押人员投诉的方式，诸如投诉箱的摆放、投诉地点、信函流通渠道等都要符合监管场所的具体位置规定以方便看守所在押人员投诉。这样可以激发在押人员投诉的主动性，使之积极地维护自己的合法权利。例如欧洲很多国家在看守所中的投诉意见箱就设置在马桶旁边，提交投诉非常隐蔽，保证了投诉人不会受到事后报复。在荷兰，根据《荷兰监狱原则法案》，每个拘留中心都有一个特制的投诉箱，它只能被一个专门的投诉委员会开启，羁押场所的监管人员是不能打开它的。投诉的书面材料会放到一个密封的信笺里,秘密地投递到投诉箱中。投诉委员会是一个由羁押巡视员组成的中立组织,它的成员都是由司法部长任免的,但司法部长无权向其发出任何指令。一旦投诉被受理,投诉人和被投诉人都将参加投诉委员会主持的听证,双方可以向投诉委员会提交书面材料,投诉委员会听取相关的证人证言。如果投诉得到支持,投诉委员会将判定由羁押机关付给投诉人适当的经济赔偿,另外还有额外的补偿,例如增加家属探视次数等。如果投诉未获得支持,法律也阻却了各种消极后果产生的可能。如果不服投诉委员会的裁决,任何一方都可以向上一级投诉委员会寻求救济。

（3）在押人员投诉处理行政救济的受理主体。设立看守所在押人员投诉处理委员会的"4+2"模式,所谓"4+2"模式就是由公安、法院、检察院、司法行政联合组成在押人员投诉处理委员会,并吸纳人大代表、政协委员参与;投诉处理委员会设主席一人,可由人民检察院分管监所工作的副检察长担任。当投诉人或者被投诉人对于投诉处理决定不服时,可以向投诉委员会申请复核。投诉委员会复核时,可以采取听证、调查、阅卷等方式进行审查。另外,在开展投诉处理机制改革中,还可以吸纳国外先进经验,进一步促进公民参与监管工作,体现司法为民的理念,提升社会公众对司法机关的信任和满意度。[①] 如美国纽约就设有一个专门的投诉委员会,凡是对警察的投诉都由该委员会处理,这种外部机构的监督管理模式比警察系统内部监管的效果要显著得多。

（4）在押人员行政救济的阶段及范围。按照我国《刑事诉讼法》的规定,犯罪嫌疑人从第一次被讯问或者被采取强制措施之日起,就可以聘请律师为其提供法律咨询,代理申诉、控告,也就是说,被羁押人的权益一旦受到侵害,就可以聘请律师代理申诉、控告。因此,在押人员行政救济的范围应该包括在押人员的诉讼权利、人身权利及生活待遇等。

（5）看守所在押人员投诉行政救济的程序。在押人员投诉委员会成立投诉调查组,投诉调查组所采用的投诉处理过程一般分为几个阶段,每个阶段可分为不同程序,如:接到投诉—受理—调查—证据审核—处理—反馈。该程序不一定要按顺序进行,部分可能同时、反复或逆序进行,以配

[①] 张伯晋:《安徽芜湖:试水"在押人员投诉处理机制"》,《检察日报》2011 年 8 月 1 日。

合个案的需要。调查人员会切实执行所需程序，使调查程序设置符合有关规定。

（6）看守所在押人员有权获得投诉后的信息反馈。在押人员的投诉应当得到答复。如果在押人员的投诉得不到有关人员、有关机构的答复，就会挫伤在押人员投诉的积极性。《囚犯待遇最低限度标准规则》第36条第4款规定："除非请求或申诉显然过于琐碎或毫无根据，应迅速加以处理并答复，不得无理稽延。"①

不仅如此，还可以借鉴我国香港地区的经验，我国香港地区明确规定服刑人员的申诉权利，"如果处理服刑人士遭受不合理待遇或监狱职员欺压等的投诉，惩教署一方面要维护监狱当局的权威及管治，另一方面也须切实监察，防止监狱职员滥用权力或服刑人士恶意诬告。"②

（7）看守所在押人员投诉处理的后果。对不接受监督意见、不纠正违法行为的单位和个人应承担的法律后果做出严格规定。

4. 构建看守所在押人员投诉处理的司法救济机制

第一，看守所在押人员的司法救济途径。

（1）在押人员申请国家赔偿，保护自己的权利。关于罪犯权利受到侵害后的赔偿问题，《国家赔偿法》第15条、16条有明确的规定。监管场所失职或者行为不当，导致罪犯受到侵害时，直接责任人可能受到处分或者刑事处罚，但按照现行《国家赔偿法》的规定罪犯不能获得国家赔偿。因此，笔者认为，由于看守所及其管理人员的失职或者行为不当，导致看守所在押人员受到侵害时，看守所在押人员应该获得国家赔偿。

（2）在押人员向法院提出自诉。根据《刑事诉讼法》第170条第2项、第3项的规定，自诉案件包括：对有证据证明的轻微刑事案件和有证据证明对被告人侵犯自己人身权利、财产权利的行为应当追究刑事责任，而公安机关或者人民检察院不予追究刑事责任的案件，在押人员作为受害人可以向侵权行为地人民法院提出自诉。同时，在押人员作为被害人由于在押期间的被告人的犯罪行为而遭受物质损失的，还可以根据《刑事诉讼法》第77条第1款的规定，在刑事诉讼过程中，提起刑事附带民事诉讼。

---

① 冯建仓：《中国监狱服刑人员基本权利研究》，中国检察出版社，2008，第265~267页。
② 白泉民主编《中外刑罚执行监督与人权保护》，中国检察出版社，2007，第148页。

（3）在押人员申请民事赔偿。在押人员的劳动工伤可以申请劳动工伤赔偿。然而，《监狱法》第73条规定，罪犯在劳动中致伤、致残或者死亡的，由监狱参照国家劳动保险的有关规定处理。由于监狱和罪犯之间并不存在劳动雇佣关系，因此，在现行的集权型权利救济的模式下，当在押人员的权利受到侵害时，建议容许在押人员及其家属直接向有管辖权的人民法院起诉申请民事赔偿。

第二，完善刑罚执行中的司法救济程序。对在押人员对法院撤销假释、撤销暂予监外执行（保外就医）决定不服的，给予必要的司法复核程序。

第三，建立在押人员人权情况评估报告制度。要借鉴人权保护较好的国家、地区的经验。依据法律的规定，检察院的驻所检察室定期对看守所的监管情况、刑罚执行情况、看守所在押人员人权状况进行评估，每年要将评估报告提交人民代表大会及其常务委员会并上网发布，以接受人民群众的监督。

5. 在押人员投诉处理的法律监督机制

第一，提高认识。监所检察工作的落实和强化，首要解决的就是监督理念的更新问题。因此，检察机关必须进一步转变执法观念，将刑罚执行监督的工作重心转移到人权保护上来，切实引导和强化监管部门由过去的"以惩罚与改造"为主的刑事政策，向"突出教育改造"转变，树立体现刑罚执行监督先进性和时代特征的现代执法理念，在打击刑事犯罪的同时，加大对人权的保护力度，切实保障看守所在押人员的合法权益。

第二，提升监所检察监管人员的素质。要树立"立检为公，执法为民"的执法观念，加强政治思想理论学习和监所业务知识的学习，不断提高综合素质，为刑罚执行监督提供良好的组织保障。同时，监所部门要选配好监所检察力量，把综合素质好、业务能力强的监管人员调整充实到驻所检察一线，要在敢于监督、善于监督、依法监督、准确监督、勤于监督等方面下功夫，深入监管场所的劳动、学习、生活等现场，了解和掌握看守所在押人员的思想动态，从中发现安全防范中的薄弱环节及其隐患，及时向看守所提出检察建议或纠正意见。

第三，规范看守所执行刑罚的监督方式。

（1）法律教育。检察机关实施的教育包括思想教育、法律教育，但是，主要是法律教育，并且结合在刑罚执行监督中发现的问题进行。法律教育的对象，一是看守所负有监管职责的警察，二是看守所在押人员。法律教育的形式可以是集体教育，即针对发现的问题进行法制宣传教育，促动看守所警察权力行使的自律机制，预防犯罪行为的发生；也可以是个体教育，针对控告、申诉、约见谈话中发现的问题，或者针对办案中发现的问题，及时进行谈话，促使违法消极意识向依法积极的方向转化。

（2）检察建议。检察建议是检察机关履行刑罚监督职能的一种重要形式。包括两个方面：一是对监管人员不依法履行监管职责、情节轻微的行为，向其单位提出要求其改正的建议；二是对看守所监管制度中存在的可能诱发职务犯罪或者重大事故的隐患，提出完善制度和规范运作的建议。

（3）纠正违法。检察机关主要运用纠正违法通知书的形式，纠正看守所的严重违法行为。看守所的严重违法行为主要体现在刑罚执行和监管执法过程中，是现实存在的已经发生的行为，往往伴随责任主体的犯罪行为，因此，检察机关在纠正违法行为过程中，应当依据事实和法律的规定，提出明确的纠正意见，并检查看守所的纠正情况。对看守所在押人员在所内的犯罪案件，包括脱逃、破坏监管程序等所有监内犯罪的案件。检察机关进行立案监督、侦查监督。对看守所应当立案而没有立案的，可以要求看守所说明不立案的理由，检察机关认为不立案理由不能成立的，应当通知看守所立案侦查；发现不应当立案而立案的，也应当向看守所提出纠正意见。

（4）查办案件。查办案件既是一种监督途径，也是一种有效的监督方式。看守所监管人员是罪犯刑罚的执行者，国家的刑罚制度需要通过其职务行为来实现，看守所监管人员的职务行为必须依法进行。当看守所监管人员涉嫌职务犯罪时，检察机关就必须依法追究行为人的刑事责任。对于因管理松懈，严重不负责任，致使发生严重侵害看守所在押人员合法权益事件的，不仅要追究直接责任民警和看守所领导的责任，还要追究该级公安机关领导的责任；造成严重后果、构成犯罪的，应依法追究刑事责任。

第六章
少管所暴力与少管所体制改革

一　概述

未成年犯是指根据法律规定因实施犯罪行为而经审判认定为罪犯的未成年人,根据我国法律的有关规定,未成年犯在我国指已满14周岁而未满18周岁的罪犯。就世界范围来看,未成年人犯罪问题不是新近产生的,而是一个早已有之的问题,只不过随着社会的发展,未成年人犯罪数量迅速增加、案件的暴力危害程度越来越严重、犯罪年龄越来越低等,日益引起社会的普遍关注。就我国而言,未成年人犯罪也呈现出与世界其他国家相同的发展势头。特别是改革开放以来,由于处于经济社会全面转型期,产生了一系列影响未成年人健康成长的问题,如父母对未成年子女的溺爱、父母离异增多、色情暴力影视的泛滥等,使得我国未成年人犯罪日益增多,成为我国面临的一个突出社会问题。2000～2011年我国未成年人犯罪的变化趋势如图6-1所示。

由图6-1可知,我国未成年人犯罪人数由2000年的40000余人增长到2009年的70000余人。在处理未成年人犯罪时必须对未成年犯罪人施以特殊的司法保护,这是国际社会的一项基本原则。这一原则确立的基础主要体现在以下几个方面:一是未成年犯罪人生理、心理发育不成熟,世界观、人生观还未形成,社会经验不足,辨别是非的能力较差,自制能力弱,容

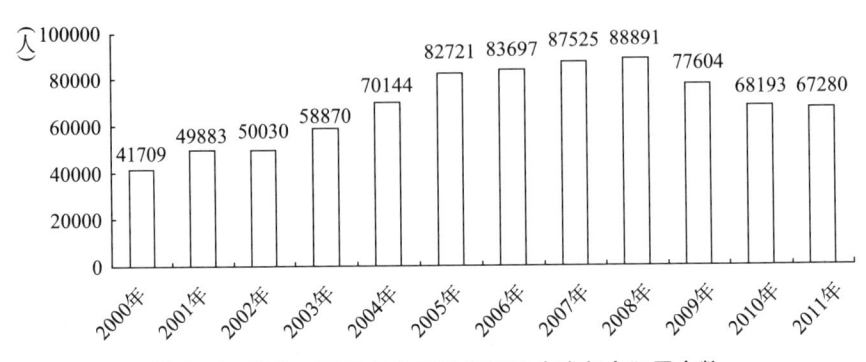

图 6-1　2000~2011 年全国法院审理未成年人犯罪人数

易受到各种不良因素的影响。二是未成年犯罪人尚处于成长发育期，具有较大的可塑性，易于接受教育感化，改造难度较小，重归正途的机会大，再犯的可能性小。三是未成年人犯罪虽有个人主观的原因，但也是社会上各种消极因素、不良影响、制度缺陷、恶劣环境等交互作用的结果。几乎所有的未成年犯罪人，在走上犯罪道路前，其所处的环境都是恶劣的，比如父母离异而缺乏对未成年人的教育、暴力色情电影的泛滥等。可以说社会对未成年人走上犯罪道路负有不可推卸的责任，而让未成年人独自对自己的犯罪行为负责显然是不公平的。[1] 四是未成年人多因法制意识淡薄，一时冲动而犯罪。有学者通过调查发现，在被调查的 1793 名未成年犯中 "不知道" "不太清楚" 《未成年人保护法》的分别占 36.97% 和 38.05%，两者相加有 75.02%。而在 180 例个案访谈中，80% 以上的未成年人不知道《预防未成年人犯罪法》。对某市 100 名在押未成年犯的调查显示：学校能够"经常进行法制教育"的仅占 11%，"有时进行法制教育"的占 24%，"很少进行法制教育"的占 40%。也有学者通过对未成年人犯罪前后的心理和行为状态进行调查，发现未成年人多因一时冲动而犯罪，因一时冲动而犯罪的占 33.52%。未成年犯中绝大多数在犯罪时不知道或不考虑犯罪行为的后果和应当承担的法律责任。[2] 通过表 6-1[3] 可以发现未成年罪犯在进入少

---

[1] 赵丙贵：《对少年犯司法保护应该确立的几个理念》，《辽宁大学学报（哲学社会科学版）》2005 年第 4 期。

[2] 操学诚：《我国未成年人犯罪的动向数据报告》，法制网：http://www.legaldaily.com.cn/bm/content/2010-09/01/content_2268588.htm?node=20737，最后访问日期：2011 年 6 月 22 日

[3] 周朝英：《论强制性教育在预防未成年人违法犯罪中的运用》，《中国人民公安大学学报（社会科学版）》2011 年第 1 期。

管所之前只有不到10%的人还在求学，未成年人与接受法制教育的主要渠道——学校发生了断裂，使得未成年人法制意识处于失控状态。有75.4%的男生和81.4%的女生在做法律不允许做的事情时处于一种"糊里糊涂"和"不知道"的状态，足以说明未成年人多因一时冲动而犯罪，而且也不知道或不考虑犯罪行为的后果和应当承担的法律责任。五是未成年人需要受特别保护是基于他们在社会中的角色——未成年人是人类的未来。未成年人不仅是人类未来发展的先决条件，而且儿童的状况既是社会发展又是人权状况的重要指标。[①] 控制和矫正未成年犯罪人不仅仅是维护社会秩序的需要，同样也是对全人类自身的考虑。基于以上原因，我们没有理由无视未成年人罪犯的特殊性，因此对未成年犯人要施以特殊的司法保护。

表 6-1

来少管所之前的生活状态	1. 上学 9.2%/4.9%
	2. 整天闲逛，想回家才回家 53.7%/40.2%
	3. 离家流浪 8.4%/19.5%
	4. 在外打工 26%/35.4%
	5. 逃亡、在娱乐场所等 2.7%/0
初次做法律不允许的事情时的心态	1. 对自己做什么事情是清楚的 24%/19.5%
	2. 糊里糊涂的 54.9%/61.9%
	3. 根本不知道自己在做什么 20.5%/19.5%
初次做完法律不允许的事情时	1. 觉得心中很舒服 15.6%/2.4%
	2. 终于把压抑的情绪释放了 13.8%/12.2%
	3. 觉得做完了人很麻木 19%/25.6%
	4. 觉得闯祸了 51%/59%

注：该统计是将男女分开进行的，数据的表示方式是：男 X%/女 Y%

由于未成年犯的特殊性，对未成年犯应该尽可能让其不在监禁的环境中服刑，对其适用更能复归社会的矫正方式，而对必须在监禁环境中服刑的未成年犯应该根据其特殊性而给予特殊处遇，这是世界上关于未成年犯矫正的发展趋势或者说一般原则。目前，有关未成年犯的国际条约或国际准则主要有：《联合国少年司法最低限度标准规则》《联合国预防少年犯

---

① 王雪梅：《论少年司法的特殊理念和价值取向》，《少年司法》2006年第5期。

罪准则》《联合国儿童权利公约》。这三部国际公约规定对未成年犯人应当优先采用非监禁矫正措施。例如《联合国儿童权利国际公约》第37条B款规定：不得非法或任意剥夺任何儿童的自由。对儿童的逮捕、拘留或者监禁应当符合法律规定并仅应作为最后手段，期限应为最短的适当时间。《联合国少年司法最低限度标准规则》第19条规定：把少年投入监禁机关始终是万不得已的处理方法，其期限应是尽可能最短的必要时间。

由于不仅失去人身自由而且与正常的社会环境隔绝，因此任何监禁措施无可避免地会给被监禁者带来消极影响。未成年人正处于生长发育阶段，其心智还未成熟，监禁措施对他们的影响无疑较之成年人更为严重。我们认为监禁措施虽然不可少，对于那些人身危险性非常大的未成年犯监禁措施是较为理想的矫正模式，但是，未成年犯与成年犯存在很大不同，对未成年犯的监禁矫正应当采取特殊处遇。为了避免交叉感染，未成年犯和成年犯必须分别关押。《联合国儿童权利公约》第37条C款规定："所有被剥夺自由的儿童应受到人道待遇，其人格固有尊严应受到尊重，并应考虑到他们这个年龄的人的需要。特别是，所有被剥夺自由的儿童应同成人隔开，除非认为反之最有利于儿童，并有权通过信件和探访同家人保持联系，但特殊情况除外。"

我国政府十分重视未成年犯的矫正，并为此制定了包括《未成年人保护法》《预防未成年人犯罪法》等法律、法规及司法解释，有关未成年犯的国际准则也为上述法律规范所吸收，可以说我国形成了较为完备的未成年犯法律体系。针对未成年犯的特殊性，法律确定了较之成年犯不同的矫正方针，对未成年犯实行教育、感化、挽救方针，坚持教育为主、惩罚为辅的原则，将未成年犯改造成为具有一定文化知识和劳动技能的守法公民。为了防止交叉感染，我国设立专门的未成年犯矫正场所——未成年犯管教所。对未成年犯的改造，应当根据其生理、心理、行为特点，以教育为主，坚持因人施教、以理服人、形式多样的教育改造方式；实行依法、科学、文明、直接管理。未成年犯的劳动，应当以学习、掌握技能为主。未成年犯管教所应当依法保障未成年犯的合法权益，尊重未成年犯的人格，创造有益于未成年犯身心健康、积极向上的改造环境。而在日常的生活管理中，管教人员可以对未成年犯适用"学员"称谓。从上述法律规定来看，我国有关未成年犯的矫正的规定似乎已经完备。但是经过仔细分析后，我们发现我国未成年犯矫正法律体系还存在严重缺陷，由于缺乏相配套的少年司法制度，导致我国非监禁的未成年犯矫正制度形同虚设，这明显与国际条约规定监禁措施的最后性相违背。虽然刑法修正案八将社区矫正纳入刑法中，规定对假释的犯罪分子，在假释考验期限内；对宣告缓刑的犯罪分子，在缓刑考验期限内；对判处管制的犯罪分子，依法实行社区矫正。社区矫正纳入刑法，无疑为成年犯的非监禁矫治提供了一条可行的路径。但是就目前来说，我国未成年司法制度缺位，使得很多未成年犯都没有得到应有的特殊处理，很多法官在处理未成年犯时也是一判了之，并不考虑未成年犯的特殊情况。未成年犯实质上在我国与成年犯差别不大，实践中未成年犯的高监禁率，明显与国际准则存在冲突。因此，为了保障未成年人合法权益，建立完备的少年司法体制就显得十分重要。

就制度构建来看，未成年犯管教所主要承担教育改造的职能，而基本上不负担惩罚职能。未成年犯管教所对未成年犯实行"以教育改造为主，轻微劳动为辅"的半工半读制度，思想教育的内容主要包括法律常识、监规纪律、形势政策、道德修养、人生观、爱国主义等；文化教育分别开设了扫盲班、小学班和初中班；技术教育根据刑期、文化程度和刑满释放后的就业需要，有重点地进行职业技术教育和技能培训。此外，未成年犯管教所在未成年罪犯中经常开展文化娱乐、体育活动，还建立了心理矫治室，对未成年犯进行生理、心理健康教育。[1]

无论未成年犯管教所职能设置多么合理与合法，由于监禁性矫正措施的大范围使用，使得未成年犯长时间处于一种封闭的监管场所，长期的监禁使得未成年犯遭受暴力的可能性大大增加。虽然，未成年犯监管场所发生暴力事件的频率没有看守所、监狱高，也不如后两者吸引社会公众的注意。但是，近几年发生在未成年犯管教所几起非正常死亡事件，将未成年犯管教所推向舆论的最前沿，引起了社会公众的高度关注。2009年3月湖南省未成年犯管教所连续发生两起未成年犯死亡事件。2010年广州市未成年犯管教所学员周凌光早上被人发现"睡不醒"，这就是引起公众极大关注的"睡觉死"。2011年河北省少年犯管教所又发生一起少年犯非正常死亡事

---

[1] 林小培：《少年犯管理教育对策与立法思考》，《青少年犯罪问题》2000年第6期。

件，也引起了公众的极大关注。可以想象的是，大众媒体之所以报道上述事件，在于上述事件的后果极其严重、影响力极大，而这只是未成年犯管教所暴力现象的冰山一角。可以想象，还有多少少年犯正在未成年犯管教所遭受着暴力或暴力威胁。为了保护未成年犯的合法权益，使其尽早复归社会，有必要对我国未成年犯管教所的暴力现象进行分析，并对未成年犯管教所进行改革，以使我国未成年犯矫正制度朝着法治、文明的目标前进。

二 未成年犯管教所暴力类型及原因分析

（一）未成年犯管教所暴力类型

分类总结我国未成年犯管教所发生的暴力现象，笔者认为，未成年犯管教所暴力现象分为以下三类：监管人员对未成年犯的暴力、未成年犯之间的暴力以及未成年犯对被监管人员的暴力。

1. 监管人员对未成年犯的暴力

判处有期徒刑的未成年犯在判决生效后，就会从看守所转移到未成年犯管教所进行教育改造，这使得未成年犯管教所的暴力与看守所的暴力在发生原因上存在不同。由于未成年犯已经被法院宣判而且判决生效，在这种情况下，看守所存在的侦查人员为获取口供而采取暴力便没有存在的必要性。这并不是说未成年犯管教所不存在暴力现象，未成年犯管教所普遍存在的暴力现象便是监管人员对未成年犯的虐待。根据暴力表现形式的不同，我们将监管人员对未成年犯实施的暴力界定为两类：直接暴力与间接暴力。直接暴力是指监管人以殴打、捆绑、残害或者其他手段对未成年犯的身体进行伤害和摧残。间接暴力是指监管人员并没有对未成年犯施以明显的暴力而是采取威胁、恐吓等行为而使其遭受精神上的剧烈痛苦。间接暴力在实践中的具体表现为，对于患病的未成年犯应当为其提供医疗救助，监管人员为了达到自己的某些目的而故意不提供，使未成年犯忍受病痛。此外，在未成年犯参加劳动改造时，监管人员故意为特定的未成年犯设定过高的劳动任务，按照一般人的劳动效率难以完成，我们认为这也是间接暴力的一种存在形式。

2. 未成年犯之间存在的暴力

未成年犯之间的暴力行为，通常表现为某些未成年犯为了达到自己的某些目的，凭借自身存在的如身体强壮、与监管人员存在较为特殊的关系等优势条件，而对其他未成年犯施以暴力或者以暴力相威胁。"牢头狱霸"不仅仅存在于看守所、监狱等关押成年犯的监所，同样也存在于未成年犯管教所。由图6-1可知，我国未成年人犯罪近十年来迅速增长，但是与犯罪增长相适应的司法资源的增长却十分有限，二者之间的矛盾日益尖锐。在有限的司法资源状况下，为了确保未成年犯管教所的各项职能正常运转，未成年犯管教所便会挑选一些未成年犯担任某些职务，以协助管教人员管理其他未成年犯。这些被挑选的未成年犯很容易发展成未成年犯管教所的"牢头狱霸"，"牢头狱霸"在管理其他未成年犯时更多使用暴力或者以暴力相威胁，而对"牢头狱霸"这种行为只要不引起严重后果管教人员便不予理睬，可以说监管人员对"牢头狱霸"现象负有不可推卸的责任。

3. 未成年犯对监管人员的暴力

未成年犯较之成年犯，无论是在身体还是在心理上都较弱，加之处于被监管的地位，其发生对监管人员的暴力行为的可能性小。根据现有的资料，我们没有发现未成年犯对监管人员的暴力事件发生。也没有资料表明在我国发生过未成年犯暴力越狱事件。但是不可否认的是，随着年龄的增长，很多未成年犯在身体上已与普通的成人差距不大，其暴力行为的发生便有一定基础。虽然未成年犯由于各方面的原因较之成年犯实施暴力行为的可能性小，但是并非没有可能性。一个典型的例子就是，2007年俄罗斯斯维尔德洛夫斯克州基洛夫格勒市的一个少年犯管教所发生暴力越狱事件。这起越狱事件造成两名未成年犯死亡和一名看守死亡，还有18人受伤。[1]虽然根据现有的公开资料，我们没有发现未成年犯对监管人员的暴力行为，但是要时刻保持警惕，防止类似俄罗斯少管所的暴力事件发生。

(二) 未成年犯管教所暴力的原因分析

1. 未成年犯管教人员职能交叉混同

目前我国未成年犯管教人员存在着一职多能的现象，从人员来看，未成年犯管教人员不仅仅是刑罚执行者，同时还需要负责对未成年犯进行思想教育、法律教育、劳动改造、心理矫治等工作，这种职能分工使得未成年犯管教人员无法把每样工作都做的到位，导致工作效率低下。其实作为

---

[1] 具体参见http://www.daynews.com.cn/news/gjxw/374982.html，最后访问日期2011年6月24日。

普通工种的工作人员来说,一心且不能二用,更何况是身负重职的未成年犯管教人员。于是便会出现这种情况:监狱制定了一个科学合理的改造目标,但在实际操作过程中却遇到种种困难,使之很难成功进行下去。总结种种原因发现,我国未成年犯管教人员的整体素质未达到令人满意的水平,一个人的精力是有限的,在他做完一大堆繁杂的工作之余,没有多余的精力和时间去学习以提高自身的修养和素质。同时,这个改造的过程仅靠未成年犯管教所自身的管理是很难完成的。

虽然《未成年犯管教所管理规定》第10条规定"未成年犯管教所和管区的人民警察配备比例应当分别高于未成年犯监狱和监区",但是往往未成年犯管教所的人员配置达不到规定所要求的标准,尤其是在偏远的中西部地区。由于经济和社会等客观条件的限制,中西部边远地区通常都很难达到设置未成年犯管教所的标准,有的地区即使设置了未成年犯管教所也难以实现高标准的人员配置。因此,要求有限的未成年犯管教人员完成全部的管教任务是对其提出的极大挑战。这种情况下,也难以期待未成年犯管教人员可以对未成年犯进行温和教育,以理服人;未成年犯管教人员在管教过程中对未成年犯实施暴力的情况时有发生。

2. 未成年犯管教所的管理体制不完善

长期以来,我国的未成年犯管教所内部管理体制一直沿袭着以往的职能等级制度。首先,从横向层面上来看,其主要是按照业务分工来进行各个职能部门的划分;其次,从纵向层面上来看,从始至终都采取的是自上而下的管理体系。在过去,这种垂直型的管理体系为我国未成年犯管教所管理还是作出了一定的历史性贡献,但是随着经济、社会以及法制的不断发展,在新阶段和新的形势下,这种三级管理体系已经越来越不适合现代管理制度的要求,无法满足现代管理的需求。这主要是因为这种未成年犯管教所管理体制存在监管工作分工不明确,监管工作对罪犯改造所起的作用较为分散,不易及时的发现漏洞,从而造成未成年犯管教所管理工作在一些类似影响安全和改造质量方面缺乏有效的管理和控制。

《未成年犯管教所管理规定》第8条规定:"各省、自治区、直辖市根据需要设置未成年犯关管教所,由司法部批准。"第9条第1款规定:"未成年犯管教所设置管理、教育、劳动、生活卫生、政治工作等机构。"第9条第2款规定:"根据对未成年犯的管理需要,实行所、管区两级管理。管区押犯不超过一百五十名。"这两条是关于未成年犯管教所的组织机构的规定，但是除此之外《未成年犯管教所管理规定》总共65个条文均未提及未成年犯管教所的监督机制。一个优良的管理体制不仅指内部设置的合理性，还需要外部监督体制的配套。未成年犯管教所监督机制的缺乏无疑是在给未成年犯管教人员提供渎职和滥权的温床。一方面，缺乏预防机制。未成年犯管教人员为了实现业绩考评需要，极易将教育的手段和目的抛之脑后，而一味地追求惩罚效果，暴力往往是其采取的简便易行的管教手段。另一方面，如果出现管教人员对未成年犯实施暴力的行为，现存的管理体制不存在对管教人员进行问责与惩戒的机制，制裁措施的缺失必然导致暴力行为愈加严重。

3. 未成年犯管教所管理方式欠合理化、科学化

我国的未成年犯管教所管理，在刚刚建立之初，其主要的作用或者说价值有两个方面：一个是社会价值，主要通过未成年犯管教所来对未成年犯执行刑罚，接受教育改造；另一个是将未成年犯改造成为具有一定文化知识和劳动技能的守法公民。这两点价值都是从当时的具体国情出发的，也适合当时未成年犯管教所的发展要求。因为通过对未成年犯进行教育和劳动改造，能够使犯人接受一门技能，为其以后在社会上生存提供一定的帮助，同时也为未成年犯管教所和国家创造一定的经济收入，对于正处于经济建设过程中的中国做出了独特的贡献。但随着经济的发展，市场经济体制逐步得到完善，未成年犯管教所这种经营方式在市场竞争条件下受到的冲击越来越严重。同时这种体制也衍生出了两大亟须解决的问题：一是，未成年犯管教人员有了进行权力腐败的机会。未成年犯管教所企业以追求利润作为目标，在这种"所企合一"的模式下，对犯人的改造直接体现在他们创造经济利益的多寡上。在这样的一种管理模式下，改造只注重经济效益，为未成年犯管教所的腐败和未成年犯管教人员权力的扩大提供了可能性。二是，对罪犯的改造质量造成较大影响。未成年犯管教所改造是通过劳动这种方式帮助罪犯洗心革面，重新做一个对社会有用的人，但在实际操作过程中，往往只注重改造，忽略了教育的功能，这样不仅严重影响了改造的质量，也是对罪犯人权的严重忽视。

未成年犯管教所理想的管理模式应当是未成年犯管教人员以教育为主，坚持因人施教、以理服人、形式多样的教育改造方式；实行依法、科学、文明、直接管理；而未成年犯应当以学习和掌握技能为主。但是由于管理方式的变异增加了管教人员的管理难度，也导致未成年犯遭受暴力行为的侵害。虽说《未成年犯管教所管理规定》第 11 条规定："未成年犯管教所的人民警察须具备大专以上文化程度。其中具有法学、教育学、心理学等相关专业学历的应达到百分之四十。"但司法实践中，未成年犯管教人员的专业素养远达不到规定要求，管教方法简单，未成年犯实际上只是表面服从管教而已，并未从心理上接受教育和改造，故违反管理规定的行为仍会频发，从而造成管教问题的恶性循环。

三 未成年犯管教所改革建议

（一）完善对未成年犯管教所权力的监督和制约

首先，通过完善驻所检察室的法律监督来制约、监督未成年犯管教所的监管权。监所行刑检察监督在于实现三大功能：一是违法发现功能，这是监所行刑检查监督的基础性功能，如果无法发现违法，所谓监督就根本无从谈起；二是违法纠正功能，发现违法不是目的而只是前提，目的是要纠正违法，保证刑罚的正确执行，确保国家法律统一正确实施；三是预防机制建立功能，即通过建立预防机制，从根本上防止违法犯罪的再次发生。三大功能能否实现及其实现程度直接关乎监狱行刑监督的效率。[①] 而上述三大功能能否实现首先要解决的便是检察机关的认识问题，思想认识不解决，检察人员思想观念不转变，再好的执行监督也无济于事。检察官应该转变那种认为只要把查办职务犯罪、审查逮捕、审查起诉这些主要工作干好就行的错误认识。检察机关作为我国的法律监督机关，不应该选择性执法。而且监所管教人员的暴力行为本身就是监管人员利用自身担任某些职务的便利而实施的侵害被监管人的合法权益的行为，这本身就是一种职务犯罪，即使不是犯罪也是一种职务违法行为，检察机关有义务予以监督并纠正，否则检察机关就存在渎职。

其次，赋予被监管人以律师帮助权。联合国大会通过的《保护所有遭受任何形式拘留或者监禁的人的原则》第 18 条规定：被拘留的人或被监禁

[①] 吴占英、耿光明：《论监狱行刑检察监督的现实困境及进路》，《甘肃社会科学》2008 年第 1 期。

的人应当有权与其法律顾问联络和磋商；应允许被拘留或监禁的人有充分的时间和便利与其法律顾问进行磋商；除司法当局或其他当局为维持安全和良好秩序认为必要并在法律或合法条例具体规定的特别情况外，不得终止或限制被拘留的人或被监禁的人授受其法律顾问来访和在既不被耽搁又不受检查以及在充分保密的情形下与其法律顾问联络；被拘留的人或被监禁的人与其法律顾问的会见可在执法人员视线范围内但听力范围外进行；本原则所述的被拘留的人或被监禁的人与其法律顾问之间的联络不得用作对被拘留的人或被监禁的人不利的证据，除非这种联络与继续进行或图谋的罪行有关。被监管人有权获得律师的帮助作为国际社会的基本原则，在我国迈向法治国家的今天，此项原则不仅应在立法中予以规定，在实践中监所机关也必须予以保障。为了不使获得律师帮助权成为不发挥任何实际作用的"具文"，必须完善我国的法律援助制度，使无力聘请律师的被监管人都能得到律师帮助。

（二）增加对未成年犯管教所的投入

徒法不足以自行，无论法律制定多么完善、多么缜密，如果得不到有效的贯彻执行，也只不过是一张写满权利的纸张，毫无用处可言。在法律的贯彻执行过程中，人是一个关键因素。执法者的观念水平以及素质的高低，直接影响被监管者的合法权益。如前述，我国未成年犯管教所之所以有暴力，监管人员观念落后以及素质低下是两个不容忽视的原因。切实可行的改革措施在于，增加对未成年犯管教所的投入：一方面加大对管教人员的培训，更新观念以提高管教人员的文化素质和执法水平；另一方面，改善监管人员的个人待遇，以吸引更多的高素质人才加入到未成年犯的矫正中来，加快人才的更新换代。

（三）建立对监所的巡视制度

巡视制度是指定期视察监所，听取和解决罪犯对服刑中遇到的不公平待遇、错误处理的申诉和控告。巡视制度可以通过两种形式实现：一种是专员形式，这种形式可以借鉴我国香港的"申诉专员公署"制度；一个是委员会形式，此种形式可以借鉴我国香港的"巡狱太平绅士委员会"。[①]

---

① 赵运恒：《罪犯权利保障论》，法律出版社，2008，第158页。

(四) 建立完善的少年司法制度

刑罚轻缓化的实现并不能完全依靠立法，更重要的措施在于司法。未成年犯由于生理和心理都没有发育成熟，社会经验和认知能力都不足，对自己行为可能导致的后果还难以预见。未成年犯具有较大的可塑性，实现未成年犯的再社会化，并使其顺利复归社会，是任何未成年犯矫正的终极目的。在实现未成年犯的再社会化这一问题上，非监禁的社区矫正与监禁刑相比具有无可比拟的优势，这不仅作为未成年人的一项权利为国际法所确认，也为其他国家的实践所证明。少年司法制度与社区矫正实现了未成年犯行刑的社会化，无疑从侧面遏制了未成年犯管教所暴力的发生。

第七章
劳教所暴力与劳教制度废除

一 概述

(一) 劳动教养

2013年12月28日全国人大常委会通过了废止劳教制度的决定，尽管自此劳教制度成为了历史事物，但劳教制度存续期间暴露的监所暴力及其教训值得深入反思。劳动教养制度创立于20世纪50年代。1957年8月1日，经全国人大常委会批准，国务院于8月3日公布了《关于劳动教养问题的决定》，该决定规定对四类人实行劳动教养。这是中国第一部劳动教养法规。1979年11月29日经全国人大常委会批准，国务院12月5日公布了《关于劳动教养问题的补充规定》，并重新公布了《关于劳动教养问题的决定》。1982年1月21日，经国务院批准，公安部发布了《劳动教养试行办法》，对劳动教养的具体实施做了详细规定。此后，全国人大常委会又根据社会治安领域出现的一些新问题，在1986年通过的《中华人民共和国治安管理处罚条例》、1990年通过的《关于禁毒的决定》、1991年通过的《关于严禁卖淫嫖娼的决定》等法律中扩大了劳动教养的对象。此外，一些行政法规、司法解释及有关规范性文件也对劳动教养工作做了补充规定。

劳动教养不是刑事处罚，而是为维护社会治安，预防和减少犯罪，对轻微违法犯罪人员实行的一种强制性教育改造的行政措施。对需要收容劳动教养的人，由省（区、市）和大中城市人民政府下设的劳动教养管理委员会审查批准。被决定的劳动教养期限大多数为一年，少数为一年半左右，极少数为三年。被决定劳动教养的人对决定不服的，可以提出申诉，请求复议，也可以依据《行政诉讼法》向人民法院提起行政诉讼。提起诉讼的被劳动教养人可以请律师辩护。各级劳动教养管理委员会，在审查和决定劳动教养时，严格遵循法定程序，接受监督。被决定劳动教养的人，由司法行政部门的劳动教养管理所收容并进行教育改造。劳动教养管理所依法保障劳教人员的合法权益，劳教人员可以依法行使选举权，宗教信仰自由不受侵犯，人格尊严不受侮辱，人身不受体罚和虐待，个人合法财产不受侵犯，通信自由不受侵犯；家属可以经常来所探视，劳教所可以提供住处允许劳教人员夫妇同居；家里有特殊情况和有悔改表现的劳教人员，经批准可以回家探视或休假；劳教人员对劳动教养管理所的工作有提出批评、建议的权利，对国家机关及其工作人员的违法、失职行为有提出申诉、控告和检举的权利；等等。中国的劳动教养工作，实行"教育、感化、挽救"的方针，立足于教育，着眼于挽救。劳动教养管理所对劳教人员进行职业技术教育，组织他们进行习艺性的生产劳动，对劳教人员施以文明、科学、比较宽松的管理。劳教人员在劳动教养期间享有必要的生活待遇。为保证劳动教养管理所严格执法和做好对劳教人员的教育、挽救工作，国家对劳教工作监管人员有严格的要求和纪律、法律约束。劳教工作监管人员必须具有较高的文化素养和一定的专业知识，从事劳教工作前要接受岗位培训，掌握劳教工作法规和有关业务知识，工作期间还要定期进行业务培训，以适应工作需要。对侵犯劳教人员合法权益及有其他违法违纪行为的监管人员，依法进行严肃处理，对此，《刑法》《劳动教养试行办法》以及《劳改劳教工作监管人员行为准则》等法律、法规和规章中均有相应的规定。根据劳动教养的法律规定，人民检察院在劳动教养场所设驻所检察组，对劳动教养管理所的执法活动进行监督。截至2008年底，我国共有劳动教养管理所350个，在所劳教人员16万人。其中除犯有盗窃、诈骗、赌博、聚众斗殴、寻衅滋事等扰乱社会治安秩序行为的人外，主要是有重复卖淫、嫖娼和重复吸毒等违法行为的人。

（二）劳动教养管理制度与"劳教所暴力"

劳动教养制度由两部分组成：一是劳动教养审查批准决定制度；二是

劳动教养（执行）管理制度。从一般意义上讲，劳动教养管理制度是指调整劳动教养管理机构及其人员与被劳动教养人员之间法律关系的规则总称，应当包括劳动教养管理的目标、宗旨，机构的设置，管理人员的职权、职责配置或划分，以及被劳动教养人员的权利和义务。从另一个角度看，劳动教养管理制度亦即劳动教养的执行制度。因此，从不同角度，可以对劳动教养管理制度进行分类。如，以劳动教养管理制度对象为分类标准，可分为劳动教养管理机构制度、劳动教养人员管理制度；以被劳动教养对象为标准，可分为一般人员违法劳动教养管理制度，特殊人员（未成年人、戒毒人员）违法劳动教养管理制度。以下将按照上述两种分类，具体论述劳动教养管理制度。[①]

当前，我国有关劳动教养的研究，主要集中于从制度层面批判其定位错误，如，决定劳动教养的权力分配不合理，以及劳动教养批准决定过程的设计不合理等方面。在理论界，很少有学者从法学角度研究劳动教养管理制度。相关的研究，主要表现为从劳动教养管理方式上进行探讨或尝试，其中，又以实践部门的工作经验总结，或管理学研究者的成果为主。

在劳动教养管理过程中，劳动教养管理所内发生的暴力事件或行为（以下称"劳教所暴力"）是管理过程不可避免的现象之一。由于该现象无论是对管理秩序本身，还是对被劳动教养人员权利的保障，都带来不小的负面影响，因此，了解劳动教养管理过程中，可能导致暴力行为发生的制度缺陷，分析其原因，寻求完善方式，具有重要价值。

"劳教所暴力"形式、种类多样。以暴力实施主体为标准，可分为劳动教养管理人员实施的暴力与被劳动教养人员实施的暴力，其中，劳动教养管理人员实施的暴力对象仅限于被劳动教养人员，而被劳动教养人员实施的暴力对象，则不仅针对劳动教养管理人员，还包括其他被劳动教养人员，即被劳动教养人员相互间的暴力。如果以暴力种类为标准，则可分为肉体暴力和精神暴力，前者以对身体的殴打、伤害为特征，后者则以恐吓、威胁、剥夺休息时间为特征。从管理学角度看，相对于被管理者而言，管理者始终处于有利的强势地位，其权利受到暴力侵犯的可能性远远小于后者。劳动教养管理所的首要任务即是使被劳动教养者保持秩序和安定，始终被

[①] 参见周盛军《劳动教养学》，中国检察出版社，2011，第9、11、13章。

约束在一定范围之中。从高大而坚固的建筑物，到全副武装的武警战士，[①]再到充分利用高科技的监控监视装备、警报设备等，都可以发现劳动教养管理者受到被管理者的暴力侵犯已经被严密防范。相对而言，作为被劳动教养者，其受到暴力侵犯的防范就不是那么明显和严密了。虽然相关的管理守则或制度也作了某些要求，但是，被管理者在管理关系中始终处于弱势的不利地位，因此，一方面，其权利受到侵犯后的受重视程度明显不能同管理者相比；另一方面，即便被管理者受到了暴力威胁或伤害，其救济手段也不是那么有力，能否获得保护或救济完全取决于被管理者之外的他方（劳动教养管理者以及更大程度上是劳动教养所外的公众）。出于上述考虑，如何从劳动教养管理制度角度考察被劳动教养者受到暴力威胁或伤害的可能性，以及如何避免或维护被劳动教养者的权利免受暴力侵犯，是本书探讨的主旨。

"劳教所暴力"原因是多方面的。但是，不可否认，劳动教养管理制度自身缺陷或不足是其中的重要原因之一。基于此种考虑，首先，应当准确考察我国现行劳动教养管理制度的内容，重点理清其中与"劳教所暴力"关系密切的管理制度内容，以便进一步分析该部分制度确立的合理性或不足，以及变革的必要性，从而促进遏制"劳教所暴力"的制度改革。

二 劳动教养管理机构组织制度[②]

根据有关法律法规的规定，我国的劳动教养机关，按照职权范围可分为国家，省、自治区、直辖市，大中城市三级；按照其隶属关系分为三种类型，即：属于政府部门的劳动教养领导机关；司法行政系统的劳动教养管理机关；作为行政措施执行的劳动教养执行机关。在劳动教养工作全过程中，它们分工负责，各司其职，形成了比较完整的工作体系。

（一）劳动教养管理委员会

1. 组织机构及其职能

根据《劳动教养试行办法》第 4 条以及《国务院关于劳动教养的补充

[①] 《劳动教养试行办法》第 26 条规定："劳动教养管理所的护卫武装由人民武装警察担任。"
[②] 有关劳动教养的管理组织制度介绍，参见周盛军《劳动教养学》，中国检察出版社，2011，第 9 章。

规定》第1条,① 劳动教养管理委员会是劳动教养领导机关,是省、自治区、直辖市和大中城市、区、自治州人民政府成立的,它是由公安、司法行政、民政、劳动等部门的负责人组成的,负责劳动教养审查批准和领导管理劳动教养工作的政府职能部门。劳动教养管理委员会下设两个办事机构:一是设在公安机关的劳动教养审批机构;二是设在司法行政部门(或劳动教养管理机关)的劳动教养管理委员会办公室。

劳动教养管理委员会是非常设机构,主要是通过定期召开委员会会议的方式领导劳动教养工作。其职能主要是以下四个方面。其一,统筹职能。研究解决劳动教养工作中的重大政策性问题,科学安排劳动教养工作的整体布局,规划及制定教育、感化、挽救劳动教养人员的重大措施。其二,协调职能。协调与劳动教养工作有关的地方政府、公安机关、人民检察院、人民法院、司法行政、民政、劳动、计划、财政和教育等部门的关系,促使有关部门团结协作,共同完成劳动教养工作任务。其三,保障职能。通过召开办公会议,审议、解决劳动教养工作中的重大问题,检查评估劳动教养教育改造成果和命名劳动教养学校,保障劳动教养工作健康发展。其四,监督职能。检查、监督劳动教养审批机构和办事机构的工作,审理、调查、解决有争议的问题和劳动教养人员及家属的申诉、控告、复议申请等。

2. 评述

上述劳动教养管理委员会领导模式具有以下特征,这些特征对于预防和遏制"劳教所暴力",又内生了某些重大缺陷。

其一,模糊性及其弊端。所谓模糊性是指劳动教养管理委员会自身的性质不清,定位不明。其弊端是指劳动教养管理委员会性质模糊,必然导致其对"劳教所暴力"缺乏预见性和敏感性。目前由公安、司法行政、民政、劳动等机关共同组成的劳动教养管理委员会的领导管理体制,表明我国对劳动教养性质认识不清,对劳动教养管理定位不明。其根源在于我

---

① 《劳动教养试行办法》第4条规定:"省、自治区、直辖市和大中城市人民政府组成的劳动教养管理委员会,领导和管理劳动教养工作,审查批准收容劳动教养人员。劳动教养管理委员会下设办事机构,负责处理日常工作。公安机关设置的劳动教养工作管理机构,负责组织实施对劳动教养人员的管理、教育和改造工作。"《国务院关于劳动教养的补充规定》:"一、省、自治区、直辖市和大中城市人民政府成立劳动教养管理委员会,由民政、公安、劳动部门的负责人组成,领导和管理劳动教养的工作。"

国《劳动教养试行办法》第2条规定:"劳动教养,是对被劳动教养的人实行强制性教育改造的行政措施,是处理人民内部矛盾的一种方法。"同时,第4条又规定:"劳动教养场所,是对被劳动教养的人,实行强制性教育改造的机关,是改造人、造就人的特殊学校,也是特殊事业单位。"由于缺乏对劳动教养本质的认识,必然导致劳动教养管理委员会对于劳动教养管理过程中,可能出现的"劳教所暴力"发生的可能性缺乏预见,同时,对于已经存在的"劳教所暴力",也缺乏敏感性或洞察力。尽管其职能中包含了监督职能,但是,在实践中,这种监督职能显然是虚拟的成分多于实际成分。

其二,边缘性或附带性及其弊端。这里的边缘性或附带性是指,劳动教养管理委员会的领导机制处于边缘地带,其领导职能也属于附带性的。参与劳动教养管理委员会的众多部门,看上去管理规模宏大,管理实力强大。稍作分析,即可看出以下两个方面的问题。一方面,参与劳动教养管理的这些部门,在其参与组成劳动教养管理的领导团队之前,均已经拥有立法配置的职能。这些部门只能在履行自身职能或完成自身使命的基础上,才会抽出空隙去领导和管理劳动教养,舍弃本职工作去领导和管理劳动教养是违背有关立法本意的。另一方面,相对于监狱监管人员数量,被劳动教养的人要少得多。在前者都无须多部门联合参与管理的情况下,后者则由多部门联合参与管理,真正原因只能是,参与领导管理的各部门都不会将其作为主要职能来履行。联合多部门共同参与,实质是让各部门在履行本质的、主要的职责之余,抽出精力和人力参与领导和管理劳动教养。劳动教养管理领导机制的边缘性,或领导职能的附带性显而易见,对劳动教养管理过程中的暴力行为或现象的监督职能,又怎能够真正履行呢?

其三,临时性及其弊端。临时性是指劳动教养管理委员会是非常设机构,主要是通过定期召开委员会会议的方式领导劳动教养工作。就遏制劳动教养管理所的暴力行为而言,弊端是,上述领导体制至少不足以形成有力或坚强的监督制约力量。无论对何种(监管人员与被监管人员之间、被监管人员之间)暴力行为,多部门联合领导体制下的通常做法是,对于负面的、消极的现象或行为,退而远之,不管、不问、不参与;对于正面的、积极的现象或行为,进而呼之,管、问、参与。这种进退自由的领导体制倒是深受多部门的欢迎,有利于这些部门逃避责任,获取利益。倒霉的是该体制下发生的劳动教养管理所内的各种暴力行为受害者——他们往往被视为暴力事件的牺牲品,当他们遭受暴力行为时渴望得到的救济权,在这样的领导体制下,只能是投诉无门,或经历被"踢皮球"的尴尬。

分析至此,改革方案或完善建议已非常明朗了。首先,作为领导机构,应当考虑设立的便是中央一级劳动教养领导机关,以便从全国宏观角度对劳动教养管理中可能出现的暴力行为或现象,从制度层面进行改革完善。其次,应废除多部门联合参与对劳动教养的领导管理方式,尽快定位劳动教养的性质,明确配置于专门机构,集中全面精力,全面行使对劳动教养的管理和领导职能。就目前参与组成劳动教养管理委员会的机关来看,司法行政部门较适合将其如同对监狱的领导和管理一样,纳入主要职能范围,同时,取消劳动教养管理委员会这种形式的领导机关。

(二)劳动教养管理机关

1. 组织机构及其职能

劳动教养管理机关是指司法行政部门设置或管理的,主管劳动教养工作的行政机构。劳动教养管理机关,可以分为三级管理体制,即中央一级、省(自治区、直辖市)一级和大中城市一级。其中,中央一级劳动教养管理机关是司法部劳动教养管理局(戒毒管理局),其职能主要是:监督检查劳动教养法律、法规和执行情况;指导对劳动教养人员的管理、教育、警戒和强制治疗等工作;规划劳动教养场所的设置和布局;指导劳动教养场所的生产、基建、财务、装备等工作。省一级的劳教管理机关,是省级司法行政部门设置或管理的劳动教养管理局,职能主要是:贯彻执行国家及本省(自治区、直辖市)有关劳动教养工作的法律、法规和方针、政策,起草本省(自治区、直辖市)有关劳动教养法规、规章草案,并组织实施;提出劳动教养场所的设置和布局的意见;指导监督劳动教养场所对劳动教养人员的收容、管理、教育、期满释放等工作;管理教养场所的生产、基建、财务、装备等工作;负责本系统民警和职工的管理工作。大中城市一级劳动教养管理机关,是设在市(地区、盟、自治州)司法局的劳动教养管理局(处),职能主要是在司法局的领导下,在省(自治区、直辖市)劳动教养管理局的业务指导下,负责所属劳动教养场所的管理、教育、生产、基建、财务、装备等工作。

2. 评述

与上述劳动教养管理委员会不同，司法行政部门作为劳动教养管理机关，具有合理性和可行性，因此，可以结合上述分析结论，在司法行政部门内部设立不同部门，分别履行劳动教养领导宏观机构和劳动教养管理具体机构，实现重大管理事项与具体日程管理事项的合理分工，充分发挥司法行政部门的职能。

不过，从上述三级管理职能划分上看，对于"劳教所暴力"现象的预防和监督的职能并不明显，尤其大中城市一级劳动教养管理机关，实践中应当肩负主要的预防和遏制"劳教所暴力"的任务，因为，这一级机关，不仅数量多，而且，发现或接到"劳教所暴力"投诉、举报、控告的机会也远远多于前者。因此，应当加强大中城市一级劳动教养管理机关对"劳教所暴力"的监督和预防职能；由中央一级劳动教养领导机关牵头制定相关制度。其中，投诉机制是不可缺少的制度，如，公布日常接受投诉、举报或控告的电话、信箱；确立定期巡防检查制度；设立专门的受理"劳教所暴力"侵权机构等。

（三）劳动教养执行机关

1. 组织机构及其职能

劳动教养执行机关是指依法设置的劳动教养场所。它是代表国家依法对被决定劳动教养的人实行强制性教育改造的行政执法机关。《劳动教养试行办法》第4条第2款规定："劳动教养场所，是对被劳动教养的人，实行强制性教育改造的机关，是改造人、造就人的特殊学校，也是特殊的事业单位。"1995年2月8日，国务院在《关于进一步加强劳动教养机关管理和劳动教养工作的通知》中规定，劳动教养场所是"国家治安行政处罚的执行机关，要贯彻教育、感化、挽救"的方针。对劳动教养人员重在教育，立足挽救，把劳动教养所办成教育、挽救他们的学校。

由于劳动教养场所性质的特殊性，使劳动教养执行机关集执法机关、特殊学校、特殊工厂（农场）于一体，具有工作范围的广泛性和职能的综合性等特点。概括而言，劳动教养执行机关的职能主要是：其一，按照劳动教养法律、法规的规定，严格履行劳动教养的收容手续，切实保证收容质量；其二，对劳动教养人员实行全面的依法、严格、文明、科学、直接管理，稳定劳动教养场所教育改造秩序，保证场所安全，完成特殊预防的任务；其三，认真细致地做好劳动教养人员的教育改造工作，积极促进其思想转化，矫正其恶习，把他们培养成为遵纪守法的合格公民和自食其力的劳动者；其四，组织劳动生产，在劳动中加速对劳动教养人员的教育改造，并为国家创造一定的物质财富。

2. 评述

从劳动教养执行机关的上述职能看，该机关具有双重属性：一方面，相对于上述劳动教养管理委员会和劳动教养管理机关，该机关是前者的管理对象，需要接受前者的领导、监督和管理，执行、落实前者制定的方针、政策；另一方面，相对于被劳动教养人员而言，该机关又是管理机关，具有对被劳动教养人员进行强制性劳动教养改造的职责，同时，拥有对其进行日常管理、制度化管理的职能。因此，在遏制"劳教所暴力"过程中，劳动教养执行机关（劳动教养所）也具有如下特征：一方面，劳动教养执行机关在履行对被劳动教养人员管理过程中，可能成为"劳教所暴力"的实施者，侵犯被劳动教养人员的合法权益，成为其他机关组织监督、治理的对象，或成为个人投诉、举报或控告的对象，即其本身是遏制"劳教所暴力"的对象；另一方面，作为劳动教养所管理者，有职责对"劳教所暴力"进行监督、处理和管理，成为接受投诉、控告或举报的主体。这是此类主体不同于上述主体的最大特征。

此外，根据上文分析，劳动教养所还有一类暴力行为或现象，即被劳动教养人员针对劳动教养管理人员的暴力。对于此类暴力，劳动教养管理者既是受害者也是处理者，即类似诉讼理论中所谓的"既是运动员，又是裁判员"。通常情况下，后一种暴力并非本书讨论的重点，但是，实践的复杂性，往往使得我们不得不通盘考虑此类现象。诸如，实践中如果发生劳动教养管理人员针对被劳动教养者的暴力行为后，前者声称是由于后者先有针对劳动教养管理者的暴力行为或现象，出于管理或处罚需要，才对被劳动教养人员实施暴力的。那么，如何判断劳动教养管理者陈述的事实真相？显然，在现存的管理体制下，即会出现上述"运动员与裁判员"重合的情形，而在此情况下判断和处理暴力行为或现象，显然违背了最基本的"游戏规则"。另外，如果的确是先发生了被劳动教养人员针对劳动教养管理者的暴力行为，后者按照劳动教养管理规则对前者进行处罚或处理时，如何判断后者是否对前者实施暴力行为并且预防后者对前者实施暴力行为?

从表面上,劳动教养管理者在处理被劳动教养人员间的暴力行为或现象时,可以避免上述不公平的管理或处理方式,但是,如果在复杂的实践中出现劳动教养管理人员主动或被动利用被劳动教养人员,对其他被劳动教养人员实施暴力,以便达到其管理中的"以暴制暴"或"自治"的目标,那么,又该如何预防、发现、制止或制裁此类隐蔽性较强的暴力?因为,此情况下,劳动教养管理者无论是主动策划此暴力,还是对此暴力不作为,都难以在劳动教养管理所管理系统内部发现、预防、制止或制裁。

对于上述暴力问题,改革完善现行的劳动教养管理制度是唯一出路。避免同一主体身兼多重职能或角色,是首要的改造原则。因此,作为选择方案,只能有以下两种:

方案一,分离、分解现有劳动教养管理人员既是管理者又是执行者或实施者的职能或角色。即,对于发生的"劳教所暴力",如果管理者涉嫌暴力行为或现象,那么,不应还由涉嫌暴力行为的劳动教养管理机关自行受理和裁决,而应当由其他机构介入,以便发现和处理。否则,对于此类暴力行为或现象是很难及时发现和遏制的。在现行法律框架内,强化检察院的法律监督职能,由检察院替代劳动教养管理所预防和查处"劳教所暴力",是较好的一个选择。即,类似对看守所或监狱的监督,设立驻所检察室,安排专门检察院人员日常性监督,接受被劳动教养人员及其家属的举报、控告或申诉。该方式已经有明确的法律依据。如《国务院关于劳动教养的补充规定》第5条规定,人民检察院对劳动教养机关的活动实行监督;1987年7月23日,最高人民检察院《人民检察院劳教检察工作办法(试行)》进一步明确了人民检察院劳教检察的职权、业务范围、工作制度和方法。这一切为人民检察院履行劳教法律监督职能,提供了法律上的依据。然而,按照目前《人民检察院劳教检察工作办法(试行)》规定,检察机关虽然有权对劳教进行法律监督,但由于缺少必要的法律监督程序和相应的后继手段,在实践中,检察机关的监督效力往往只体现在司法建议权上,缺乏应有的监督力度。结果导致"在劳动教养运行实践中,破坏法制、侵犯人权的现象屡屡发生"。[1]

---

[1] 刘仲发:《检察机关对劳动教养的法律监督》,《法学杂志》2002年第3期。

因此，需要在现有的框架内进一步细化可操作的程序性规定，具体规定驻所检察室对"劳教所暴力"的受理程序以及处理方式。性质或情节严重，已经构成犯罪的，则直接按照职务犯罪程序立案、侦查、起诉。

方案二，设立专门的"劳教所暴力"巡视督察机构。有关这一方案或思路的具体内容，可参照国内某些学者对看守所等羁押场所酷刑的研究，建议设立"羁押巡视制度"。①按照有关学者的建议，可针对"劳教所暴力"，参照建立的专门巡视督察机构与人员，可以按照以下方式组建：全国人民代表大会常务委员会与地方各级人民代表大会常务委员会组建全国性或地方性的巡视督察委员会，选取相关专业人士为巡视员对劳动教养管理所进行定期或不定期的探访、巡查。各社会团体、民主党派、群众性自治机构也可以与当地劳动教养管理所的主管机关，即各级司法行政部门协商一致后，进行定期与不定期的巡视。②

三　劳动教养管理制度③

对于一般人员的劳动教养管理制度是我国劳动教养管理制度的基本内容。《劳动教养管理工作执法细则》第3条规定："劳动教养机关对劳动教养人员的管理，必须全面贯彻依法管理、严格管理、文明管理、科学管理

---

① 1984年12月联合国通过了《禁止酷刑和其他残忍、不人道或有辱人格的待遇或处罚公约》（以下简称"联合国反酷刑公约"），迄今为止包括中国在内的145个国家已经签署、批准了这一公约。为进一步增强世界各国对酷刑的预防，努力以进一步减少、遏制酷刑，2002年联合国大会又进一步通过了反酷刑公约的任择议定书，在该任择议定书中鼓励各国建立独立的羁押巡视制度，2006年6月该任择议定书正式生效，截至2008年6月已经有35个国家批准了该任择议定书。为了进一步加强反酷刑机制，并与国际社会反酷刑进程努力保持一致，中国政府需要积极考虑批准联合国反酷刑公约任择议定书，而批准这一任择议定书的一项实质性要求就是建立羁押场所独立巡视制度。所谓羁押场所独立巡视制度是指国家机关组织来自社会公众的代表对羁押场所进行定期或不定期的独立巡视，巡视人员通过巡视羁押场所的羁押条件、查验羁押记录、与被羁押人进行单独访谈，以确认被羁押人是否受到了人道待遇、羁押是否符合法定条件与程序、被羁押人的法定权利是否得到了有效保护的一项对羁押场所的监督、检查制度。（参见陈卫东《羁押场所巡视制度实证研究报告》，《法学研究》2009年第5期。）
② 具体相关内容可参看陈卫东、Taru Spronken主编《遏制酷刑的三重路径：程序制裁、羁押场所的预防与警察讯问技能的提升》，中国法制出版社，2012，第344~350页。
③ 有关劳动教养人员的管理制度介绍，参见周盛军《劳动教养学》，中国检察出版社，2011，第11章。

的原则，加强执法工作规范化建设，提高劳动教养管理工作水平。"就管理方式而言，包括：分类管理；分级管理；组织管理；民主管理；通信、会见、放假、准假管理；纪律（考核和惩罚）管理；生活管理；卫生管理；档案管理；安全防范管理等。以下就其中某些主要的与遏制"劳教所暴力"有关的管理制度进行论述。

（一）分类管理制度

1. 制度内容

分类管理是指针对劳动教养人员的不同类型和不同情况，依法实施分别编队、分类处遇。这是管理劳动教养人员的一种最基本的组织形式和管理模式。我国劳动教养人员的分类管理包括两类：第一类是法定分类管理，即规范性文件要求"应当"分类进行管理的。第二类是酌定分类管理，即规范性文件要求"可以"分类进行管理的。

法定分类管理的分类标准或参照主要要素是：性别、年龄、入所时间、案情性质。如，《劳动教养试行办法》第18条规定："对劳动教养人员，应当按照性别、年龄、案情性质等不同情况，分别编队，分别管教。对女劳动教养人员，派女干部管理。"《劳动教养管理工作执法细则》第10条规定："劳动教养管理所应当根据实际情况，对劳动教养人员按照下列要求分别编队管理：（一）按性别分别编队；（二）不满十八周岁的劳动教养人员，单独编队（班、组），在劳动和生活待遇上适当照顾；（三）新入所的和即将解除劳动教养的劳动教养人员，分别编队；（四）团伙或同案劳动教养人员，分别编入不同中队。"因此，劳动教养管理所应当根据实际情况，对劳动教养人员按照下列要求分别编队管理：其一，男女劳动教养人员分类编队进行管理，有条件的地方设立女劳动教养管理所；其二，不满十八周岁的劳动教养人员，单独编队（班、组），在劳动和生产待遇上适当照顾；其三，根据入所时间的不同，对新入所的和即将解除劳动教养的劳动教养人员分别编队，即分别编为入所大队和出所大队；其四，对于属于同一团伙或同案劳动教养人员，分别编入不同的大（中）队。

酌定分类管理的分类标准或参照的主要要素是：罪错性质、劳动教养次数、民族或地区。如，《劳动教养管理工作执法细则》第11条规定："对劳动教养人员可以按以下情况分别编队管理：（一）罪错性质不同的；（二）初次劳动教养和二次以上劳动教养（含受过刑事处罚）的；（三）少数民族或外省籍劳动教养人员较多的。"因此，劳动教养管理机构对劳动教养人员可以按以下情况分别编队管理：其一，根据劳动教养人员的罪错性质设立专门的劳动教养管理所或大队，如戒毒劳动教养管理所等；其二，初次劳动教养和二次以上劳动教养（含受过刑事处罚）人员可编入不同的大队（班、组）；其三，少数民族或外省籍劳动教养人员较多的，可设立专门收容少数民族或外省籍劳动教养人员的大队或班组。

2. 评述

上述分类管理方式具有以下意义。有利于做好针对性的教育矫治工作。因人施教、分类施教是做好矫治工作的前提和基础，只有做到"对症下药"才能收到应有的教育效果。有利于稳定所内教育矫治秩序，防止"交叉感染"。通过科学分类和编队，可以预防和减少不同罪错劳动教养人员之间相互传播作案手段、经验，保证场所稳定。有利于准确执行劳动教养法律法规，从而使劳动教养管理走上规范化、科学化的轨道。在调动劳动教养人员接受教育矫治的积极性、提高教育矫治质量上，具有重要的促进作用。

从预防和遏制"劳教所暴力"角度看，分类管理制度有助于减少被劳动教养人员之间出于相互间的日常矛盾而导致的暴力行为或现象。从本质上看，此类暴力行为或现象是严重违反劳动教养规范性文件的行为。预防和遏制被劳动教养人员之间的暴力行为或现象，属于劳动教养管理者法定职责，被劳动教养者之间的暴力行为或现象的出现是劳动教养管理者不愿意看到的。

就法定分类管理而言，如，按照性别不同，分别设立男女劳动教养人员编队，按照年龄不同，设立单独的未成年人劳动教养编队，均有助于防止因被劳动教养者自身体力差别过大而导致的以强凌弱暴力行为或现象发生。又如，按照进入劳动教养所时间的不同，分别编为入所大队和出所大队，也有助于防止被劳动教养者因心理适应期不同而产生的暴力行为或现象。再如，对于属于同一团伙或同案劳动教养人员，分别编入不同的大（中）队，有助于瓦解被劳动教养人员在教养所期间拉帮结派，形成暴力团体势力，或类似的"牢头狱霸"。在酌定分类管理中，按照罪错性质、劳动教养次数、民族或地区等标准所作的分类，对预防和遏制被劳动教养人员之间暴力行为或现象，同样也具有上述价值。

值得注意的是，本书研究的重点，并非上述一类暴力行为或现象，如前文所述，本书所担心或拟尽力解决的是，发生在劳动教养管理者与被劳动教养者之间的暴力行为或现象，准确地说是预防和遏制前者对后者的暴力。此类暴力也是多数类似场所（如看守所、监狱、少年管教所等）最需要努力预防和制止的。显然，从分类管理制度本身来看，很难发现有助于预防和遏制此类暴力行为或现象的因素，其原因当然在于分类管理制度的出发点是为了劳动教养管理者，而不是为了监督和制裁劳动教养管理者。因此，尽管分类管理制度有特定的价值，但是，对于预防和遏制劳动教养者针对被劳动教养者的暴力行为或现象无可开发利用之价值，也难以就此对之进行改革完善。

（二）分级管理制度

1. 制度内容

分级管理是指根据劳动教养人员的恶习程度、年龄、性别、认识罪错态度、所内表现、有无现实危险性等情况，将劳动教养人员按照从严管理、普通管理、宽松管理三个等级，在管理强度、教育要求、生活待遇等方面，分清情况，区别对待。随着劳动教养管理模式的创新，各地劳教所在劳动教养人员管理过程中，依据对劳动教养人员考核的结果，结合其违法行为性质、入所时间、恶习程度、社会帮教条件等具体情况，实行封闭式、半开放式、开放式三种管理模式，对不同管理模式的劳动教养人员采取不同的矫治方式，给予相应的处遇。

根据《劳动教养人员三种管理模式实施办法》等规定，分级管理的具体内容和要求是：其一，不同级别管理对象的条件和处遇，由各省、自治区、直辖市司法厅（局）劳动教养管理局统一制定；其二，实行分级管理的建制单位的规格，由劳动教养管理所自行确定；其三，劳动教养管理所应当根据劳动教养人员的一贯表现和在所执行期间的现实表现，综合分析确定管理等级，实行动态管理；其四，评定劳动教养人员管理等级的工作由大（中）队负责；其五，向劳动教养人员宣布管理等级后，应当立即执行相应的管理措施，使劳动教养人员进入该级管理。

根据《劳动教养人员三种管理模式实施办法》等规定，对劳动教养人员进行"封闭式管理、半开放式管理、开放式管理"三个等级管理模式。每个等级管理模式下的适用对象具体如下。

封闭式管理的适用对象包括：新入所劳动教养人员；入所满3个月，近

3个月累计考核总分在 900 分以下的劳动教养人员；真实身份未确认的劳动教养人员；被列为"难改"人员的劳动教养人员；邪教类人员未转化的劳动教养人员；从半开放式管理降级和从开放式管理直接降入封闭式管理的劳动教养人员；解除禁闭的劳动教养人员；受到延期处理的劳动教养人员；其他需要实行封闭式管理的劳动教养人员。

半开放式管理的适用对象包括：封闭式管理满 3 个月，近 3 个月累计考核总分在 900 分以上的劳动教养人员；从开放式管理降级的劳动教养人员。

开放式管理的适用对象包括：进入半开放式管理满 6 个月，一个考核周期累计分在 1800 分以上，剩余劳动教养期限不足原决定期限的三分之一，确有悔改表现，不致再危害社会，具备帮教条件的劳动教养人员；符合以上条件，剩余劳动教养期限不足 3 个月的涉毒类或"多进宫"劳动教养人员。

根据《劳动教养人员三种管理模式实施办法》，对于上述分级管理的劳动教养人员，符合一定的条件时，可以获得晋级；相反，某些情形下，也将会被降级处理。其中，下列情形之一，能够获得晋级：封闭式管理满 3 个月，近 3 个月累计考核总分在 900 分以上的；从开放式管理降级的；进入半开放式管理满 6 个月，一个考核周期内累计分数在 1800 分以上，剩余劳教期限不足原决定期限的三分之一，确有悔改表现，不致再危害社会，具备帮教条件的；符合以上条件，剩余劳教期限不足 3 个月的涉毒类或"多进宫"劳教人员。此外，有下列情形之一的，可不受上述规定的限制，视情况晋升管理等级：检举、揭发或制止他人违法犯罪行为，查证属实的；在抢救国家财产，消除灾害、事故中有立功表现的；在生产技术上有革新或发明创造的；有其他突出表现的。

晋升劳动教养人员管理等级的，应按以下程序办理：第一，每月 5 日前，大队公布上月劳动教养人员计分考核结果；第二，劳动教养人员对照本办法相关晋升条件，提出申请；第三，所在班组进行民主评议；第四，中队（未设中队的由大队）提出意见；第五，大队审核后公示；第六，晋升半开放式管理的，由劳动教养管理所审批，晋升开放式管理的，由省（区、市）劳动教养管理局审批。

与晋级相对应的是降级管理制度，其条件是：第一，半开放式、开放式管理的劳动教养人员，受到记过处分的劳动教养人员；第二，受到延长劳动教养期限处罚的劳动教养人员。降低劳动教养人员管理等级的，应按以下程序办理：第一，分管警察提出意见；第二，中队（未设中队的由大队）集体研究；第三，大队审核后公示；第四，劳动教养管理所审批。

劳动教养人员管理等级一经批准，所在大（中）队应于 3 日内予以公布，并立即调整进入相应管理区域。劳动教养人员对调整管理等级不服的，可在公布之日起 3 日内，向审批机关提出申请复核；审批机关接到劳动教养人员申请复核后，应在 7 日内做出复核决定。

2. 评述

上述分级管理制度具有以下积极意义。其一，有利于劳动教养场所安全稳定。分级管理体现了劳动教养工作区别对待的原则和宽严相济的政策，增强了劳动教养人员向上的内趋力，可以有效地激励和促进劳动教养人员积极改造。其二，有利于执法的公平、公正、公开。对劳动教养人员进行分级管理，标准严格，晋级、降级等都要按照《劳动教养人员的三种管理模式实施办法》的规定执行，整个过程公开，结果公平、公正。其三，有利于提高教育矫治工作质量。实施分级管理，促进了劳动教养人员自主激励、积极竞争的良好风气，加速了劳动教养人员主动接受教育矫治的步伐，可以有效地提高教育矫治工作的水平和质量。

就预防和遏制"劳教所暴力"而言，分级式管理在一定程度上会减少被劳动教养人员之间的暴力。由于该管理模式的分级是以被管理者的自身状况和日常表现为评价标准的，因此，被管理者从心理上到行为上均会抑制相互间的暴力冲动，减少暴力行为，尽力以自身的表现换取更为宽松的处境。除非是极少数被劳动教养者不想获得好的处境和待遇，绝大多数被劳动教养人员是不会冒着被放置于较差等级的风险，对管理者实施暴力行为，甚至哪怕只是言语上的"暴力"。可见，分级管理模式本质上同上述分类管理一样，是从对被劳动教养者的管理秩序角度考虑、设计的一项制度，同样不具备预防和遏制劳动教养管理者对被劳动教养者实施的暴力。显然，这些制度设计的前提就不包含劳动教养管理者实施暴力，而被劳动教养者之间的暴力，或者他们不服从劳动教养管理人员的管理而产生的暴力则都被充分考虑到了。

尽管分级管理制度不具备预防或遏制劳动教养管理者对被管理者实施暴力的功能，但是，可以参照或借鉴该制度，对劳动教养管理者工作质量实施分级考核制度,其中,是否有被劳动教养者的投诉、举报或控告,以及是否被发现涉嫌粗暴对待被劳动教养者,或者暴力侵犯被劳动教养者人身权利的行为等方面,均可被用来作为分类考核制度的考核指标。如,可将劳动教养管理者的管理水平,根据工作年限、工作业绩以及工作方法,分别分为一级管理者、二级管理者和三级管理者等不同等级,其中,一级管理者水平最高,获得的工资待遇也最高,二级、三级依次降低。如果设计得更细致一些,也可以对此作量化考核,如,一次投诉、控告或举报扣分100,一次涉嫌语言暴力或行为暴力的扣分500或1000等等。扣分至一定数量时,即可对其给予降级直至取消其劳动教养管理人员资格的处分。当然,如果情节严重,构成违法犯罪,则依法定程序追究相关责任。

(三)大(中)队组织管理制度

1. 制度内容

劳动教养管理所的大(中)队是依法对劳动教养人员实行管理,组织劳动教养人员从事学习、劳动生产并完成各项工作任务的基层组织。大(中)队工作制度主要包括:大(中)队根据劳动教养管理所实行的目标管理责任制,制定年度阶段工作目标;大(中)队劳动教养人民警察实行岗位责任制,对劳动教养人员实行直接管理;严格值班制度,大(中)队劳动教养人民警察应当轮流值班,坚守岗位,严格交接班手续,做好值班记录;坚持会议制度,大(中)队应根据实际情况定期召开队务会、思想状况分析会、讲评会;坚持请示汇报制度,凡重大问题应请示汇报,做到实事求是、及时准确;基础资料管理制度,大(中)队应按规定管理劳动教养人员的档案,建立必要的簿、册、表、卡,指定专人负责收集、整理、保管,建立各种登记制度,做好基础资料的积累、使用、归档工作。

直接管理制度,是指劳动教养人民警察对劳动教养人员实行的不经过中间环节的一种管理模式。其主要目的是保证管理措施的有效落实和管理信息的及时传递。直接管理制度的主要内容有以下几点:建立健全劳动教养人民警察岗位责任制,使劳动教养人民警察对劳动教养人员管理的岗位固定、责任明确、各司其职、各负其责;大(中)队劳动教养人民警察必须对劳动教养人员的学习、劳动、生活的场所实行现场管理,直接进行检查、督促,处理各种问题;不得使用劳动教养人员管钱、管账、管仓库、管档案卡片,充当采购员,或外出公干,代写文件材料或代行劳动教养人民警察的其他职责等；加强对劳动教养人员班组长和民主管理委员会成员的管理；认真执行早晚点名和夜间值班、查铺制度，保证对劳动教养人员不间断的直接管理。

劳动教养人员班组，是指劳动教养管理所的大（中）队对劳动教养人员实施管理、开展教育挽救工作和组织生产劳动的基本组织形式，也是劳动教养人员正式群体的一个基本的单位。加强劳动教养人员班组管理，核心和首要环节是充分发挥大（中）队劳动教养人民警察的主导作用。在此基础上，要注意做好以下几方面的工作。① 人员的分配。从有利于行政管理、教育挽救和劳动生产出发，每一班组要有一定数量表现较好的改造积极分子和生产技术骨干，各班组间人数大体上平衡。② 班组长的选定。劳动教养人员班组长的选定，应当坚持标准、全面考核，选择确实表现好的劳动教养人员担任，并由大（中）队干部会议集体确定。③ 班组长的任务。劳动教养人员班组长在大（中）队劳动教养人民警察的指导、管理和监督之下，负责协助大（中）队劳动教养人民警察搞好本班组的劳动、学习、生活卫生等事务性的工作。要明确劳动教养人员班组长的任务和职责，防止其代行劳动教养人民警察的职能和职责。④ 班组长的教育考核。对劳动教养人员班组长要严格管理，定期考察，定期轮换。对不履行责任、称王称霸、为非作歹的，要及时撤换、严肃处理。

2. 评述

大（中）队组织管理制度作为劳动教养管理的基本制度之一，是按照管理学的基本要求建立的，符合提高管理水平和效率的目标。其最大特征是，保证了被劳动教养人员在接受劳动教养过程中单元化、系统化和规范化。但是，如上文所述，发生于被管理对象之间的暴力行为或现象是管理制度考虑的基本内容之一，因此，几乎所有的（包括下文讨论的）劳动教养管理制度对其都会有预防和遏制功能。而约束或控制管理者的行为，尤其是暴力行为，通常难以借此方面管理制度功能得以实现。就直接管理制度而言，其核心目标是确立警察在管理劳动教养人员的学习、劳动、生活以及处罚等方面的集中权力，如果结合相关的班组管理制度，不难看出，作为某一班组（大队或中队）负责人（队长），在管理劳动教养人员过程中享有非常大的权力，几乎看不出任何的制约措施。如果将某一大队或中队比喻为一个国家，那么，这个国家的国王就是大队长或中队长。此外，班组管理制度中，班组长是由负责管理的警察从被劳动教养人员中挑选的人。一旦被选定，则该班组长成为管理组织中最基层的主体，一方面，减轻了大（中）队长的工作负担，另一方面，能够较方便地发现管理对象的违规行为。从形式上看，班组长的权力是源于大（中）队长的授权或委任，具有临时性、集中性和综合性的特征，需要接受大（中）队长的直接领导和约束。但是，班组长仍然有一定的权力滥用空间。除了帮助大（中）队长实施暴力外，其本身也会在某些情形下对其同伴（被管理对象）实施暴力。"牢头狱霸"现象很可能由此滋生。

可见，上述大（中）队长组织管理制度的权力运行，具有明显的集中、独立、封闭等特征。虽然能够满足管理的高效、快捷、便利、综合等目标要求，但是，其弊端也相伴而生，即，预防该权力被滥用的机制缺乏，必然导致该权力被滥用的可能性。在管理过程中，尤其是在需要被管理者高度服从管理的时候，大队长或中队长很方便地就会想到或用到"最方便"的"管理手段"——暴力行为或以暴力相威胁。而这一切在其独立的"王国"通常是无人（也无需）与其共同民主协商表决、决策，或制约、否定其决定的。一旦暴力手段或方法被付诸实施，其"甜头"是显而易见的，"蝴蝶效应"式地被反复运用或广为效仿也不足为怪了。如何预防和遏制大（中）队组织管理制度的弊端，显然是上述各项管理制度中的重点和难点。

总体上看，解决思路主要有下列几个方面：一是废除大（中）队长权力集中、独立、封闭的组织管理制度，重新设计管理中的权力行使方式；二是继续保留该组织管理制度，对其进行改革完善，设置新的权力组织或机构对其进行监督、制约或进行权力分割。

（四）劳动教养人员的通信、会见、放假、准假管理制度

1. 制度内容

劳动教养人员的通信、会见、放假、准假是劳动教养法律事务管理的内容，也是劳动教养人员在劳动教养期间的基本权利。加强这方面的管理，对维护劳动教养人员的合法权益和稳定劳动教养人员的改造情绪、促进场所秩序稳定，有重要意义。

劳动教养人员通信的管理。通信包括书信、电话、电报等进行联络的各种手段。依照劳动教养法律法规的规定，对劳动教养人员的通信管理，包括以下要求：① 劳动教养人员来往信件不受检查。除因国家安全或者追

查刑事犯罪的需要，由公安机关（国家安全机关）或者检察机关依照法律规定的程序对通信进行检查外，任何组织或者个人不得以任何理由私自拆检或扣押劳动教养人员来往信件。②劳动教养人员的来往信件由中队统一登记、收发。③发信地址应按劳动教养管理所的规定填写，信件内不得夹寄违禁品。④经劳动教养管理所批准，劳动教养人员可以与亲友通电话，在特殊情况下，也可由劳动教养人民警察代转通话内容。⑤经劳动教养管理所批准，劳动教养人员可以与国外、境外亲属通话或谈话，通话或谈话时应有劳动教养人民警察在场，不得使用隐语或外语。

　　劳动教养人员会见的管理。会见，是劳动教养人员在劳动教养期间，在劳动教养人民警察直接有效监督控制下，与前来探望的亲属会面的活动。会见是劳动教养人员接触外界的主要途径，是劳动教养人员依法享有的权利。依照劳动教养法律法规的规定，对劳动教养人员的会见管理，应包括以下要求：劳动教养管理所允许劳动教养人员会见其配偶、直系亲属、三代以内旁系血亲；禁闭反省的劳动教养人员，原则上不准会见亲属，特殊情况须经劳动教养管理所所长批准；前来会见人员应持有居民身份证、户口本等证明本人与被会见人关系的证件，经劳动教养管理所管理部门查验登记；会见应在会见室或指定地点进行；会见人送来的物品应限于学习、生活等日用必需品和少量食品，送来的物品须经劳动教养人民警察查验；送给因吸毒而被劳动教养人员的上述物品必须在场所内专设的商店购买；有条件的单位，可以允许劳动教养人员与来所会见的配偶同居，因吸毒品而被劳动教养的，在戒毒期间不得与配偶同居。

　　劳动教养人员放假、准假的管理。放假、准假，是指劳动教养人员执行劳动教养半年以上，表现好的，或在劳动教养期间遇有特殊情况，需要本人亲自处理的，经劳动教养管理所批准，可以准假回家探望或处理。放假、准假是劳动教养人员与罪犯在处遇上的明显差别之一。内容主要有：劳动教养人员在法定节假日就地休息；劳动教养人员在所执行劳动教养半年以上，表现好的，经劳动教养管理所批准，可以准假或放假回家探望；劳动教养人员直系亲属病危、死亡或者有其他特殊情况，需要本人亲自处理并有医疗单位的诊断证明和原单位或街道（乡、镇）的证明材料的，可以准假回家探望或处理。劳动教养人员有下列情形之一的，不予准假、放假外出：因流窜作案被劳动教养的，假期在外作案的，患性病尚未治愈的，因吸毒被劳动教养尚未戒除毒瘾的。对于曾被劳动教养或受过刑事处罚的劳动教养人员,劳动教养管理所应从严掌握。劳动教养人员放假、准假,一般一次不得超过五天(不含路途)。逾期不归的,劳动教养管理所应当采取强制措施令其归所,并给予纪律处分,一年以内不再放假、准假。放假、准假由大(中)队填写呈批表,报劳动教养管理所批准,并由管理部门签发《劳动教养人员准假证明》。对放假、准假的劳动教养人员,可以通知其亲属或有关单位人员路费自理。省、自治区、直辖市司法厅(局)劳动教养工作管理局(处)根据形势的需要,有权做出暂时停止或限制劳动教养人员放假、准假的规定。

2. 评述

可以看出,通信、会见、放假、准假制度管理与上述分类管理、分级管理以及大(中)队组织管理制度相比有一个明显不同的特征,即该制度是管理者对被管理者的权利行使的控制,前述各项制度均是以秩序遵循、针对性教育改造为目标的。前述各项制度本身即包括对被管理者实施否定性评价的制裁机制,这些机制可以很方便地被利用于直接或间接实施暴力。本项制度从性质上看,是管理者作为执法者将上述法律授予被管理者的权利,兑现给被管理者。这些权利虽然是法定的,但是,管理者作为执法者拥有较大的自由裁量权。管理者如果滥用该自由裁量权,其直接后果是非法剥夺被劳动教养者通信、会见、休假等合法权利,不会出现赤裸裸的暴力。但是,从管理者对被劳动教养者上述权利的控制力度来看,一方面不受第三方的直接制约;另一方面,被劳动教养者如果不服管理者对其合法权利的剥夺或限制,也无任何救济途径或方式。

从负面意义上看,本制度可能成为助长劳动教养管理所内暴力的"帮凶",即,管理者可以通过限制被劳动教养者的通信、会见或放假等权利,阻碍已经遭受暴力行为侵害者获得及时救济、申诉或控告;同样,也会阻碍被劳教养者将其在劳动教养管理所内目睹、了解的暴力行为或现象向外界披露。

避免上述弊端的改革措施只能是以下四个方面。其一,限制管理者对被劳动教养者行使法定权利的自由裁量权,将上述制度规定的被劳动教养者行使法定权利的主要条件——"表现好的"进一步明确细致,使评价被劳动教养者日常表现的机制符合民主、公开、公正的要求。有关劳动教养人员的考核制度中虽然规定了有关评价方式，但是，其本质仍然没有摆脱垄断控制行使的属性。

其二，保障被劳动教养者通信、会见时不受监听、监视。通信自由是宪法赋予公民的一项重要权利，除了涉嫌刑事犯罪依法被剥夺通信自由权利外，劳动教养管理者在没有法律依据的情况下，无权擅自（自由裁量）剥夺或限制该权利。会见权同样如此，即便是依据我国1996年刑事诉讼法，对犯罪嫌疑人实施监视居住、拘留、逮捕，或依据2012年刑事诉讼法对犯罪嫌疑人实施取保候审、监视居住、拘留、逮捕，犯罪嫌疑人尚拥有同其辩护人进行秘密会见、通信的权利（除了特定案件，如涉嫌危害国家安全、恐怖犯罪需要经过执行机关的批准）。劳动教养管理者如果非法剥夺被劳动教养者的通信、会见权，显然是违法的。

其三，引入人民检察院对劳动教养管理者实施通信、会见、准假、放假制度的法律监督。被劳动教养者的上述权利如果受到侵犯，应当允许其向驻所检察院人员申诉、控告。

其四，增加系统内部的救济机制，允许被劳动教养者在不服管理者限制、剥夺其上述权利时，有申请复核的权利。

（五）劳动教养人员的考核与奖惩管理制度

1. 制度内容

劳动教养人员的考核制度。劳动教养考核是指劳动教养管理所根据执行劳动教养教育挽救工作的目标，对劳动教养人员的改造表现实行检测、评价的一种管理措施。考核是奖惩的前提和依据。① 考核的内容。《劳动教养试行办法》规定，"建立劳动教养人员的考核手册，记载他们遵守纪律制度、学习、劳动等现实表现"。对劳动教养人员的考核内容，主要是遵守纪律制度、学习、劳动三个方面，还应坚持经常性的生活考核。② 考核的方式。包括五个环节，即日记载、周检查、月小结、半年和年终鉴定。

劳动教养人员的奖惩。奖惩即奖励和惩罚，是根据劳动教养人员的所内表现，按照有关法律规定，对劳动教养人员实行的鼓励措施或强制处分。奖励的种类有五种，包括表扬、记功、物质奖励、减期和提前解除劳动教养。其中（累计）减少劳动教养期限和提前解除劳动教养所减少的劳动教养期限，一般不得超过原决定劳动教养期限的1/2。奖励的条件是具备下列情形之一：① 一贯遵守纪律，努力学习，积极劳动，对所犯罪错确有悔改表现的；② 一贯努力，并且帮助他人改造有显著成效的；③ 揭发和制止他人违法犯罪行为，经查证属实的；④ 在抢救国家财产、消除灾害事故中有贡献的；⑤ 经常完成或超额完成生产任务的；⑥ 厉行节约，爱护公物有显著成就的；⑦ 在生产技术上有革新发明创造的；⑧ 有其他有利于国家和人民的突出业绩的。

惩罚的种类有三种，包括警告、记过和延长劳动教养期限。其中，延长教养期限累计不得超过一年。惩罚的条件是具备下列情形之一：① 散布腐化堕落思想，妨害他人改造的；② 不断抗拒教育挽救，经查证确属无理取闹的；③ 不断消极怠工，不服从指挥，抗拒劳动的；④ 拉帮结伙，打架斗殴，经常扰乱场所的；⑤ 拉拢落后人员，打击积极改造人员的；⑥ 传授犯罪伎俩，或者教唆他人违法，情节较轻的；⑦ 逃跑、组织逃跑或逃跑作案情节较轻的；⑧ 有流氓、盗窃、诱骗等行为，情节较轻的；⑨ 造谣惑众，蓄意破坏或行凶报复情节较轻的；⑩ 有其他违法犯罪行为的。

奖惩的批准权限。对劳动教养人员的表扬、记功、物质奖励、警告、记过，由劳动教养管理所批准。提前解除劳动教养、延长或减少劳动教养期限3个月以上的，应由劳动教养管理委员会批准或由其委托的劳动教养管理局审批。减少或延长劳动教养期限3个月以下（含3个月）的，也可由劳动教养管理委员会委托劳动教养管理所审批。

2. 评述

奖惩制度是管理学中常用的一项措施，其中蕴涵着对管理对象的激励机制。从维护日常秩序方面看，奖惩制度无疑能够发挥一定的作用，有助于劳动教养管理人员对被劳动教养者的控制。当然，对预防和控制被劳动教养者之间的暴力行为或现象，也有一定积极作用。如，其中的惩罚条件中就包括"拉帮结伙，打架斗殴，经常扰乱场所的"。因此，该制度对于预防和遏制劳动教养管理内部暴力行为或现象，有防微杜渐的效果。但是，同上述某些制度一样，该制度对于预防和遏制劳动教养管理者对管理对象的暴力，仍然难以发挥作用。而且，劳动教养管理者如果利用奖惩制度对劳动教养者的控制作用，掩饰、阻止受暴力行为侵害者或其他同伴的检举、揭发、申诉、控告的话，那么，其消极影响也不可忽视。

"延长劳动教养期限"属于对被劳动教养者的实体性处罚，不应当作为劳动教养管理制度中的一种惩罚措施。该措施的决定权属于劳动教养管理委员会，已经超出了劳动教养管理内部管理者范围。按照当前众多学者对劳动教养制度本身的改革建议，该措施从劳动教养管理所奖惩制度中剥离出来之后，也需进行相应的完善。从预防和遏制暴力角度看，不妨改由法律监督参与的决定者与执行者相互分离的方式。同样，在奖励措施中，其中"减少和提前解除劳动教养"的决定权也不属于劳动教养管理所，其主体范围不符合劳动教养内部管理制度。此外，其性质也类似于前者惩罚措施中的"延长劳动教养期限"，完善措施同样可参看前者。

（六）劳动教养人员医疗卫生以及档案管理制度

1. 制度内容

医疗卫生管理。劳动教养人员的卫生管理的目的是预防和减少疾病，巩固和提高劳动教养人员的健康水平。劳动教养人员的卫生管理主要包括日常卫生管理和疾病预防与控制。劳动教养人员的医疗卫生制度包括：个人卫生制度；环境卫生制度；体格检查制度。其中，体格检查制度规定，对劳动教养人员的体格检查由劳动教养管理所的医生进行，分为入所检查和定期检查。体格检查的内容包括：身体的基本情况、健康状况、有无性病及其他传染性疾病、有无吸毒史。体格检查应填写体格检查表，存于劳动教养人员个人档案。

劳动教养人员的档案管理。劳动教养人员的档案，是指劳动教养管理所在教育挽救劳动教养人员的过程中，按照一定的程序和方法，收集、整理、保管的对劳动教养人员执行劳动教养的法律依据、文件和劳动教养人员在劳教期间形成的具有存查、利用价值的材料所组成的系统资料。

劳动教养人员档案的内容主要包括正卷和副卷两种。正卷有《劳动教养决定书》《劳动教养通知书》《劳动教养人员登记表》（含照片和指纹）《劳动教养综合结案材料》《劳动教养人员死亡鉴定》《解除劳动教养证明书》（副页）《解除劳动教养鉴定表》以及《撤销劳动教养决定书》、人民法院的行政诉讼裁定和判决书等。副卷有《劳动教养所外执行呈批表》《劳动教养所外就医呈批表》《劳动教养人员奖惩呈批表》以及考核、评比、总结、鉴定、坦白检举等材料。

劳动教养人员档案由劳动教养管理所的管理部门或专门档案室和大（中）队专人管理。正卷由劳动教养管理所管理，副卷由大（中）队管理。劳动教养人员解除劳动教养、撤销劳动教养或死亡后，档案正卷和副卷应合并整理后由劳动教养管理所统一保管。劳动教养人员档案的管理主要包括六个环节，即劳动教养人员档案的收集、整理、鉴定、保管、借阅和统计、提供利用。

2. 评述

从性质上看，上述两项制度属于对被劳动教养人员的权利维护性制度。其中，劳动教养人员的医疗卫生制度，有利于被劳动教养者在接受劳动教养期间的身体健康获得保障，发现疾病能够及时获得治疗。尤其该制度中的体格检查制度，无论是入所检查，还是后来的定期检查，都有利于发现被劳动教养人员的身体疾病或受到的伤害，因此，就此而言，该制度对于发现被劳动教养人员在所期间是否遭受暴力行为，具有明显的监督作用。不过，值得注意的是，对劳动教养人员的体格检查是由劳动教养管理所的医生进行的，即这样的体格检查完全是劳动教养所的内部行为，如果说具有监督意义的话，也只是内部不同部门间的监督，因此，其监督力度或有效性不言而喻。如何引入外部机构以在体格检查制度中发挥作用，有待进一步探索。如果能够让劳动教养管理所之外的医疗机构，在人民检察院驻所检察人员监督下，对被劳动教养人员进行定期人身检查，那么，应当能够避免上述内部监督的部分失灵。

档案管理制度具有配合上述几项制度的功能，对于劳动教养管理所暴力行为或现象，无论从积极意义上还是消极意义上，都难以看出能够起到明显的作用。值得一提的是，有关档案倒是可能成为某些机构对劳动教养管理所内暴力行为或现象的事后监督的重要依据，或暴力行为被害人事后行使救济的重要证据。就此而言，该制度的完善有助于预防和遏制劳动教养管理所的暴力行为或现象。其完善之目标，应当尽量避免劳动教养管理所具体管理行为的实施者，同时拥有对有关档案的管理权力，防止涉嫌暴力行为或现象的关键档案被隐匿、篡改或毁灭。

（七）劳动教养场所的安全防范管理

1. 制度内容

劳动教养场所的安全防范是指劳动教养管理所通过建立和健全规章制度，以科学、规范、文明的管理措施，防止各类安全事故发生，确保劳教场所的安全稳定。

安全防范工作的主要目标是保证劳教场所内不发生影响本地乃至全国

的集体逃跑、骚乱、伤亡事件，不发生爆炸、火灾等重大特大生产事故，不发生劳动教养人民警察打骂体罚虐待劳教人员致死事件；防止社会上的不法人员蓄意对劳动教养管理所实施的攻击和破坏活动，维护劳动教养管理所的安全稳定。

警戒护卫管理。警戒护卫，是指由护卫警力负责实施的劳动教养场所警戒活动。它是保证劳动教养场所与社会实行一定的隔离，震慑、预防和制止所内劳动教养人员或社会上的违法犯罪活动，确保劳动教养场所安全和稳定的管理活动。警戒护卫组织是担负劳动教养场所警戒的职能部门及其护卫警力。

根据《关于加强劳动教养场所警戒工作的暂行办法》，劳动教养管理所应建立警戒科，警戒科可下设若干队或小组。警戒机构的职责：① 坚决执行上级的命令、指示，认真贯彻警戒工作的有关规定，领导警戒执勤人员完成执勤任务；② 要熟悉本所的各项警戒任务，了解、研究目标和附近敌情、社情及地形情况，拟定执勤方案，并组织实施；③ 组织各队或小组进行警戒执勤业务训练，不断提高警戒执勤人员的警戒护卫执勤能力；④ 经常检查警戒执勤人员履行职责和遵守守则的情况，及时发现警戒执勤中的问题；⑤ 对执勤人员进行政策、法制、纪律和敌情、社会教育，增强警戒执勤人员的法纪观念，做好日常的思想政治工作，保证警戒劳动教养人民警察团结一致，完成各项执勤任务。

警戒的任务是：① 坚守门卫，巡逻放哨，防御外部的捣乱、袭击和破坏，迅速制止劳动教养人员闹事、逃跑和负责追逃，负责劳动教养场所的秩序和安全；② 护送成批出动的劳动教养人员，配合做好成批劳动教养人员的转移、集会、出工、收工等护送工作；③ 维护劳动教养人员大型活动的现场秩序；④ 制定应对突发事件的预案并在事件发生时迅速行动；⑤ 了解和掌握重点劳动教养人员的思想动态和场所周围敌、社情，心中有数，及早防范；⑥ 同当地公安机关、治保组织和邻近单位开展联防。

司法部劳动教养管理局制定的《劳动教养管理所警戒勤务实施细则》对警戒勤务中的几种特殊情况规定了处置方法和要求。① 劳动教养人员向执勤人员寻衅滋事时，应予以制止，对情节恶劣的转告管教警察处理。② 发现劳动教养人员打架斗殴时，应劝阻制止，同时报告管教警察。③ 发现劳动教养人员逃跑时，应予以制止，并迅速报告。必要时可派人协助管教警察追寻。④ 劳动教养人员聚众闹事时，应派出警力，控制出事地点，协助管教宣传党的政策，对闹事行为予以制止。对不听制止的为首分子，应予以抓获，交管教处理。⑤ 遇有劳动教养人员还在进行行凶、抢劫、强奸等犯罪活动时，应坚决制止、抓获，交管教部门处理。⑥ 外部人员袭击警戒目标时，要坚决阻击，迅速报告。同时，严密控制教养人员，防止其乘机闹事。⑦ 在执勤过程中，遇有劳动教养人员行凶、抢夺执勤人员的武器或威胁执勤人员生命安全，采取其他措施不能制止，需使用武器时，应按《中华人和国人民警察使用警械和武器条例》的规定执行。

安全管理措施。其一，安全检查。安全检查是指为了确保劳动教养场所安全，对劳动教养人员的学习、生活、劳动三大现场和场所警戒设施及有关物品进行检查的安全管理措施。主要包括以下五种措施：① 外围检查：主要检查劳动教养管理所外围墙、大门、警戒地段和照明设施等；② 生产区检查：主要检查劳动教养管理所生产区内生产工具库房、特殊生产用品（如炸药、雷管、剧毒农药等）、工具箱、更衣室；③ 学习生活区检查：主要检查劳动教养人员的宿舍和教室内有无违禁品和危险品；④ 人身检查：主要包括对收容入所的劳动教养人员进行入所安全检查，对劳动教养人员出工前、收工时进行适当的安全检查，对重点对象进行安全检查；⑤ 重点部位检查：主要包括禁闭室检查、重要地段检查、重要场所检查。在安全检查的过程中，通过上述五项措施，一方面可以检查有关制度落实情况；另一方面能够及时发现不安全因素，消除隐患，堵塞漏洞，切实维护劳动教养管理所的安全。

其二，戒具及警械的使用。① 戒具。戒具是指劳教人民警察在执行公务时，对具有危险性行为的违法犯罪人员使用的预防性警戒用具。在劳动教养管理所主要是指手铐。劳动教养人员有下列情形之一的，可以使用戒具：有强行逃跑、行凶或其他暴力性现行危险被禁闭的；有破坏场所设施或其他国家财产行为被禁闭的；在执行禁闭中表现恶劣的。

对劳动教养人员使用戒具，只限手铐。严禁使用"背铐""手脚连铐"和将人固定在物体上。对劳动教养人员使用戒具，是一项严肃的执法活动，必须按规定程序办理手续。应由中队填写呈批表，经所管理部门审核，报所主管领导批准后使用。特殊情况下可先使用戒具，并在24小时内办理呈批手续。连续使用戒具不得超过7天。使用戒具应防止造成劳动教养人员人身伤残。停止使用戒具时，劳动教养人民警察应在使用戒具呈批表上签名并注明日期。

（2）警械。警械是指劳教人民警察在执行公务时，按照法律法规或其他有关规定配发和使用的专业器械。在劳动教养管理所主要是指警棍。劳动教养人民警察在执行公务中，遇有下列情节之一，可以使用警棍：追截逃跑劳动教养人员，遇到抵抗时；处理劳动教养人员行凶、聚众闹事、结伙斗殴、暴动骚乱等事件，警告无效时；受到劳动教养人员暴力袭击，需要自卫时。

在使用警棍制止违法犯罪行为时，应以制服对方为限度，避免造成不必要的伤害。对老、弱、病、残，以及未成年和女劳动教养人员，一般不得使用警棍。

禁闭。禁闭是指劳动教养管理所依法对具有危险行为的劳动教养人员采取的临时的完全限制其人身自由的特殊安全管理措施。

禁闭的七种情形。在劳动教养管理所，禁闭措施只能适用于行凶、煽动闹事或有其他现行危险行为的劳动教养人员。劳动教养人员有下列情形之一的，应当采取禁闭措施：① 在劳动教养管理所内有现行违法犯罪行为，需移送公安、检察机关审查处理的；② 在劳动教养管理所内有重新违法犯罪活动，需要隔离审查的；③ 逃跑被追回，有作案嫌疑需要审查的；④ 有行凶或预谋行凶行为的；⑤ 煽动闹事，聚众斗殴的首要分子；⑥ 多次逃跑或组织煽动逃跑，情节恶劣的；⑦ 有其他现行危险行为的。此外，如有重大犯罪嫌疑，公安、检察机关通知劳动教养机关羁押的，也可临时采取禁闭措施，予以隔离。

禁闭的呈报和审批。对劳动教养人员采取禁闭措施，由中队填写禁闭呈批表，报劳动教养管理所批准。在紧急情况下，可以先采取禁闭措施，并在24小时内办理呈批手续。禁闭时间不得超过10天。

对被禁闭劳动教养人员的管理。对被禁闭的劳动教养人员应进行人身和物品检查，严禁其将危险品带入禁闭室，因同案被禁闭的，必须分开禁闭。对被禁闭的劳动教养人员应当抓紧审查和教育疏导，问题已经查清、现行危险消除的，应及时解除禁闭，检察机关已经批准逮捕的，应及时将犯罪嫌疑人转送看守所。对被禁闭的劳动教养人员应当实行文明管理，室外活动每日不少于一小时，应按规定标准供应饭菜和饮用开水，保持室内卫生，对疾病患者应及时给予治疗。对被禁闭人提出的申诉、控告等材料，应及时转送，不得扣压。

禁闭室应由劳动教养人民警察直接管理，经常进行安全检查，发现问题及时处理。接触或询问被禁闭人，需经所领导批准，并严格履行登记手续。被禁闭人解除禁闭时，应由所在中队的劳动教养人民警察带回，承办人应在禁闭呈批表上签字，注明解除日期。

2. 评述

与上述各项管理制度显著不同的是，劳动教养管理所安全防范管理制度是直接针对被劳动教养人员或其他有关人员可能发生或已经发生严重违反劳动教养管理制度的行为而采取的防范行为。其中，以预防和制止被劳动教养管理人员逃跑、骚乱，以及伤亡事件为主要目标。对于劳动教养管理者对被管理者实施的暴力行为，该制度虽然也予以关注，但是，仅限于"劳动教养人民警察打骂体罚虐待劳教人员致死事件"，即非常严重的、已经构成犯罪的行为。其实，对于这一类行为，已超出该制度管理的范围，属于刑法和刑事诉讼法调整的范围。此外，该制度还将"爆炸、火灾等重大特大生产事故"，以及"社会上的不法人员蓄意对劳动教养管理所实施的攻击和破坏活动"作为预防和控制的目标。

显然，该制度对于保障和维护劳动教养管理所的自身安全和秩序具有重要意义，在整个劳动教养管理制度中占据了核心位置。如果该制度实施不当（如，发生被劳动教养人员集体逃跑），则直接影响其他有关管理制度的实施，甚至导致整个劳动教养管理的毁灭性失败。

就该制度的具体措施来看，其具体功能也各不相同。其一，警戒护卫管理措施。其目的十分明显，是为了"保证劳动教养场所与社会实行一定的隔离，震慑、预防和制止所内劳动教养人员或社会上的违法犯罪活动，确保劳动教养场所安全和稳定"，目标直接指向被劳动教养人员及其相互之间的违法违纪行为。警戒护卫组织是由专门设立的职能部门及其护卫警力组成。其中，武装警察是护卫警力的中坚力量，与劳动教养管理所分别归属不同的上级领导机关，但是，分配至劳动教养管理所，承担具体职责的武装警察，一旦作为劳动教养管理所的管理组织，其角色已经与其他劳动教养管理者无实质性差别。武装警察各级组织机构对于各劳动教养管理所内武警人员，除了对其训练、内部纪律、人员调配、职务晋升、奖惩等方面拥有决定权外，对于武警在劳动教养管理所内的具体管理行为，不再予以过问或干涉。

可见，从性质上看，劳动教养管理所内的警戒护卫组织属于劳动教养管理者。对于被劳动教养人员之间的暴力行为，该管理措施具有一定的预防和威慑力。但是，对于劳动教养管理者包括警戒护卫者自身对被劳动教养管理者实施的暴力行为，几乎无多少预防或遏制功能。因为，自我防范和约束，在劳动教养管理所特定的封闭环境或空间，往往比通常情况下更难以令人相信。

此外，尽管警戒护卫者与日常劳动教养管理者身份与职责有所区别，但是，这种内部分工所形成的制约，实施起来也有困难。因为，警戒组织负责防范的地点仅限于劳动教养管理所的外部，诸如"门卫，巡逻放哨，途中护送，活动现场"，劳动教养管理所内，除非发生突发事件，否则，警戒卫护人员是不应进入的。如果发生劳动教养管理者对管理对象实施暴力，除非是发生在室外，否则，警戒护卫是难以发现的，而在公开的室外实施暴力行为是罕见的。即便偶然在室外实施暴力，警戒护卫人员在不明真相的情况下，也不会积极制止或举报、控告。

值得注意的是，警戒人员的任务中有一项是"了解和掌握重点劳动教养人员的思想动态和场所周围敌、社情，心中有数，及早防范"，如果该项任务能够促使警戒护卫者与被劳动教养者之间的信息交流，则有助于受到暴力侵害的被劳动教养者，利用此机会主动向警戒护卫人员反映。不过，该项任务的落脚点，是为了及时发现不稳定因素，早作防范准备，遏制被劳动教养者的违法犯罪。

其二，安全管理措施。该措施包括安全检查和戒具及警械的使用。其中，安全检查又包括外围检查、生产区检查、学习生活区检查、人身检查、重点部位检查。这些检查，主要是从地点或活动范围角度所作的分类，唯一不同的是，人身检查是根据检查对象不同所作的分类。其共同的功能是检查有关制度落实情况，及时发现不安全因素，消除隐患，堵塞漏洞，切实维护劳动教养管理所的安全。这显然是针对被劳动教养人员可能发生或已经发生的逃跑、骚乱、斗殴、袭击管理者等暴力行为的预防和控制。不过，就人身检查而言，其设立的目标虽然是定位为"安全"防范，即防止被劳动教养者随身携带可能危及他人安全的凶器、爆炸物、违禁品等，并非为了检查被劳动教养人员的身体健康状况、身体或心理是否受到伤害状况等，但是，从预防和遏制劳动教养管理所内暴力行为或现象角度出发，可以充分利用该管理措施。当然，管理者本身是不会主动发挥该制度预防和遏制其自身可能涉及的、针对被劳动教养管理者的暴力的功能的。改革者可以将进行人身检查实施者，更换为不涉及暴力行为者自身的第三方主体，最好是对管理者拥有法律监督职权的检察院工作人员。

至于戒具及警械的使用措施，其主要目的显然是约束和防止管理者滥用戒具和警械，侵犯被劳动教养者的人身权利。使用戒具或警械的前提是被实施对象严重违反劳动教养管理制度，甚至涉嫌违法、犯罪。可见，该制度的正常实施是为了预防和控制被劳动教养者相互之间或独立的暴力行为，不涉及管理者自身涉嫌的暴力行为。只有在非正常实施过程中，才有可能出现实施者滥用戒具和警械情形，才会面临如何监督该行为的问题。至于监督方式的改革路径，既可选择设立第三方介入戒具和警械使用的专门监督；也可选择设置被使用戒具或警械者的投诉机制。

其三，禁闭作为劳动教养管理制度中最严厉的安全防范措施，其功能与上述安全防范措施十分相似，即对于被劳动教养者之间或针对管理者的暴力行为具有特别重要的威慑、控制或约束作用，同时，也是保障劳动教养管理所内发生严重违法犯罪行为后，移交相关部门作进一步处理的必要措施。该措施具有实体性惩罚与程序性保障双重性质。由于该措施除了剥夺被禁闭者的人身自由之外，还有可能在禁闭期审查被禁闭对象时实施暴力，即类似办理刑事案件时的刑讯逼供行为，对此，可参照2012年刑事诉讼法有关讯问犯罪嫌疑人方式的改革，对重要案件的禁闭对象审查时，应当进行同步录音录像。不过，不同于2012年刑事诉讼法的有关逮捕羁押的规定，劳动教养管理部门不仅有权自行决定禁闭，还拥有在其自己管理的禁闭室内对禁闭者进行隔离审查的权力。该情形下的类似刑讯逼供行为如果没有独立的第三方介入或监督的话，发生的暴力行为很难预防和控制。因此，对于被禁闭者的隔离审查，应当赋予其委托律师提供帮助的权利，同时，应当及时通知其家属。一旦决定移送刑事侦查部门，作为刑事案件立案，即应按照刑事诉讼法有关规定办理，将犯罪嫌疑人及时转移于看守所，而不应当继续使用禁闭方式代替逮捕羁押。

四 劳动教养的废除

(一) 废除劳动教养的决定

2012年的任建宇案、唐慧案等具有重大影响的劳教案件，激发了新一轮更彻底废除劳教的呼声。2013年初，中央政法委书记孟建柱宣布，积极推进劳动教养制度改革，在报请全国人大常委会批准后，将"停止使用"劳教制度。① 中国共产党第十八届中央委员会第三次全体会议通过的《中共中央关于全面深化改革若干重大问题的决定》提出，废止劳动教养制度，完善对违法犯罪行为的惩治和矫正法律，健全社区矫正制度。② 2013年12月28日，第十二届全国人民代表大会常务委员会第六次会议通过了《关于废止有关劳动教养法律规定的决定》，这意味着已实施五十多年的劳教制度被依法废止。上述决定规定：废止第一届全国人民代表大会常务委员会第七十八次会议通过的《全国人民代表大会常务委员会批准国务院关于劳动教养问题的决定的决议》及《国务院关于劳动教养问题的决定》；废止第五届全国人民代表大会常务委员会第十二次会议通过的《全国人民代表大会常务委员会批准国务院关于劳动教养的补充规定的决议》及《国务院关于劳动教养的补充规定》。决定还规定，在劳动教养制度废止前，依法做出的劳动教养决定有效；劳动教养制度废止后，对正在被依法执行劳动教养的人员，解除劳动教养，剩余期限不再执行。

(二) 废除劳动教养的意义

从中央决定提出废止劳动教养制度，到全国人大常委会正式废止劳教制度，短短一个多月时间，中央重行践诺的改革魄力体现了对社会民意的尊重，彰显了我国人权司法保障制度的进步。废止劳动教养制度是我国法制逐步完备的结果。近些年来，随着我国处理违法犯罪的法律不断完善，对适用劳动教养的违法行为，依照现行法律，实体上基本都能予以相应处罚矫治，程序上更加严格规范。一是2007年公布的《禁毒法》，将约占被劳教人员一半的吸毒成瘾人员实行社区戒毒和强制隔离戒毒，不再适用劳

---

① 《劳教改革方案或三中全会后出台，多地已停用劳教》，http://news.sina.com.cn/c/2013-11-07/080028644259.shtml.最后访问日期：2013年11月2日。
② 《我国将废止劳动教养制度》，中国新闻网，http://news.sina.com.cn/c/2013-11-15/185828722364.shtml.最后访问日期：2013年11月2日。

动教养。二是 2006 年施行的《治安管理处罚法》，对尚不够刑事处罚的违法行为规定了治安管理处罚措施。三是近年来陆续出台的刑法修正案，将入室盗窃、携带凶器盗窃、扒窃、多次敲诈勒索等直接侵害公民合法权益的严重违法行为规定为犯罪行为。对涉嫌犯罪的，由司法机关依照刑事诉讼法办理，确保程序正义；对需要予以治安管理处罚或者强制隔离戒毒的，由公安机关严格依照法定权限和程序办理，并赋予被处罚人或者被决定人依法申请行政复议或者提起行政诉讼的权利。同时，政法机关加强科技信息化手段运用，不断提升防范、打击违法犯罪活动的水平。近些年来，随着法律完善，决定适用劳动教养的人数逐年下降，期限也在缩短。在此情况下，对劳动教养制度的改革确立了"先停止审批，再适时废止"的路线图。从 2013 年 3 月起，各地基本停止适用劳动教养，社会治安保持了平稳态势，社会各界也都认可。在条件具备、时机成熟的情况下，党中央和全国人大决定废止劳教制，可以说是水到渠成。①

  本课题文稿即将完成之际，获悉劳动教养制度被废除的上述决定。一方面，印证了本课题该部分研究内容具有极强的时代性与现实针对性；另一方面，从遏制"劳动教养暴力"角度观察，有力地论证了党中央和全国人大废除劳动教养决定的合理性和科学性。该部分中相关制度内容尽管即将成为历史，但是，其管理措施及其存在的弊端，仍值得反思，尤其对于当前其他监所相关或相似管理制度的完善，同样具有参照或借鉴意义。

---

① 《全国人大常委会通过废止劳教制度决定》http://news.sohu.com/20131229/n392583763.shtml. 最后访问日期：2013 年 11 月 1 日。

附录一
遏制监所暴力和监所体制改革调研报告

一 调研说明

(一)调研目的

监所暴力问题,是当前中国最受关注、最受诟病的社会焦点之一,也是最受国际社会批评指责的问题之一。"躲猫猫死""冲凉死""睡觉死""做梦死"等各种稀奇古怪的热点事件,在社会上引起了强烈而广泛的关注,同时也反映了监所被关押人员人权问题的严重性。体制在很大程度上影响着人的行为。在引发这些侵害被关押人员正当权益的所有原因中,除了被监管人员自身的原因、监管人员的个人素质、不可抗力事件等主观和偶然因素之外,最根本的就在于现有的监所体制。如果要从根源上解决监所暴力问题,就必须对现有的监所体制进行改革。在这一问题意识和研究目的的指导下,从 2010 年 9 月至 2011 年 6 月,中国社会科学院法学研究所"遏制监所暴力和监所体制改革"课题组开展了有针对性的抽样调研,在全国选取了具有代表性的拘留所、看守所和监狱进行实证调研,以了解监所暴力的真实情况、掌握第一手的实证材料,揭示现行的监所暴力行为管理体制运行状况,收集监所管理人员和被关押人员对于监所暴力的认识和监所体制改革的建议,最终在此基础上提出合理的、可行的改革方案。

(二) 调查方法与问卷设计

本课题的调研,主要采取问卷调查方式,同时结合访谈调查,包括对监所管理人员和被关押人员的访谈。本调研报告在反映问卷调查内容的同时,也将涉及访谈内容,以全面反映监所客观事实真相。

本调查问卷主要是根据研究目的而设立的,调查问卷分为两类,第一类是针对监管者,第二类是针对被关押人员。第一类问卷由三大部分组成:被调查者的个人信息、被调查者对监所暴力的认识和看法、被调查者对遏制监所暴力和监所体制改革的建议。其中,被调查者的个人信息包括性别、从事监管工作的时间、文化程度、接受相关法律知识培训的情况、接受心理健康教育的情况,之所以选择调查这些信息,是因为监管工作的时间可以反映监管者对事实真相的了解程度,而文化程度、法律知识培训和心理健康教育会影响监管者对暴力行为方式的选择,影响其"尊重人权"的思想观念和工作方式。被调查者对监所暴力的认识和看法则包括:被关押人员与同犯间发生殴打或体罚等暴力行为时的处理方式、被监管人严重不服从监管或发生紧急情况时的处理方式、被关押人员遭受殴打或体罚等暴力行为所造成的伤害情况、被关押人员受到的殴打或体罚等暴力行为的主要方式、监狱暴力行为发生的原因、本单位内对向被监管人实施暴力行为的监管人员的处理方式、监管人员拒绝对被关押人员实施殴打或体罚等暴力行为的原因。被调查者对遏制监所暴力和监所体制改革的建议则包括:① 加强被关押人员的心理疏导和法制教育,减少被关押者的不满情绪;② 强化监狱管理人员的法律意识和人权意识,提高其业务素质和道德品质;③ 改革监狱或者看守所等羁押场所管理体制;④ 改革司法体制;⑤ 建立健全法律监督和社会监督体制;⑥ 健全完善相关法律法规。第一类问卷一共有 18 个问题,其中有 7 个问题属于开放式问题:从事监管工作的时间、接受的法律培训形式、接受的心理健康教育形式、监狱暴力行为发生的原因、监管人员拒绝对被关押人员实施殴打或体罚等暴力行为的原因、预防殴打或体罚等暴力行为的最好方法、对于课题组研究本问题的建议。所有问题均为不定型选择。

第二类问卷针对被关押人员,也由三大部分组成:被调查者的个人信息、被调查者对监所暴力的认识和看法、被调查者对遏制监所暴力和监所

175

体制改革的建议。被调查者的个人信息包括性别、年龄、文化程度、入狱之前的职业、被关押的期限、被关押的原因、关押次数、被关押期间接受法制教育的情况、被关押期间接受心理健康教育的情况。我们在设计这些问卷时，尽可能注意用语措辞，小心翼翼地避免伤害被关押人员的自尊心。被调查者对监所暴力的认识和看法则包括：在关押期间是否受到过殴打或体罚等暴力行为、这些暴力行为来自哪一方、监管人员或同犯实施殴打或体罚等暴力行为的原因、遭受殴打或体罚等暴力行为所造成的伤害情况、暴力行为的主要方式、被监管人员受到同犯的殴打或体罚等暴力行为后监管人员对施暴者的处理方式、监管人员对被监管人员实施殴打或体罚等暴力行为后所受到的处罚方式、被关押人员受到殴打或体罚等暴力行为时的反应。被调查者对遏制监所暴力和监所体制改革的建议则包括：① 加强被关押人员的心理疏导和法制教育，减少被关押者的不满情绪；② 强化监狱管理人员的法律意识和人权意识，提高其业务素质和道德品质；③ 改革监狱、看守所或拘留所等羁押场所管理体制；④ 改革司法体制；⑤ 建立健全法律监督和社会监督体制；⑥ 健全完善相关法律法规。第二类问卷一共有22个问题，其中有5个问题属于开放式问题：年龄、被关押的期限、监管人员实施殴打或体罚等暴力行为的原因、同犯实施殴打或体罚等暴力行为的原因、对于课题组研究本问题的建议。其他17个问题均为不定型选择。

（三）调研实施

本次调研致力于从监所暴力的直接相关人——监管人员和被关押人员——那里获取第一手的真实材料。由于"监所暴力"是一个非常敏感的问题，特别是对于监管人员而言，如果承认所在的监所管理单位存在"暴力"现象，无异于自揭家丑，很多监管人员对此讳莫如深。有些监所机构甚至以内部规定为由，拒绝调研。① 相比之下，被关押人员的顾虑就会少很多。鉴于这些调研过程中不可避免的影响因素，本课题组的调研人员调动自己所有的人脉关系，征得监所单位领导的支持，反复向被调研人员指出：这些调研纯粹出于学术研究的目的，不涉及考核、评估，而且本次调研完

---

① 例如，有些看守所以1992年最高人民检察院、最高人民法院、公安部联合发布的《关于依法文明管理看守所在押人犯的通知》第7条规定"各地对外宣传报道务必严格审查，未经批准，任何人不准到看守所采访、参观和进行宣传报道活动"为由，拒绝调研。

全是匿名，这样免除了被调研人员的后顾之忧。

本次调研是在中国社会科学院法学研究所诉讼法研究室、法治国情调研室各位老师的直接指导下进行的，实施调研的人员包括法学所相关研究人员和硕士研究生，问卷调查和访谈调查的实施期间是 2011 年 1 月至 2011 年 7 月。到达预定的调查场所以后，调研人员首先联系了该监管场所的相关领导，征得其同意以后，在该调查场所有关工作人员的协助下，由课题组调查人员分别针对监管人员和被关押人员两类不同的调查群体，现场分发调查问卷，同时对被调查人员提出的问题现场作答。

为了打消受访者的顾虑，尽量保证回答的真实性，我们在每次发放问卷之前，先进行自我介绍，并作如下说明。第一，本次调查完全是匿名，除了问卷需求的信息以外，不会留下被调查者的其他任何信息。第二，指出本次调查的重要意义。对于作为被调查者的监管人员而言，这次调查有助于了解监所的真相，消除社会各界和媒体舆论可能产生的误会，使大家认识到监所工作的重要性、监管人员的辛勤付出和贡献以及监所管理的困难所在，从而为将来法律法规的修改和监所管理制度的完善提供宝贵的实证材料，最终为中国法治建设事业做出重大的贡献。第三，要求被调查者独立填写问卷，不要查看、咨询他人的答案和看法，回答的问题没有对错之分，回答的时间也没有限制。第四，对于被调查的监管人员和被关押人员，我们事先询问了他们的顾虑所在，比如不想让哪些人看到或知道，并根据被调查者的意愿，问卷填写完毕之后我们就直接带走，不会留在被调查者想要回避的人士手里。事实上，本次调查的阻力没有我们想象的那么大，某县级市看守所领导知道了调查人员的来意后，表示了热烈欢迎，并给予积极的支持和配合，认为这是看守所向公众透明化的一步，并希望我们的课题能够推动监所管理日趋完善。和他一个多小时的访谈非常愉快并且学到了很多知识。该领导还建议，中国社科院法学研究所作为国家权威的法律研究机构，应该不受媒体和舆论某些个别现象宣传的影响，调查真相、认清事实，从立法、制度和管理上寻找症结，解决问题。本次调研根据监所的不同，分为拘留所、看守所和监狱三大块内容。具体的调研结果和研究分析如下。

二 拘留所调研结果与研究分析

1990年，公安部颁行了《治安拘留所管理办法》，规定："治安拘留所由县（自治县、旗）、市公安局，城市公安分局设置，公安机关的治安部门负责管理。相当于县级的铁路、交通、民航、林业公安局（处）根据需要，经省、自治区、直辖市公安厅、局批准，可以设置治安拘留所。"但是，由于种种原因，全国半数以上的治安拘留所曾经与其他监管场所合设，结果大大影响了治安拘留所规范化建设和整体工作水平的提高，对于拘留所暴力行为的管理也产生了严重阻碍。1998年11月，根据《国务院办公厅关于印发公安部职能配置内设机构和人员编制规定的通知》精神，公安部在《关于调整公安监管职能有关问题的通知》中，明确规定监管职能要"实行统一归口管理"，从此治安拘留所归口到监管部门。在各级公安机关的重视和监管业务部门的指导下，各地治安拘留所及时归口到监管部门管理，并深入地开展了治安拘留所规范化建设活动，在较短时间内，治安拘留所工作出现了崭新的局面。

本次调研的行政拘留所所在地是中国一个普通的县。该县历史悠久，是一个传统的农业大县，近年来由于油气资源充足，工业以及与之有关的第三产业都有了一定程度的发展，呈现出农业、工业俱强的良好局面，可以视为中国基层县市的样本。该县拘留所是隶属该县公安局的治安拘留所，关押那些违反《治安管理处罚法》的人。据拘留所监管人员介绍，公安部现在倡导文明关押，不允许有暴力行为存在；对于那些态度恶劣、不思悔改、主观恶性大的人，往往会单独关押几天，取消其活动自由，进行"驯化"，这样被关押人员就会变得"老实"，不具有攻击行为。另外，该拘留所还有菜园、猪舍等农副业生产场所，为被关押人员提供从事农业畜牧业等"劳动密集型"产业改造的机会，这样自然会分散被关押人员的大部分精力，使其不至于无所事事而惹是生非。拘留所监管人员还指出，该所极少发生类似看守所、监狱等监所的暴力行为。下面根据调研人员发放的调查问卷，结合访谈进行实证分析。

（一）对监管者的调研分析

1. 监管者的基本情况

本次共对17名监管人员进行了抽样问卷调查，其中，女性监管人员共

7人，男性监管人员共10人。在文化程度方面，具有中专程度的监管人员共有6人，其中男性5人、女性1人；具有大专学历的监管人员共有6人，其中男性2人、女性4人；具有本科学历的监管人员共有5人，其中男性3人、女性2人。中专以下文化程度的监管人员，基本上已退出监管队伍。这表明：近年来，拘留所的监管队伍文化程度有了大幅度提高，女性监管人员的文化程度总体上高于男性。访谈中得知，目前，拘留所监管人员大多毕业于公安学校、司法学校等中专学校，一些监管人员通过党校培训、自学考试等方式，获得了大专或本科文凭。在从事监管工作的时间方面，工作一年的有4人，工作两年的有4人，工作三年的有1人，工作四年的有3人，工作5～10年的有4人，工作10年以上的仅有1人。监管人员的队伍基本上以年轻人为主体。

在这17位监管人员中，接受过法律培训的一共有15人，仅仅有两人没有参加过法律知识培训。对这两人进一步的访谈表明：这两人都是刚进入拘留所工作的，工作时间仅有一年，其没有接受法律知识培训的原因在于自身：由于治病或其他因素而请假，错过了法律培训。据访谈者介绍：拘留所一般每年会组织一次法律知识的培训课程。我们的调查问卷也证明了这一点：12人回答一年内接受一次法律知识培训，3人回答接受两次培训。这3人解释说，另一次法律培训是以公安局"法制讲座"的形式进行的。在法律知识的培训形式上，普法教育是主要形式，一共11人选择了这种课程。此外，还有2人选择了短训班教育、1人选择了在职学历学位教育，1人选择了实际案例教育。在心理健康教育方面，一共有10人接受过该种教育，其中男性6人、女性4人，一年内接受过一次心理健康教育的有8人，接受过两次教育的有2人。在心理健康教育的形式方面，接受"心理健康教育公开课"的有7人，接受"压力释放训练"的有3人。访谈者表示：压力释放训练更有效果，而以公开授课的教育方式，效果不大，自己学习之后仍然无法在实践中熟练运用。

2. 监管者对拘留所暴力的处理方式

（1）当被关押人员与同犯间发生殴打或体罚等暴力行为时，被调研的监管者对处理方式的选择结果是：

处理方式	不作处理	批评教育	减少亲属会见次数	增加劳动强度	扣分	采取强制措施（如隔离、禁闭）
选择次数	0次	14次	0次	0次	0次	3次

上述数据表明：拘留所的监管人员面对被监管人员之间的暴力行为，不会"坐视不管"；监管人员主要选择"批评教育"的方式，因为大部分暴力行为都不严重，只有对那些很危险、手段恶劣或后果严重的暴力行为，监管人员才会采取强制措施予以惩罚性的遏制。

（2）关于"当被监管人员严重不服从监管或发生紧急情况时，监管人员的处理方式"的调查，统计结果是：

处理方式	不作处理	口头批评教育	上报上级领导处理	予以相应体罚或教训
选择次数	0次	13次	4次	0次

由于拘留所的管理逐渐加强，监管人员的安全责任很重，如果擅自采取强制措施，一旦造成严重不当后果，对于监管人员的影响是很大的。因此，很多监管人员不愿意冒风险，而是采取"大事化小、小事化了"的方式，主要采取口头批评教育的方式，如果无效，再请示或向领导报告处理，而不是轻率地采取体罚等强制措施。

（3）对于"被关押人员遭受殴打或体罚等暴力行为所造成的伤害情况"的调查，统计结果是：

伤害情况	肿痛	皮肉伤	骨折	伤残	其他严重情况
选择次数	0次	16次	0次	0次	1次

上述数据表明：拘留所的暴力伤害后果绝大多数是皮肉伤，骨折、伤残等严重情况极少发生，但是这也不排除可能会发生其他严重情况。与看守所、监狱相比，拘留所的暴力伤害后果要轻一些。

（4）关于"被关押人员受到的殴打或体罚等暴力行为的主要方式"的调查，统计结果是：

伤害方式	拳打脚踢	器械攻击	冻饿晒等行为	暴力威胁或侮辱性言语攻击
选择次数	12次	0次	0次	5次

上述数据表明，被关押人员受到"拳打脚踢"的暴力虐待方式较多一些，但是暴力威胁或侮辱性言语攻击也不少，这种暴力伤害方式应当引起注意。

（5）关于"拘留所暴力行为发生的原因"的调查，统计结果是：

原因	不服从管理	刑讯逼供	牢头狱霸	被拘留人心理问题	私人矛盾或恩怨	个人情绪	工作压力
次数	6次	3次	6次	12次	0次	4次	1次

上述数据表明：监管人员倾向于认为被拘留人自身的心理问题，是拘留所暴力发生的主要原因。因此，根据对拘留所监管人员的访谈，对被拘留人进行心理健康教育，很有必要。至于相对客观一些的因素，例如不服从管理、牢头狱霸也在一定程度上存在。因此，对监管人员和被拘留者加强法制教育，要求其依法办事；同时密切打击牢头狱霸，也是不可或缺的遏制措施。

（6）关于"本单位内对向被监管人实施暴力行为的监管人员的处理方式"的调查，统计结果是：

方式	不作处理	批评教育	警告	记过、记大过	降级	撤职	开除公职	移送司法机关处理
次数	0	9	12	6	0	0	0	1

上述数据表明：公安局、拘留所内部的警告、批评教育、记过、记大过等内部处理方式是绝对主要的选择。只有在发生非常严重的情况、"纸包不住火"时，才会将违纪违法的监管人员移交司法机关处理。

（7）关于"监管人员拒绝对被关押人员实施殴打或体罚等暴力行为的原因"的调查，统计结果是（本选项有一人未作回答）：

原因	内心道德、职业道德约束	本单位规定约束	担心报复	相关法律法规约束
选择次数	8	11	3	3

以上数据表明：本单位的内部规定，最具有约束力，而相关法律法规的约束却显得大为不足。这说明，拘留所内部的管理体制和管理行为，对于遏制拘留所的暴力，具有最重大的作用！此外，监管人员的内心道德、职业道德也有着很大的约束作用，这说明对监管人员加强道德教育、职业培训等，也是很有意义的。

3. 监管者对监所体制改革的建议

改革建议	选择次数
加强被关押人员的心理疏导和法制教育，减少被关押者的不满情绪	15
强化拘留所管理人员的法律意识和人权意识，提高其业务素质和道德品质	15
改革监狱、看守所、拘留所等羁押场所管理体制	15
改革司法体制	14
建立健全法律监督和社会监督体制	6
健全完善相关法律法规	3
其他措施	0

上述统计表明，绝大多数监管人员赞同"加强被关押人员的心理疏导和法制教育，减少被关押者的不满情绪""强化拘留所管理人员的法律意识和人权意识，提高其业务素质和道德品质""改革监狱、看守所、拘留所等羁押场所管理体制""改革司法体制"等建议，而对于"建立健全法律监督和社会监督体制"和"健全完善相关法律法规"却认同甚少。这大概是因为监管人员一方面不希望自身被监督，另一方面也较为轻视法律法规所发挥的实际效果。

（二）对被监管者的调研分析

1. 被监管者的基本情况

该拘留所平均关押人数在六七十人。本次对于被拘留者的调研，一共发放50份调查问卷，回收有效问卷33份。在这些随机抽取的、接受调研的被拘留者中，男性被拘留者30人，女性被拘留者3人；20~30岁的22人，30~40岁的7人，40~50岁的4人，没有20岁以下和50岁以上的人。在文化程度方面，小学学历的2人，初中学历的16人，高中学历的13人，大专学历的1人，本科学历的1人。其中，中学学历的占绝大多数。

关于这些被拘留者的职业调查，统计结果是：

职业	工人	农民	公务员	国有企事业单位工作人员	个体工商户或者私营企业主	自由职业者	无业
选择	5	11	0	0	10	5	2

由上述统计可见：农民和个体工商户、私营企业主占据大多数，此外则是工人、自由职业者和无业人员，而公务员和国有企事业单位工作人员居然一个也没有。这也与当地情况有关。当地农民占据人口的大多数，但是真正在家务农的人并不多；由于当地资源丰富、交通便利、经济发展较快，个体工商户、私营企业主和自由职业者占有相当比例。当地也有很多工厂，但最主要的是几家从事资源开采和化工的大中型国有企业，其工作人员在当地相当"有地位"，犯了事也能很快通过各种渠道"出来"。

关于这些被拘留者被关押的期限，根据《治安管理处罚法》的规定，治安拘留的羁押期限为1日以上、15日以下。此外，治安管理处罚法第16条规定："有两种以上违反治安管理行为的，分别决定，合并执行。行政拘留处罚合并执行的，最长不超过二十日"。本次调研发现，在对自己的关押期限做出回答的29人中，23人的关押期限是15天，5人的关押期限是10天，另有一人的关押期限是13天。这表明：关押15天，似乎是该拘留所最常见的固定期限。

关于这些被拘留者被关押的原因，统计结果如下：

原因	政治型	暴力型	财产型	毒品型	其他类型
选择	0	8	16	0	9

上述统计表明：财产型、其他类型、暴力型是基本类型。根据进一步了解得知，这些被拘留者处罚的多数原因是打架斗殴、破坏秩序、寻衅滋事、交通肇事、盗窃、诈骗等行为。

关于这些被拘留者被关押的次数，统计结果如下：

关押次数	一次	二次	三次	四次	五次	六次以上
选择次数	31	1	1	0	0	0

由上述数据可见，绝大多数被拘留者都是"初犯"，也有人因为醉酒驾驶等缘故再次被关押的。

1990年1月3日公安部发布的《治安拘留所管理办法》第11条规定："治安拘留所对被拘留人应当按教育与处罚相结合的原则进行法制、道德教育。"访谈的监管人员也强调对被拘留者进行法制教育的重要性。但是，对被拘留者的调查问卷统计显示：接受过法制教育的有3人，未接受过法制教育的有30人。对这3位接受过法制教育的被拘留者所接受的教育次数的统计结果如下：

教育次数	一次	二次	三次	四次	五次	六次以上
选择次数	2	1	0	0	0	0

在教育形式上，有1人选择普法教育一次，另有2人选择实际案例教育。造成这种现象的原因，在于被拘留者的拘留时间相对较短，绝大多数都是拘留15天，因此监管人员觉得没必要花费时间和精力对其进行法制教育。而那位接受了普法教育的被拘留者，据了解是阅读了相关法条，因而认为自己受到了"普法教育"，而那两位认为自己接受了"实际案例教育"的被拘留者，则是因为从监管人员那里了解到一些违法案例、学到了一些法律知识，就认为自己受到了"法制教育"。由此可见，拘留所对于被拘留者的法制教育应该得到认真对待。

在被拘留者所接受的心理健康教育调查方面，结果更显单薄。只有两位被拘留者接受过心理健康教育，未接受过心理健康教育的有31人。这两位接受过心理健康教育的被拘留者所接受的教育次数统计结果是：

教育次数	一次	二次	三次	四次	五次	六次以上
选择次数	2	0	0	0	0	0

在教育形式上，两位被拘留者一位接受的是心理健康教育公开课，另一位接受的是亲情连线。调研人员对那位自称接受过"心理健康教育公开课"的被拘留者进行询问，得知其是在被拘留前接受的。而那位接受了"亲情连线"教育的被拘留者，其实是受到了家人的鼓励和安慰。由此可见，该拘留所的心理健康教育事实上是不存在的。

2. 对被关押人员的调研分析

这一部分调研总共有八个大问题，统计结果和分析依次如下：

（1）关于"在关押期间，您是否受到过殴打或体罚等暴力行为？"的调查，统计结果如下：

暴力行为出处	监管人员	被监管人员	其他人员	未受到过任何暴力行为
选择次数	1	0	0	32

上述数据印证了监管人员的介绍，33位被调查的被拘留者，只有一个认为受到过监管人员的暴力行为，其他32位都认为自己没受到过暴力行为的侵害。可见，拘留所的暴力问题似乎不是那么严重。

（2）关于"监管人员实施殴打或体罚等暴力行为的原因"的调查，统计结果是（有3人未做选择）：

暴力行为原因	不服从管理	工作压力	个人情绪	其他
选择次数	16	10	4	0

上述数据表明，大部分被拘留者认为，监管人员之所以会对被关押者实施暴力行为，首先是由于被关押者"不服从管理""不听话"的缘故。这种认识相对较为客观。也有相当一部分被拘留者认为，监管人员是出于"工作压力"和"个人情绪"等主观因素实施暴力行为的。主观因素与客观因素相比，公正性往往很受质疑。在监管实践中，监管人员应该提高其行为的客观性程度，减少主观臆断色彩，维护其执法的公正性。

（3）关于"被关押者之间实施殴打或体罚等暴力行为的原因"的调查，统计结果是（有3人未做选择）：

暴力行为原因	牢头狱霸	私人矛盾或恩怨	个人情绪	其他
选择次数	8	16	6	0

以上数据表明：被拘留者认为其相互之间的暴力行为，最主要的原因是被拘留者的私人矛盾恩怨、个人情绪。"牢头狱霸"的原因所占的比重相对较低。这是因为拘留所中的被关押者，拘留时间一般较短，人员流动性很大，而"牢头狱霸"地位的形成是需要一段过程的，因此很快又随着其被释放而不存在，给人的印象不似看守所、监狱等那么强烈。

（4）关于"遭受殴打或体罚等暴力行为所造成的伤害情况？"的调查，

统计结果是：

伤害情况	肿痛	皮肉伤	骨折	伤残	其他严重情况
选择次数	0	1	0	0	0

只有一个人回答了该问题，也就是那位受到监管人员暴力行为的男性被关押人员。这也从另一个侧面证明该拘留所监管人员的介绍，即该拘留者确实不怎么存在监所暴力问题。

（5）关于"您或同犯受到的殴打或体罚等暴力行为的主要方式"的调查，统计结果是（有1人未做选择）：

伤害方式	拳打脚踢	器械攻击	冻饿晒等行为	暴力威胁或侮辱性言语攻击
选择次数	10	0	1	23

乍看之下，本选项表明很多人遭受过暴力行为的伤害，似乎与上一选项相冲突。但是，根据调研人员的进一步了解，除了那位受到监管人员拳打脚踢的男性被关押者以外，其他被拘留者事实上没受到暴力行为的攻击，而是根据自己的主观印象对本答案"拳打脚踢"进行了选择。不过，这一选择也显示了另一个重要问题：暴力威胁或侮辱性言语攻击，会对人的心理造成一定伤害。而这一问题，在监所暴力遏制的管理上是被忽视的。监管者应当意识到这一问题的严重性，尊重被关押者的人格尊严。

（6）关于"被监管人员受到同犯的殴打或体罚等暴力行为后，监管人员对施暴者的处理方式"的调查，统计结果是（有1人未做选择）：

处理方式	无人管理	批评教育	减少亲属会见次数	增加劳动强度	扣分	采取强制措施（如隔离、禁闭）
选择次数	8	24	0	0	0	0

以上数据表明，监管人员大多采取批评教育的方式处理施暴者，而不采用强制措施。但是，这些选择也表明，无人管理的现象也存在，而且还占有约四分之一的比重。

（7）关于"监管人员对被监管人员实施殴打或体罚等暴力行为后，监管人员受到的处罚方式"的调查，统计结果是（有1人未做选择）：

方式	不作处理	批评教育	警告	记过、记大过	降级	撤职	开除公职	移送司法机关处理
次数	7	23	2	0	0	0	0	0

以上数据表明，在被关押人员看来，监管机关内部对于施暴的监管人员的处理，都是"内部消化"，其中，批评教育这种对于施暴的监管人员没有造成实质性伤害的方式，被运用得最多。不作处理的方式也很多，而能起到一定影响的警告方式，运用得非常稀少。至于其他更为严重的处理方式，如记过、降级、解职、开除公职、移送司法机关处理，在被关押人员看来就没有采用过。

（8）关于"当受到殴打或体罚等暴力行为时，您是怎么做的"的调查，统计结果是：

反映方式	忍受	反抗	报告	通过其他途径反映
选择次数	24	7	1	1

上述数据表明，大多数人都是采取忍受的方式，消极处理。这种应对其实是纵容了监所暴力行为。对于做出这些选择的被拘留者，应当加强其法制教育和权利意识教育，让其明确知晓自己的哪些权利受到保护，唤醒其权利意识，以更好地保障自己的正当权益，配合监管，遏制监管暴力。也有少部分人采取直接的反抗措施，这可以视为人的一种本能的正当防卫行为。此外，还有两个被拘留者选择"报告"和"通过其他途径反映"的方式，这表明被拘留者存在着这方面的需求。监管管理方应当提供相应的、畅通的投诉渠道，保障其救济呼声得以被了解，进而权利被保障。

3. 被关押人员对监所体制改革的建议

关于"您认为预防殴打或体罚等暴力行为的最好方法"，统计结果如下：

改革建议	选择次数
加强被关押人员的心理疏导和法制教育，减少被关押者的不满情绪	26
强化拘留所管理人员的法律意识和人权意识，提高其业务素质和道德品质	24
改革监狱、看守所、拘留所等羁押场所管理体制	25
改革司法体制	11

续表

改革建议	选择次数
建立健全法律监督和社会监督体制	22
健全完善相关法律法规	12
其他措施	0

上述结果表明,"加强被关押人员的心理疏导和法制教育,减少被关押者的不满情绪""改革监狱、看守所、拘留所等羁押场所管理体制""强化拘留所管理人员的法律意识和人权意识,提高其业务素质和道德品质"仍然占据了最主要的地位。这一结果与监管人员的选择一样。但是,与监管人员的选择不同的是,"建立健全法律监督和社会监督体制"也受到被关押者的高度重视。人是理性主体,一般根据自己的利益最大化做出选择。本课题研究的是如何遏制监所暴力、更为充分地保障被关押者的合法权益,因此,从这一角度出发,"建立健全法律监督和社会监督体制"这一措施应当受到高度重视并推广、践行。至于"健全完善相关法律法规"和"改革司法体制",则较为宏观,个人无法体会到其直接效果,因此对其选择倾向不高。

三 看守所调研结果与研究分析

本次调研的看守所分别在东部和西部,分别由两组不同的调研人员实施。其中,由于调研人员通过其私人关系,与东部某市的看守所领导较为熟悉,因此在问卷调查之外,还对看守所所长、监管人员和部分被关押人员进行了深入访谈。该看守所领导也较为开明,支持学术调研,希望能借此反映看守所管理工作的困难,消除社会各界对于看守所工作的误解、减少其负面形象。西部某州的公安局对于调研工作相对较为谨慎,不过,由于该组调研人员的私人关系,仍然发放并且回收了大量的调查问卷。此外,该组调研人员还参加了当地政协组织的看守所调研活动,获得了很多信息资料。同时,西部该州是一个较大的州,下辖10个看守所,获得的有效调查问卷也大大多于东部某市的看守所的调查问卷。下面将分别对两个地方的看守所的调研情况进行分析,同时比较一下两地看守所在监所暴力管理方面的异同。

A. 对东部某看守所的调研分析

东部某市是一个县级市，是重要的能源基地和工业城市，经济发达、交通便利。该市看守所坐落在市郊，是国家二级看守所，平均在押人员约80人，管理人员（由文职人员、医务人员和监管人员等组成）20人，是连续15年"安全无事故"的单位。看守所的业务经费、羁养费和日常经费完全由地方政府财政提供，国家财政提供专项补贴。该看守所的职能部门有：监管大队（公安局职能部门）、武装警察、监所管理科（检察院常驻看守所部门）等。据该所领导介绍，近年来，由于全国各地看守所不时发生"喝水死""躲猫猫死""做梦死""洗澡死"等非正常死亡事件，看守所被社会指责为"死亡衙门"，自身形象受到严重损害，全国各地公安系统为此采取了很多措施，以遏制监所暴力。最主要的工作举措有以下几个方面。① "两防一退"工作，即"防事故、防非正常死亡、退出舆论热点"。② 安保和监控机制：该看守所每个监室、询问室都安装了摄像头，监管人员在机房24小时监控，发现问题马上解决；任何带有伤害性的利器、工具和绳索等物品不得带入监区，以防止被监管人员互相伤害和自残；每个监室都配有包号民警两名，24小时轮流查房，及时制止监所中发生的任何暴力行为；严禁任何监管人员对被关押人员的暴力体罚行为，如果出现问题，将严格追究责任人及领导的责任，法律后果将非常严重。此外，该看守所还有定期巡视、问询监控等制度，以保证被关押人员每一分钟都暴露在阳光下，有问题及时制止和处理。③ 心理健康教育和法制教育。被关押人员每天有两个小时的放风时间，除极其恶劣的天气状况外，一年四季都会严格遵守；被关押人员进入看守所的24小时内，会有警官进行谈话并记录，以后也定期进行谈话并记录，以了解被关押人员的心理状况。管教、包号民警和领导会定期对被关押人员进行思想沟通和教育，并进行法律普及和伏法教育。每名罪犯会配有一名管教人员，频繁对其进行法律教育和心理健康辅导。包号民警每天会向其负责的被关押人员了解学习情况。④ 上级监督机制。上级公安机关的领导会定期到看守所视察工作、召开会议、学习法规和文件精神，而且会到监区与被关押人员谈话，了解他们的生活和被管理情况；监管中一旦出现重大或疑难问题，看守所会层级上报到相关领导部门进行批示后再做处理。出现任何问题，包号民警、协管、协警、管教和相关领导都要承担相应的民事、行政或刑事责任。

（一）对监管者的调研分析

1. 监管者的基本情况

本次共对 17 名看守所监管人员进行了问卷调查，均为有效问卷。在被调研的监管人员中，女性 1 人，男性 16 人，看守所一般女性监管人员少于男性监管人员，这在该所表现得尤其明显。在文化程度方面，具有大专学历的监管人员共有 15 人，皆为男性；具有本科学历的监管人员共有 2 人，其中男性 1 人，女性 1 人。中专以下的监管人员已从监管队伍中退出。这表明：近年来，看守所的监管人员文化程度有了大幅度提高。在从事监管工作的时间方面，工作 1 年以下的有 1 人，工作 1~3 年的有 9 人，工作 3 至 5 年的有 7 人，监管人员的队伍基本上以年轻人为主。在这 17 位监管人员中，有 13 位接受过法律培训。据访谈者介绍：看守所一般每年会组织一次法律知识的培训课程。调查问卷也证明了这一点：有 10 人回答一年内接受一次法律知识培训，有 1 人回答接受两次培训。在法律知识的培训形式上，普法教育是主要形式，有 7 人次选择普法教育，有 5 人次选择了短训班教育，7 人次选择了实际案例教育，另有 4 人次选择了在职学历学位教育。在心理健康教育方面，仅有 1 人在一年内接受过一次心理健康教育，13 人表示未接受过心理健康教育，另外 3 人未作表示。这表明，该看守所对监管人员的心理健康教育严重缺失。

2. 监管者对看守所暴力的处理方式

（1）当被关押人员与同犯间发生殴打或体罚等暴力行为时，被调研的监管者对处理方式的选择结果是：

处理方式	不作处理	批评教育	减少亲属会见次数	增加劳动强度	扣分	采取强制措施（如隔离、禁闭）
选择次数	0 次	14 次	11 次	10 次	0 次	7 次

从上述数据来看，当被关押人员与同案犯发生殴打或体罚等暴力行为时，监管者主要是对其采取批评教育、减少亲属会见次数和增加劳动强度三种处理方式，采取强制措施已经排在后面。据被访谈者介绍，如今监管者也害怕采取的强制措施"太过"而承担责任。

（2）当被监管人员严重不服从监管或发生紧急情况时，监管人员处理方式的选择结果是：

处理方式	不作处理	口头批评教育	上报上级领导处理	予以相应体罚或教训
选择次数	0次	12次	12次	0次

从上述数据来看，针对这种紧急情况，监管人员并未如想象中的会采取各种强制措施，而是采取口头批评教育和上报上级领导处理，并未发现看守所监管人员对被监管者采取体罚等强制行为。但是，据有关访谈者私下介绍，当情况很紧急的时候，有时也会存在着一定的强制措施。

（3）对于被关押人员遭受殴打或体罚等暴力行为所造成的伤害情况的调查，监管人员的选择结果是：

伤害情况	肿痛	皮肉伤	骨折	伤残	其他严重情况
选择次数	14次	12次	2次	0次	0次

（4）对于被关押人员受到的殴打或体罚等暴力行为的主要方式的调查，监管人员的选择结果是：

伤害方式	拳打脚踢	器械攻击	冻饿晒等行为	暴力威胁或侮辱性言语攻击
选择次数	14次	1次	1次	1次

上述数据表明，看守所暴力行为比较普遍，拳打脚踢、暴力威胁和侮辱性言语等人身攻击仍然广泛存在。虽然本组数据看不出这些暴力的实施者是监管者还是被关押人员，但是这表明，看守所在这方面的内部监督和外部监督显然不够有力。

（5）关于看守所暴力行为发生的原因，监管人员的选择结果是：

原因	不服从管理	刑讯逼供	牢头狱霸	被关押人心理问题	私人矛盾或恩怨	个人情绪	工作压力
次数	12次	14次	16次	7次	1次	0次	0次

上述数据显示，受访者认为看守所暴力行为发生的原因，主要有被拘押人的犯罪心理问题、不服从管理、牢头狱霸、刑讯逼供等四种。其中，

不服从管理、牢头狱霸、刑讯逼供等三种原因符合预见。据访谈者介绍，被关押人在关押期间，往往情绪波动很大，有各种牢骚和不满，容易导致冲动，进而引发各种语言冲突和暴力行为。因此，对于被拘押人的心理问题原因，看守所的监管者们应该更加重视对被拘押者的心理辅导，并且，心理辅导教育不能走形式，要产生实际效果才行。此外，"牢头狱霸"、刑讯逼供的存在，仍然反映出看守所管理上的漏洞，应引起管理者的重视。

（6）关于本单位内对向被监管人实施暴力行为的监管人员的处理方式，监管人员的选择结果是：

方式	不作处理	批评教育	警告	记过、记大过	降级	撤职	开除公职	移送司法机关处理
次数	0次	16次	2次	13次	1次	0次	0次	0次

上述数据表明，看守所对监管人员的暴力行为的处理方式主要是停留在批评教育、记过、降级等"内部处理""自行消化"的方式上。移交司法机关处理、进一步追究其违法犯罪行为等外部监督方式基本上不发挥作用。

（7）关于监管人员拒绝对被关押人员实施殴打或体罚等暴力行为的原因，监管人员的选择结果是：

原因	内心道德、职业道德约束	本单位规定约束	担心报复	相关法律法规约束	其他
选择次数	17次	8次	4次	11次	0次

上述数据表明，对监管人员暴力行为起约束作用的，主要是内心道德、职业道德、本单位规定和相关法律法规等内在因素和外部约束。这进一步说明，看守所在遏制监管人员暴力的工作管理方面，应该"双管齐下"，既要加强外在的监督，又要提高监管者本人的素质、加强对其的道德教育和纪律教育。

3. 监管者对看守所体制改革的建议

改 革 建 议	选择次数
加强被关押人员的心理疏导和法制教育，减少被关押者的不满情绪	17次
强化看守所管理人员的法律意识和人权意识，提高其业务素质和道德品质	17次

续表

改革建议	选择次数
改革看守所管理体制	15 次
改革司法体制	13 次
建立健全法律监督和社会监督体制	4 次
健全完善相关法律法规	6 次
其他措施	0 次

上述数据显示，监管者倾向于认为，改革措施应该真正地作用到每一个监管者身上，才能最大程度地发挥成效。监管者也认同学术界提出的"改革看守所管理体制""改革司法体制""建立健全法律监督和社会监督体制""健全完善相关法律法规"等宏大建议，但是，真正有效的改革措施，并不是泛泛地"体制改革"，体制改革的成败与否，完全在于是否能对具体的监管人员发挥有力的作用和影响。

（二）对被监管者的调研分析

1. 被监管者的基本情况

本次随机调查在押人员共14人，其中男性12人，女性2人，收回有效问卷14份。在看守所中，女性一般比男性少，这次随机的抽样调查结果，也反映了这一点。在这些在押者中，20岁以下的1人，20～30岁的7人，31～40岁的5人，41～50岁的1人；调查对象的年龄集中在20～40岁。由此可见，"犯事"或有违法嫌疑的，主要落在这个年龄区间。对于这些在押人员之前的职业，调研结果如下：

职业	工人	农民	公务员	国有企事业单位工作人员	个体工商户或者私营企业主	自由职业者	无业
选择	2人	4人	0人	1人	0人	3人	0人

除了调研人员提供的这些选择以外，未做选择的4人中，有两人之前职业为司机，一人是收银员，一人是学生。据介绍，该看守所的被监管人员以农民最多，其文化水平偏低，多数人为小学、初中文化。这些在押人员被关押的期限分别是：1个月以下的2人，1个月至6个月的4人，6个月至12个月的2人，1年以上的有6人，最多的关押期限是2年6个月。

关于这些在押人员被关押的原因的调查，结果如下：

原因	政治型犯罪	暴力型犯罪	财产型犯罪	毒品型犯罪	其他类型犯罪
选择	0次	6次	5次	0次	3次

由此可见，调查对象主要是暴力型犯罪和财产型犯罪的在押人员。据访谈者介绍，涉及最多的犯罪，是盗窃罪、故意伤害罪、抢夺罪、抢劫罪、诈骗罪、寻衅滋事罪、交通肇事罪。关于这些在押人员的关押次数，调查结果如下：

关押次数	一次	二次	三次	四次	五次	六次以上
选择次数	14	0	0	0	0	0

上述调查结果表明，这些在押人员均为初犯。据监管人员介绍，在该地，累犯相对很少。

看守所会对在押人员进行法制教育和心理健康教育，被访谈的该所领导也大力强调了这一点。这些教育被认为对于遏制监所暴力大有裨益。基于此，调研人员设计了"您在被关押期间是否接受过法制教育？"的问题，以下是调查对象的回答结果：

教育次数	一次	二次	三次	四次	五次	六次以上
选择次数	0	0	2	0	0	11

这一调查结果表明，该看守所对在押人员进行法制教育的力度确实非常大，几乎每个月都会组织一次正规的法制教育。选择"三次"的那两位在押人员，都是刚进看守所不到一个月的在押人员。据监管者介绍，近年来，法制教育的频率比往年更多。至于"法制教育的形式"，调查问卷的选择结果是：普法教育有10人次，实际案例教育有6人次，互动式教育有5人次，其他方式有1人次。可见，采取法律条文讲授式的普法教育，是最主要的教育形式。据监管者介绍，采用实际案例教育和互动式教育帮助犯人接受改造，效果最为直接、最为明显。但是，擅长实际案例教育和互动式教育的教官太少，而且准备的工作量也很大，不如普法教育来得容易。

关于"您在被关押期间是否接受过心理健康教育?""您在一年内接受过几次心理健康教育?""您在被关押期间接受的心理健康教育形式是"的调查结果,调查对象的回答是:接受心理健康教育的12人,未接受过心理健康教育的2人——据了解,这2人就是上文提到的、刚刚进看守所不到一个月的在押人员。关于教育次数的统计结果见下表:

教育次数	一次	二次	三次	四次	五次	六次以上
选择次数	1	1	0	0	0	10

问卷表明:每年接受六次以上的心理健康教育的人为10人次之多,这充分体现了该看守所对犯人心理健康的关注。心理健康教育的方式以"一对一心理疏导"为主,有10人选择这一形式;选择心理健康教育公开课的有1人;选择亲情连线的有1人。据访谈者介绍,心理公开课由于缺乏直接的个体针对性,实际意义并不是太大,而一对一心理疏导和亲情连线确实有很大作用。

2. 对被关押人员的调研分析

这一部分调研总共有八个大问题,统计结果和分析依次如下:

(1) 关于"在关押期间,您是否受到过殴打或体罚等暴力行为?"的调查,统计结果如下:

暴力行为出处	监管人员	被监管人员	其他人员	未受到过任何暴力行为
选择次数	0	3	0	6

上述数据表明,未受到暴力行为的调查对象有6人,受到暴力行为的有3人,但是必须注意:另有5位调查对象拒作回答,似乎有难言之隐,或担心招惹各种麻烦。这从侧面反映,看守所暴力还是在一定程度上存在的,并且不容忽视。调查结果也表明:被监管人员之间发生的暴力行为,是暴力行为主要的发生原因。但是,考虑到那5位未做任何选择的调查对象的沉默,来自监管人员的暴力行为也不能轻易排除。

(2) 关于"您认为监管人员实施殴打或体罚等暴力行为的原因"的调查,统计结果如下:

195

暴力行为原因	不服从管理	工作压力	个人情绪	其他
选择次数	1	0	2	3

从数据上反映看，多数监管人员的暴力行为主要系属个人原因，因为工作方面不服从管理的仅有1人选择。这表明，对于监管人员，还应该加强外部管理、法制教育和心理健康教育。这次有8名受调查对象拒作回答，除了上述那5位未做选择的调查对象以外，上述选择"暴力行为来自被监管人员"中的2人也未作回答，另1人选择了"其他"，这说明这位在押人员认为监管人员的暴力行为存在，但是不知道其具体的原因。

（3）关于"您认为同犯之间实施殴打或体罚等暴力行为的原因"的调查，统计结果是：

暴力行为原因	牢头狱霸	私人矛盾或恩怨	个人情绪	其他
选择次数	5	0	0	1

上述数据表明：牢头狱霸是在押人员之间实施殴打或体罚等暴力行为的主要原因。据了解，选择"其他"原因的是指由于日常事务矛盾而发生的摩擦。总之，切实加强看守所的管理、打击"牢头狱霸"之类的在押人员，是最为关键、最为迫切的。

（4）关于"您遭受殴打或体罚等暴力行为所造成的伤害情况？（未遭受过暴力行为可不答）"的调查，统计结果是：

伤害情况	肿痛	皮肉伤	骨折	伤残	其他严重情况
选择次数	3	3	0	0	0

有8人未作任何选择，可能是未被体罚或殴打，也可能是被体罚或殴打的人中只有部分人填了这项。上述统计也表明：由拳打脚踢、器械而造成的伤害，基本上属于皮肉伤或肿痛，"骨折""伤残"乃至重伤致死的情况，出现的频率比较少。这一统计数据比预想的状况要好一些。

（5）关于"您或同犯受到的殴打或体罚等暴力行为的主要方式"的调查，统计结果是：

伤害方式	拳打脚踢	器械攻击	冻饿晒等行为	暴力威胁或侮辱性言语攻击
选择次数	5	0	0	0

上述统计数据表明：在押人员受到的殴打或体罚等暴力行为的主要方式是拳打脚踢。这种暴力方式最为常见，最为直接。这也可以解释，为什么社会对于网上流传的"喝水死""做梦死""冲凉死"等各种稀奇古怪的死法感到不解。

（6）关于"被监管人员受到同犯的殴打或体罚等暴力行为后，监管人员对施暴者的处理方式"的调查，统计结果是：

处理方式	无人管理	批评教育	减少亲属会见次数	增加劳动强度	扣分	采取强制措施（如隔离、禁闭）
选择次数	1	3	0	0	1	0

上述数据表明，受到同犯的殴打或体罚等暴力行为后，监管人员对施暴者的处理方式以批评教育为主，但也存在不处理的问题。据了解，原因主要是监管人员没有注意，或者看到了，但是认为是小事情，不重视。

（7）关于"监管人员对被监管人员实施殴打或体罚等暴力行为后，监管人员受到的处罚方式"的调查结果，统计数据是：

方式	不作处理	批评教育	警告	记过、记大过	降级	撤职	开除公职	移送司法机关处理
次数	2	0	0	0	0	0	0	2

上述统计仅有4人回答，主要原因是在押人员不了解。被监管人员看得见的后果就是：上级不作处理。选择"移送司法机关处理"的那2位在押人员，也是其进入看守所之前通过各种媒介和信息的了解转述的。

（8）关于"当受到殴打或体罚等暴力行为时，您是怎么做的？"的调查，统计结果是：

反映方式	忍受	反抗	报告	通过其他途径反映
选择次数	2	0	2	0

这一统计也是仅有4人作答，从侧面表明，在押人员对这一问题的不够

重视。根据访谈知悉,大多数在押人员是以消极忍受、忍气吞声的方式不了了之的。明确选择向监管人员报告的仅有 2 人,而且都是男性。这表明,在押人员的权利意识和维权观念还需要大力提升,正是由于多数人的消极忍耐和不反抗,才放纵了暴力行为,导致暴力行为的进一步加剧。

3. 被关押人员认为"预防殴打或体罚等暴力行为的最好方法"

改革建议	选择次数
加强被关押人员的心理疏导和法制教育,减少被关押者的不满情绪	3
强化看守所管理人员的法律意识和人权意识,提高其业务素质和道德品质	3
改革看守所管理体制	1
改革司法体制	1
建立健全法律监督和社会监督体制	2
健全完善相关法律法规	1
其他措施	6

上述数据显示,选择"加强被关押人员的心理疏导和法制教育,减少被关押者的不满情绪""强化看守所管理人员的法律意识和人权意识,提高其业务素质和道德品质"这两个具体建议的,有 6 次。而选择"改革看守所管理体制""改革司法体制""建立健全法律监督和社会监督体制""健全完善相关法律法规"等 4 条宏观建议的,有 5 次。而选择"其他措施"的,也有 6 次。访谈中了解到,在押人员之所以选择"其他措施",是觉得其他措施作用不大,但自己又想不出来其他有效措施。这一选择表明,以后的改革措施应该是很具体、可操作的。

(三)关于看守所监管存在的问题的访谈调研

通过与该看守所领导和部分监管人员的访谈,调研人员了解到如下对于遏制监所暴力工作不利的因素:

(1)管理经费不足,硬件技防设施仍有待进一步提高,监管人员的待遇较低。该地看守所的经费由地方财政拨款。虽然该地区经济发达、政府财力充足,但是拨付给看守所的经费仍然不足。在国家和地方财政的大力支持下,该市看守所的基础设施和技防设施已经有了很大的提高,但是在监控设施方面还存在进一步完善的空间。2000 年公安部会议通过的关于监管人员待遇、补贴的规定,该市到现在为止都没有落实。相比于从事其他工作的监管人员，看守所监管人员普遍待遇更低，监管工作严重缺乏吸引力。

（2）监管人员的奖惩考评机制不完善，只有惩罚没有奖励。看守所的监管工作很难有业绩，"不出事就是政绩"，保证安全无事故一般就是努力的最大成果。但是，在现有的考评机制中，"不出事"被视为看守所工作的分内之事，是必须履行的工作任务。看守所的工作只有出现问题时的惩罚，无奖励、无表彰，监管人员每天都绷紧神经过日子，而看不到自己的成绩带来的胜利和喜悦。

（3）监管工作警力不足，工作时间太长。该市看守所监管人员的工作安排是 24 小时上班、休息 48 小时，没有节假日。这样的工作安排与正常的上班时间相比，一年就多工作了很多。但是工资却是按月发放，并没有给予相应的福利和补贴。因为工作时间长，加上黑白倒班对身体和家庭的影响，又没有相应的补助，自然不能吸引潜在的优秀监管人员到这个岗位上工作。由于监管人员有限、工作安排都比较满，因此监管人员也没有足够的时间和精力进行集中的法律和业务培训。

（4）看守所监管工作不受重视。在上级看来，看守所的工作是新人锻炼的机会，和专业兵安置的场所。在人员提拔、晋级方面，刑警、交警的提拔机会比较多，而在看守所工作的监管人员提拔机会相当少。其实，看守所的工作至关重要，它并不是一块试验田，这种态度自然不能吸引优秀的人才。

B. 对西部某看守所的调研分析

西部某州疆域辽阔、民族众多，经济发展和人均收入均处于西部中等水平。该州共有 10 个看守所，其中一级看守所 1 个，二级看守所 7 个，三级看守所 2 个，年均羁押人数在 2000 人左右。调研的时候，该州看守所月均押总量在 1400 人左右。该州看守所监管民警有 140 名左右。近年来，在全国范围的加强监所安全管理的运动中，该州对于监所安全工作也非常重视，根据访谈、调研了解的情况，该州为遏制看守所暴力行为，一共采取了如下预防措施。

（1）州公安局每年与各县市公安局签订《监管场所安全无事故责任书》，安排专项资金作为监所的安全奖金，将奖惩与监所事故、等级达标、安全预警、民警违纪等挂钩考核。除了坚持平时抽查检查外，该州公安局还联合州检察院、驻州武警支队对看守所监管执法和工作落实情况进行综合性强化监督检查，并督导各县市公安局加大对看守所的安全防范工作力度，针对存在的问题下发《整改建议书》。

（2）不断强化监管民警队伍素质建设，对其进行法制教育、管理心理学培训教育，建立监管以个人责任为基础的责任制，建立和完善各项规章制度，通过狠抓各项制度的落实，规范监管民警的执法行为。对于违反规章制度、侵犯在押人员正当权利的监管行为，及时严加查处、追究责任。

（3）在押人员的人性化管理。这一举措是看守所管理的一个重点，其内容是对被监管人员在生活上给予保障、在人格上给予尊重、在教育上突出感化。具体措施包括：专门为在押人员制定了食谱；遇到重要节假日为在押人员改善伙食；遇到被监管人员过生日时，为其提供一份生日餐；夏季为在押人员提供绿豆汤、西红柿、黄瓜；冬季为家庭困难的在押人员免费发放保暖衣裤等。这些措施的目的，在于让在押人感受监管方的关怀，消除、减少被监管人员的对立情绪。

（4）信息公开。该州公安局要求看守所将在押人员的权利和义务、办案流程等张贴在监室，并要求在押人员熟悉背诵其权利和义务，实现了制度公开和规范公开，保障在押人员的正当权利，同时为其申诉、控告和辩护的行为提供渠道。

（5）提审隔离制度。为杜绝监管人员刑讯逼供、打骂、体罚、虐待在押人员现象，全州各看守所严格提审会见制度，实现提审人员和被提审人员的人身隔离，保证在押人员的人身不受侵犯。

（6）健全和完善对"牢头狱霸"的预防和打击处理机制。各看守所从入所教育、耳目布建、跟踪观察、财物管理、生活管理等各个环节进行积极预防，在源头上铲除了"牢头狱霸"滋生的土壤。

（7）加强与驻所检察室的密切合作。该州公安局要求，在工作中全州各看守所自觉接受检察机关的法律监督和实时监督，对检察机关提出的检察建议，各看守所应该及时整改并反馈整改结果。

（8）阳光管理，主动接受社会各界的监督。部分看守所定期向社会开放，除了对青少年、机关工作人员开展法制宣传和警示教育以外，还邀请人大代表、政协委员和群众代表对看守所进行视察，自觉接受社会各界的监督。

据该州公安局领导介绍，近年来，全州 10 个看守所未发生任何责任事故。下面，将根据问卷调查，结合访谈、调研情况，继续进行分析。本次问卷调查采取了随机发放的方法，在全州看守所的监管人员和在押人员中各发放了 100 份调查问卷，回收了 53 份监管人员有效问卷和 51 份在押人员有效问卷。以下是具体统计结果和调研分析。

（一）对监管者的调研分析

1. 监管者的基本情况

在回收的 53 份监管人员有效的调查问卷中，女性监管人员共 10 人，男性监管人员共 43 人。在文化程度方面，具有中专学历的监管人员共有 3 人，皆为男性；具有大专学历的监管人员共有 30 人，其中男性 22 人、女性 8 人；具有本科学历的监管人员共有 18 人，其中男性 16 人，女性 2 人。大专以上文化程度的监管人员占到总人数的 94.34%；中专文化程度的监管人员仅占总人数的 5.66%。这表明：近年来，看守所的监管队伍文化程度有了大幅度提高，考虑到该州处于较为偏远的经济欠发达地区，可以推断全国看守所监管人员的文化素质整体上应该以专科以上学历为主。在从事监管工作的时间方面，在 53 个人中，工作一年及以下的有 3 人，工作两年的有 10 人，工作三年的有 8 人，工作四年的有 3 人，工作 5 年至 10 年的有 14 人，工作十年以上的有 10 人，另有 5 人没有填写工作年限。根据该州公安局有关领导介绍，多年从事看守所监管工作的民警，工作上长期得不到交流，整体年龄在公安队伍中属于偏大的一群。

这 53 位监管人员全部接受过法律培训。调研结果显示：看守所一般每年会组织至少一次的法律知识的培训课程。调查问卷也证明了这一点：22 人回答一年内接受一次法律知识培训，11 人回答接受两次培训，回答接受三次以上培训的有 20 人。在法律知识的培训形式上，有 21 人次选择普法教育，有 16 人次选择了短训班教育，16 人次选择了实际案例教育，另有 7 人次选择了在职学历学位教育，选择其他形式的有 5 人次，普法教育和短期班培训是主要形式。在心理健康教育方面，一共有 44 人接受过该种教育，有 9 人回答没有接受。在接受心理教育的 44 人中，男性 34 人、女性 10 人，一年内接受过一次心理健康教育的有 16 人，接受过两次教育的有 18 人，接受过三次教育的有 2 人，接受过四次教育的有 2 人，接受过五次教育的有 2

人，接受6次以上的有4人。在心理健康教育的形式方面，接受"心理健康教育公开课"的有32人次，接受过"一对一心理辅导"有7人次，接受"压力释放训练"的有5人次。通过其他方式的有2人次。受访谈者表示：压力释放训练更有效果，而以公开授课的教育方式，效果不大，自己学习之后仍然无法在实践中熟练运用。

2. 监管者对看守所暴力的处理方式

（1）关于"当被关押人员与同犯间发生殴打或体罚等暴力行为时，监管者的处理方式"的调查，统计结果是：

处理方式	不作处理	批评教育	减少亲属会见次数	增加劳动强度	扣分	采取强制措施（如隔离、禁闭）
选择次数	3次	31次	2次	4次	1次	28次

从上述数据来看，当被关押人员与同案犯发生殴打或体罚等暴力行为时，监管者主要是对其采取隔离、禁闭等强制措施和批评教育两种处理方式，增加劳动强度排在其次，同时也存在监管人员对此种情况持漠视放纵的态度。值得注意的是，"采取强制措施"的选择次数所占比重，明显高于东部某市看守所监管人员的选择比重。

（2）关于"当被监管人员严重不服从监管或发生紧急情况时，监管人员的处理方式"的调查，统计结果是：

处理方式	不作处理	口头批评教育	上报上级领导处理	予以相应体罚或教训
选择次数	0次	15次	26次	17次

从调查数据看，当被监管人员严重不服从监管或发生紧急情况时，监管人员主要采取体罚、口头批评教育和上报上级领导处理三种处理方式。我国《看守所条例》第4条规定："看守所监管人犯，必须坚持严密警戒看管与教育相结合的方针，坚持依法管理、严格管理、科学管理和文明管理，保障人犯的合法权益。严禁打骂、体罚、虐待人犯。"上述数据显示，看守所监管人员对被监管者采取体罚的违法行为还是相当常见的。

（3）关于"被关押人员遭受殴打或体罚等暴力行为所造成的伤害情况"的调查，统计结果是：

伤害情况	肿痛	皮肉伤	骨折	伤残	其他严重情况
选择次数	21次	22次	0次	0次	0次

从上述数据看，被监管人员遭受暴力所造成的伤害均为肿痛或皮肉伤。这一调查结果与东部某市看守所的调查结果如出一辙。不排除调查对象有避重就轻之嫌。

（4）关于"被关押人员受到的殴打或体罚等暴力行为的主要方式"的调查，统计结果是：

伤害方式	拳打脚踢	器械攻击	冻饿晒等行为	暴力威胁或侮辱性言语攻击
选择次数	26次	1次	3次	12次

上述数据显示，看守所轻微暴力的存在还是比较普遍的，53位调查对象有52人进行了明确回答。体罚、暴力威胁和侮辱性言语等人身攻击等没有杜绝。虽然本组数据看不出这些暴力的实施者是监管者还是被关押人员，但是也表明看守所在这方面的内部监督和外部监督还需要加强。

（5）关于"看守所暴力行为发生的原因（多选）"的调查，统计结果是：

原因	不服从管理	刑讯逼供	牢头狱霸	在押人员心理问题	私人矛盾或恩怨	个人情绪	工作压力
次数	18次	9次	21次	21次	13次	14次	0次

上述数据表明，受访者认为看守所暴力行为发生的原因主要有在押人员的心理问题、不服从管理、"牢头狱霸"、刑讯逼供和个人情绪五种。其中，"牢头狱霸"和心理问题的选择次数最多，看来，"牢头狱霸"仍是最突出的、亟待解决的问题。至于在押人员的心理问题，据监管人员介绍，主要是由于这些人进来以后，在受到束缚等各种环境力量的作用下，容易萌发怨气、脾气，一丁点儿小事就可能激化成争吵、斗殴、打架。类似的选择也包括"私人矛盾或恩怨"和"个人情绪"。由此可见，化解、疏通在押人员的情绪、心理，避免暴力行为的发生，是监管工作的重中之重。此外，该地公安局虽然采取"隔离提审"等措施，但是刑讯逼供等现象仍免

不了发生，这也提醒管理者，治理刑讯逼供的问题，任重而道远！

（6）关于"本单位内对向被监管人实施暴力行为的监管人员的处理方式"的调查，统计结果是：

方式	不作处理	批评教育	警告	记过、记大过	降级	撤职	开除公职	移送司法机关处理
次数	0次	17次	5次	10次	5次	9次	5次	8次

上述数据反映，看守所对监管人员的暴力行为的处理方式主要是停留在批评教育、记过撤职和开除公职等"内部处理方式"上，而移交司法机关处理的外部监督方式运用仍然较少。

（7）关于"监管人员拒绝对被关押人员实施殴打或体罚等暴力行为的原因"的调查，统计结果是：

原因	内心道德、职业道德约束	本单位规定约束	担心报复	相关法律法规约束	其他
选择次数	34次	12次	3次	18次	1次

上述数据表明，公安局和看守所的管理规范、制度规范、法制教育对于监管者的约束力量非常大，加起来一共有64次，很多调查对象是同时选择了"内心道德、职业道德约束""相关法律法规约束"和"本单位规定约束"，而选择"担心报复"和"其他"的仅有4次。这表明，继续加强法制教育、依法管理、完善相关管理规章规范建设，是一种行之有效的解决手段。

3. 监管者对看守所体制改革的建议

改革建议	选择次数
加强被关押人员的心理疏导和法制教育，减少被关押者的不满情绪	48
强化看守所管理人员的法律意识和人权意识，提高其业务素质和道德品质	44
改革看守所管理体制	26
改革司法体制	26
建立健全法律监督和社会监督体制	27
健全完善相关法律法规	31
其他措施	0

上述数据显示，"加强被关押人员的心理疏导和法制教育，减少被关押

者的不满情绪""强化拘留所管理人员的法律意识和人权意识，提高其业务素质和道德品质"这两大具体措施选择得最多；而"健全完善相关法律法规""建立健全法律监督和社会监督体制"也很受监管人员认可。"改革看守所管理体制"和"改革司法体制"较为宏观，这些接受调查的监管人员也说不出个所以然，但潜意识中仍然认可体制改革的重要性

（二）对被监管者的调研分析

1. 被监管者的基本情况

在回收的 51 份被监管者有效的调查问卷中，男性在押人员共 38 人，女性在押人员共 13 人。在年龄分布方面，20 岁以下的 2 人，20~30 岁的有 18 人，30~40 岁的有 20 人，40~50 岁的有 10 人，50 岁以上的只有 1 人，年龄集中在 20~50 岁，这表明看守所在押人员的年龄最主要落在这个年龄区间。

在进入看守所关押之前，这些调查对象的职业分别是：

职业	工人	农民	公务员	国有企事业单位工作人员	个体工商户或者私营企业主	自由职业者	无业
选择	5	30	2	2	2	4	8

调查对象的职业主要是农民（有两人是同时填了农民和无业），这也与当地的经济关系有直接的关系，该地是以农业为主，农业人口占绝对多数。关于这些在押人员的关押期限，1 个月以下的有 2 人，1 个月至 6 个月的有 38 人，6 个月至 12 个月的 11 人，调查对象被关押的期限主要为 1~6 月。

关于"被关押的原因"，统计结果如下：

原因	政治型犯罪	暴力型犯罪	财产型犯罪	毒品型犯罪	其他类型犯罪
选择	3	25	11	5	7

上述调查数据表明，调查对象主要涉及暴力型犯罪和财产型犯罪，其中又以盗窃、抢劫、故意伤害等为主。值得注意的是，由于该地区少数民族众多，接近边境，因此涉及政治型犯罪、毒品买卖等也占有一定比重。这表明该看守所在押人员的来源的复杂性。

在关押次数的统计方面，统计结果是：

关押次数	一次	二次	三次	四次	五次	六次以上
选择次数	22	23	4	2	0	0

上述数据表明：属于初犯的不到一半，而被关押二次以上的居然有29人，占据被调查对象的一半以上。据监管人员介绍，很多在押人员属于有前科的，第一次放出去以后，或者由于恶习不改，或者是生活所迫，或者是其他原因，再次实施触犯法律法规的行为。这一调查结果与上述东部某市的调查数据又形成了鲜明对比，该市看守所被调查的在押人员全是初犯。

在接受法制教育的调查方面，这51人全部接受过法制教育。其中，接受的法制教育次数统计如下：

教育次数	一次	二次	三次	四次	五次	六次以上
选择次数	16	23	10	2	0	0

问卷反映：调查对象接受法制教育每年两次以上的有35人，其中三次以上的有12人。这表明，该地区看守所对于在押人员的法制教育确实很重视。同时，问卷上还反映：教育的方式以普法教育为主，普法教育有28人；实际案例教育有15人，互动式教育有1人，其他方式有7人。从实际上看，普法教育的效果不如其他形式的教育，应更多采用实际案例教育和互动式教育帮助在押人员接受改造。

在接受过心理健康教育的调查方面，有50人接受过心理健康教育，仅有1人未接受过心理健康教育。据了解，这个人是刚刚进入看守所，尚未来得及接受教育。在接受教育的次数方面，统计结果如下：

教育次数	一次	二次	三次	四次	五次	六次以上
选择次数	23	21	5	1	0	0

问卷上反映了接受每年两次以上的心理健康教育的人为27人次，这充分体现了监狱对犯人的心理健康的关注。心理健康教育的方式以心理公开课为主，有35人；一对一心理疏导有9人；亲情连线有0人；其他方式有6人。在访谈中得知，心理公开课由于没有个体针对性，实际意义并不是太大，而一对一心理疏导和亲情连线确是有很大作用的。

2. 对被关押人员的调研分析

这一部分调研总共有八个大问题，统计结果和分析依次如下：

（1）关于"在关押期间，是否受到过殴打或体罚等暴力行为？"的调查，统计结果如下：

暴力行为出处	监管人员	被监管人员	其他人员	未受到过任何暴力行为
选择次数	1	19	0	30

从上述数据可以看出，受到过暴力行为侵害的有20人，所占比例仍然不可忽视。更值得注意的是，来自被监管人员的暴力行为有19例，而来自监管人员的仅有1例，这说明：该地区看守所对于监管人员暴力行为的管理和约束确实起到了较好的效果，但是，对被监管人员之间的暴力行为监控仍然很不足，迫切需要加强和完善！

（2）关于"监管人员实施殴打或体罚等暴力行为的原因"的调查，统计结果是：

暴力行为原因	不服从管理	工作压力	个人情绪	其他
选择次数	12	10	23	13

从上述数据来看，多数监管人员的暴力行为主要系属个人情绪，而相对客观一些的"不服从管理"仅占据选择的第三位。这说明，在被监管人员的眼中，监管人员实施暴力行为的主观性很大。监管人员应该进一步改进工作方法，以公正、客观、理性、冷静的方式采取强制措施。同时，管理方也应该对监管人员加强心理学、管理学教育，改善其工作方式和方法。

（3）关于"在押人员之间实施殴打或体罚等暴力行为的原因"的调查，统计结果是：

暴力行为原因	牢头狱霸	私人矛盾或恩怨	个人情绪	其他
选择次数	19	5	25	11

上述统计数据表明，在押人员之间实施殴打或体罚等暴力行为的主要原因，基于个人情绪和"牢头狱霸"的占大多数。因此，加强对在押人员

的心理疏导，进一步改善在押人员之间的相互关系，同时严厉打击"牢头狱霸"，是遏制看守所暴力行为的必要方式。

（4）关于"遭受殴打或体罚等暴力行为所造成的伤害情况（未遭受过暴力行为可不答）"的调查，统计结果是：

伤害情况	肿痛	皮肉伤	骨折	伤残	其他严重情况
选择次数	18	7	2	2	4

这一统计表明：受殴打或体罚等暴力行为所造成的伤害情况主要是肿痛和皮肉伤。但是，值得注意的是，"骨折""伤残"乃至"其他严重情况"都出现了，而且一共有8个人选择，占有相当比重。这一情况又与上述东部某市的看守所形成对比：该市看守所至少在抽样统计中，未出现"骨折""伤残"乃至"其他严重情况"。而在西部该地区，这些严重情况不仅出现了，甚至还占有一定比例。这说明，西部该地区看守所遏制暴力行为的工作还需要大力加强。

（5）关于"受到的殴打或体罚等暴力行为的主要方式"的调查，统计结果是：

伤害方式	拳打脚踢	器械攻击	冻饿晒等行为	暴力威胁或侮辱性言语攻击
选择次数	33	0	1	3

上述数据表明，被监管人员受到的殴打或体罚等暴力行为的基本方式还是拳打脚踢。

（6）关于"被监管人员受到同犯的殴打或体罚等暴力行为后，监管人员对施暴者的处理方式"，统计结果是：

处理方式	无人管理	批评教育	减少亲属会见次数	增加劳动强度	扣分	采取强制措施（如隔离、禁闭）
选择次数	1	26	0	0	0	18

上述数据反映：受到同犯的殴打或体罚等暴力行为后，监管人员对施暴者的处理方式以批评教育和采取强制措施为主，但也存在个别的不处理问题。这一调查结果与上述对于监管人员的调查大体上一致，批评教育和

采取强制措施分别处于处理方式的首选和次要选择。

（7）关于"监管人员对被监管人员实施殴打或体罚等暴力行为后，监管人员受到的处罚方式"的调查，统计结果是：

方式	不作处理	批评教育	警告	记过、记大过	降级	撤职	开除公职	移送司法机关处理
次数	1	24	1	2	0	1	14	1

上述数据反映，监管人员对被监管人员实施殴打或体罚等暴力行为后，监管人员受到的处罚方式基本上是批评教育、开除公职等"内部处理方式"，移送司法机关处理的仅有一个选择。与上述就同一问题对监管人员进行调查的统计结果相比较，在被监管人员的眼里，监管机关更多是采取"内部消化"的方式。

（8）关于"当受到殴打或体罚等暴力行为时，您是怎么做的？"的调查，统计结果是：

反映方式	忍受	反抗	报告	通过其他途径反映
选择次数	18	3	16	4

上述数据表明，当被监管人员受到殴打或体罚等暴力行为时，很多是采取忍受的方式来面对。但是，还有20人通过报告和其他途径的方式来反映解决，这表明在押人员的维权意识比较高，应该创造更加畅通的申诉报告途径，让那些选择"忍受"的在押人员也能积极维护自己的正当权益。"忍受"意味着对暴力行为的容忍和纵容，只能加剧暴力行为。

3. 被关押人员认为"预防殴打或体罚等暴力行为的最好方法"

改革建议	选择次数
加强被关押人员的心理疏导和法制教育，减少被关押者的不满情绪	49
强化看守所管理人员的法律意识和人权意识，提高其业务素质和道德品质	46
改革看守所管理体制	43
改革司法体制	37
建立健全法律监督和社会监督体制	37
健全完善相关法律法规	41
其他措施	0

209

从上述数据可以看出，和前面的同一调查相比，此部分的改革建议并没有多少差别。"加强被关押人员的心理疏导和法制教育，减少被关押者的不满情绪"和"强化看守所管理人员的法律意识和人权意识，提高其业务素质和道德品质"仍然高居首位。

（三）存在的问题

除了问卷调查以外，调研人员通过参加当地组织的正式调研和访谈，获得了如下对于遏制监所暴力相关的重要信息：

（1）监管警力不足，严重影响看守所暴力行为的遏制工作。全州看守所现有监管民警约140人，按照规定应配备250多人，实际缺编民警近110人。此外，按照规定应配备协警、工勤人员130多人，现有90余人，缺编40多人。由于警力达不到公安厅规定的每个看守所不少于18名民警、11名协警和工勤人员的配备标准，现有的民警长期超负荷工作，严重不利于监管工作的开展。

（2）技防设备不完善，影响监所安全。近年来，该州两级财政拨出专款用于技防系统工程建设，所有看守所均安装了智能电网。但是，这些投入仍然不够。在该州十个看守所中，新安装或改建全方位监控系统中正常使用的看守所只有六个，监控设备不完善的看守所有四个；三个看守所普遍存在监控系统结构不合理，视频监控有盲区；监控设备整体老化，音视频不同步，录像不清楚，并且没有声音；无后备发电系统及电源设备，监控摄像无后备电源，断电后存在空白点，急需升级改造。部分看守所监控机房没有配备灭火器等消防设备。还有一个看守所计算机系统没有与同级公安局联网，且哨楼没有探照灯。

（3）专门用于在押人员救治的医疗经费缺乏。该州各看守所都没有专门用于在押人员救治的医疗经费。当在押人员受到暴力侵害而受伤，甚至身患疾病且家庭贫困的在押人员需要救治时，看守所只能靠挤占有限的办公经费来解决，这既耽误了受伤在押人员的及时医疗，也严重影响了看守所正常工作的开展。

（4）从优待警措施落实不到位，不能有效调动民警工作的积极性。部分看守所民警未享受职级待遇，造成他们工作积极性低，不求上进。从事监管工作的民警加班费、夜班费、误餐费、特殊岗位津贴等长期无法落实，福利待遇远远低于从事其他工作的民警。因警力严重不足，导致看守所民警平均周工作 60 小时以上，由于常年超负荷工作，在岗民警只能将主要精力投入到巡视监控、确保安全上，全方位的管理教育和各项制度难以落到实处。由于监管民警队伍中普遍存在的"值班多、家难顾、责任重、压力大、晋职难、待遇差"的问题长期得不到解决，在一定程度上影响了部分民警安心监管工作的信心，导致民警缺乏事业心、上进心和责任心。

（5）看守所工勤人员聘用难度大。从全州看守所工勤人员现状看，能够提供保障的工资标准无法聘用到社会人员，使用留所服刑罪犯从事炊事工作的还占相当一部分，这也给看守所安全工作带来隐患。此外，有些看守所为解决监管人员不足的问题，甚至使用少数在押人员监管其他在押人员，这很容易导致"牢头狱霸"的产生，加剧其他在押人员的不平等感，严重影响监所暴力的遏制工作。

C. 看守所调研小结

从以上调研来看，目前看守所的监管者的受教育程度都比较高，基本都在大专以上。但是，不同看守所提供给员工的法律培训、心理健康教育的机会差异很大。西部某地区的看守所提供给监管人员法制教育和心理健康教育的机会，明显比东部某市看守所的多。值得注意的是，西部该地区的经济发展和政府财政收入均远远低于东部某市。这也说明，在遏制看守所暴力工作方面，经费投入很重要，管理工作更重要。只要上级领导下决心，认真执行、落实管理规范，相关工作会有显著的效果。

不过，这些调研更多地表明，不同地区的看守所存在很多共同之处：当被关押人员与同案犯发生殴打或体罚等暴力行为时，监管者基本上都采取批评教育、采取强制措施等等举措；当被监管人员严重不服从监管或发生紧急情况时，监管人员共同的处理方式主要是口头批评教育和上报上级领导处理。被关押人员遭受殴打或体罚等暴力行为所造成的伤害，多为肿痛或皮肉伤，这种轻微伤害普遍存在；看守所暴力行为发生的原因，主要是被拘押人的犯罪心理问题、不服从管理、"牢头狱霸"等；本单位内对向被监管人实施暴力行为的监管人员的处理方式，主要是批评教育、记过、撤职和开除公职等内部处理方式，而移交司法机关处理的外部监督方式比较少见；监管人员拒绝对被关押人员实施殴打或体罚等暴力行为的原因，基本上都是内心道德、职业道德、本单位规定和相关法律法规四个要素；

"加强被关押人员的心理疏导和法制教育,减少被关押者的不满情绪""强化拘留所管理人员的法律意识和人权意识,提高其业务素质和道德品质""健全完善相关法律法规,建立健全法律监督和社会监督体制"等,是看守所监管者和被监管者一致认为看守所遏制暴力和体制改革的重点;看守所监管警力不足的问题普遍存在,这对看守所暴力行为的遏制工作产生了严重影响;看守所的技防设备不完善,有待进一步提高;监管民警工作时间长、工作强度大、工资待遇低、进步空间小,难以吸引优秀人才加入,无法鼓舞监管民警的上进心和爱岗敬业精神,这些都对监管工作造成了难以估量的影响。

除了上述调研以外,还有一些现象很值得关注。以上调研都表明:监所暴力主要来自在押人员之间。但是,在其他地方还存在一种特殊现象:目前有些看守所的监管人员不亲自动手,而是教唆甚至命令被监管人员对其他在押人员实施虐待。[①] 如何遏制这种"隐蔽"而"曲折"的监管者暴力行为是一个很值得注意的问题。有些地方看守所还存在被监管人员袭警的行为,例如:2006年9月22日,罗山堂、韩玉林在旅顺看守所内密谋暴力越狱;2007年3月29日瑞丽市看守所内罪犯愉永胜、杨忠涛、刘俊鹏、王洪胜、查海光五人劫持教导员为人质暴动越狱等,都是近年来看守所内被监管人员暴力反抗的典型案件,在社会上产生了较大的影响。[②]

四 监狱调研结果与研究分析

新中国成立初期的1950年11月3日,政务院发布关于加强人民司法工作的指示规定:"关于监所管理,目前一般宜归公安部门负责,并受司法部门指导,由省以上人民政府依各地具体情况适当决定之。"随后,司法部、公安部发布联合指示《关于监狱、看守所和劳动改造队移转归公安部门领导的指示》(1950年11月30日司指字第四十一号),监狱、看守所、劳动改造机构等均移交公安部门管理。1983年5月,中共中央下发了《中共中央批转全国公安工作会议的两个文件的通知》,规定"监狱、劳改、劳教的

[①] 刘晨琦:《遏制看守所暴力与看守所改革刍议》,中国社会科学院法律硕士学位论文,2011年。

[②] 转引自刘晨琦《遏制看守所暴力与看守所改革刍议》,中国社会科学院法律硕士学位论文,2011年,第8页。

管理工作移交给司法部"。除了秦城监狱仍然由公安部管理以外,其他监狱整体移交司法部门管理。中国目前大约有700多所监狱,大约47%地处县城甚至乡镇以下行政区域,70%以上位于交通不便的偏远地区,承担着约160万左右的罪犯的改造功能。① 监狱的暴力行为长期以来也是备受关注的公共议题。近年来,广东茂名监狱等发生严重的腐败和暴力事件,经媒体披露以后,在全国引起了广泛关注和批评。② 本次调研的监狱包括司法部直属的燕城监狱、北京市、广东省等地方的监狱,调研的形式是访谈。进行问卷调查的监狱则是全国某大型监狱。下面将结合问卷调查和访谈材料,对调研内容进行分析。

在调研的监狱中,燕城监狱是司法部唯一直属的正厅级中央监狱,位于河北省三河市燕郊开发区,关押的罪犯有三类:一是普通刑事罪犯;二是外国籍罪犯;三是职务罪犯。燕城监狱的所有罪犯都是从各地监狱调送来的。司法部要求燕城监狱应该达到三个基地:对外交流的窗口;中国监狱改革的基地和科学研究的基地。在司法部的高度重视下,燕城监狱的基础设施和技防设施非常完善,警囚比例高,基本消除了监狱暴力行为。调研的北京市监狱同样也是技防设施完善、先进,监管人员素质高,管理严格,连续十几年没有发生安全事故。根据对北京市监狱某入狱四年多的服刑人员访谈得知,他从未遭遇、从未耳闻目睹任何一起警察虐待服刑人员的事例。在北京市监狱调研时发现,警察称呼犯人,不是称"罪犯""囚犯",而是"服刑人员",或者直呼其名。犯人佩戴的胸牌,过去要注明罪名,现在取消,只注明编号、姓名和处遇等级。犯人穿的衣服也没有"囚犯""囚徒"等标记字样,颜色偏蓝色。由于燕城监狱和北京市监狱均属于"窗口监狱",管理非常严格,监狱暴力行为极少出现,结合本课题对于"监所暴力"的特殊研究,不具有问卷调查的代表性。因此,本组调研人员

---

① 陈晓舒:《中国式监狱的艰难转型》,《中国新闻周刊》2009年第10期。
② 广东茂名监狱是广东省四座市属监狱之一,归茂名市司法局管理,副处级建制。据监狱史记载,它成立于1952年,前身是化州县石滩劳改场,1995年才改称为广东省茂名监狱。2000年之前,这里负责关押茂名与湛江两地刑期在15年以内的犯人。2000年以后,则改为关押刑期不长于10年的犯人。据某犯人回忆,他对于茂名监狱服刑生活最深刻的回忆就是"恐怖","经常打人,吊飞机、绑手或绑脚,绳子的另一头是一桶水,把人吊起来,用警棍打。"挨打的原因则是完不成生产任务。详细介绍,参见刘志明《广东茂名监狱:高墙内的黑幕》,《瞭望东方周刊》2009年第35期。

选择了另一个全国大型监狱，进行问卷发放调研。进行问卷调查的监狱是副厅级建制，其监管改造、社会帮教等工作曾被司法部和该监狱所在的省社会治安综合治理委员会评为全国和全省先进单位，分押、分管、分教罪犯的经验曾在全国范围内推广，具有很强的代表性。

根据对该监狱有关领导和监管人员的访谈得知，该监狱为了遏制监狱暴力，采取了一系列措施。该监狱首先根据《刑法》《监狱法》等法律的规定，对监管人员进行严格的法律教育，尤其是要求监管人员明确牢记《监狱法》第13条和第14条规定的监狱警察的职业道德和工作纪律，以及《刑法》第248条规定的体罚虐待罪。此外，该监狱还定期组织监管人员学习心理学、管理学等科学知识。当罪犯入狱时，监狱首先组织罪犯学习《刑法》《刑事诉讼法》《监狱法》《服刑人员手册》等，使罪犯详细了解自己的权利和义务，包括自己的人格权益、人身权益、财产权、辩护权、休息权、申诉控告检举权、通信会见的权利等十几项权利。对于犯人之间互相殴打的行为，殴打者会受到严厉的惩罚，例如警告、记过、关禁闭等，取消当年的评奖减刑资格。监狱根据犯人不同的改造表现，把犯人分为不同的处遇等级，可以享用不同的通信会见待遇。该监狱还有一套完整的"以分计奖、以奖依法减刑假释"制度，根据犯人的改造表现计分，再根据得分高低排名评奖，最后呈报法院裁定减刑或假释。据监管人员介绍，罪犯一旦知道殴打、暴力行为的严重后果，都不大敢"轻举妄动"了。以下是具体统计结果和调研分析。

（一）对监管者的调研分析

1. 监管者的基本情况

在回收的31份监管人员有效的调查问卷中，女性监管人员共7人，男性监管人员共24人。在文化程度方面，中专以下学历的监管人员有5人，全部是男性；具有中专程度的监管人员共有5人，也都是男性5人；具有大专学历的监管人员共有9人，其中男性8人、女性1人；具有本科学历的监管人员共有7人，其中男性5人、女性2人；本科以上学历的监管人员5人，其中男性1人、女性4人。这表明：近年来，监狱的监管队伍文化程度有了大幅度提高，而且女性监管人员的文化程度总体上高于男性。在从事监管工作的时间方面，工作三年的有6人，工作四年的有3人，工作五年至十年的有21人，工作十年以上的仅有1人。监狱监管人员的队伍基本上以年轻人为主体。

在这31位监管人员中，接受过法律培训的一共有25人，仅仅有4人没有参加过法律知识培训，另外有2人未填写该项，据了解，这2人也未接受过法律培训。在抽查的31位监管人员中，有6人未接受过法律培训，比例接近20%，并且，这些抽查人员都是工作三年以上的，不存在因为刚开始工作来不及接受法制教育的特殊情况，这表明，该监狱还需要加强、落实法律培训机制。在接受法律知识培训的次数上，有3人回答一年内接受两次法律知识培训，8人回答接受三次培训，5人回答一年内接受四次法律知识培训，9人回答一年内接受五次法律知识培训。在法律知识的培训形式上，实际案例教育是主要形式，一共16人选择了这种课程。此外，还有7人选择了短训班教育，2人选择了在职学历学位教育，6人选择了普法教育，1人选择了其他形式，有些监管者反映：该监狱举办的法律知识培训形式多种多样，包括案例讲解、短训班、普法讲授等，因此在一年内可以接受好几次法制教育。在心理健康教育方面，一共有23人接受过该种教育，另有8人未作回答。但是，在随后的关于"您在一年内接受过几次心理健康教育？"的回答中，却有30人进行了回答，这表明：事实上一共有30人接受过心理教育。其中，一年内接受过一次心理健康教育的有6人，一年内接受过两次心理健康教育的有8人，一年内接受过三次心理健康教育的有8人，一年内接受过四次心理健康教育的有2人，一年内接受过五次心理健康教育的有1人，一年内接受过六次心理健康教育的有5人。在心理健康教育的形式方面，接受"心理健康教育公开课"的有12人，接受"压力释放训练"的有12人，一对一心理辅导1人，其他方式1人，另有5人未做选择。

2. 监管者对监狱暴力的处理方式

（1）当被关押人员与同犯间发生殴打或体罚等暴力行为时，监管者对处理方式的选择答案是：

处理方式	不作处理	批评教育	减少亲属会见次数	增加劳动强度	扣分	采取强制措施（如隔离、禁闭）
选择次数	3	19	0	2	2	8

上述数据表明：不作处理的仅仅有3人，采取行动的监管者多以批评教育为主，有19人。另外有2人采取扣分的方式，2人采取增加劳动强度的

方式，8人直接采取强制措施。据监狱监管人员介绍，批评教育主要针对情节轻微的暴力行为，而情节严重的则直接采用强制措施。此外，由于监狱生产是该监狱的一项很重要的日常工作，采取增加劳动强度的方式惩罚罪犯，也为一些监管人员所采用。

（2）当被监管人员严重不服从监管或发生紧急情况时，监管人员的处理方式的调研统计结果是：

处理方式	不作处理	口头批评教育	上报上级领导处理	予以相应体罚或教训
选择次数	2	6	16	6

有4人未作回答，可能是出于回避的缘故。不过，以上数据仍然表明：当发生上述情形时，大部分（16人次）被调查者选择上报上级领导处理，做出这些选择的监管人员想采取强制措施，但是超出其权限，因此需要上报上级领导处理。有6人采取"口头批评教育"，2人采取"不作处理"，这种避重就轻或"大事化小、小事化了"的方式，也值得引起重视，因为这可能会导致情况的恶化和加剧，形成"纸包不住火"的严重后果。

（3）对于"被关押人员遭受殴打或体罚等暴力行为所造成的伤害情况"的调查，统计结果是：

伤害情况	肿痛	皮肉伤	骨折	伤残	其他严重情况
选择次数	11	12	0	0	8

上述数据反映，由于殴打或者体罚等暴力行为所导致的损害主要是肿痛和皮肉伤。"骨折"和"伤残"没有直接回答，但是却有8人选择"其他严重情况"，接近25%的比重！这表明被调查人员在做这一选择时，存在着很大顾虑。由于该监狱以前曾发生过严重的伤害情况案例，"严重情况"看来在一定程度上还是存在的。

（4）关于"被关押人员受到的殴打或体罚等暴力行为的主要方式"的调查，统计数据是：

伤害方式	拳打脚踢	器械攻击	冻饿晒等行为	暴力威胁或侮辱性言语攻击
选择次数	19	6	0	5

有 4 人未作选择，大概也是出于回避敏感问题的缘故，这不排除存在的可能性。上述数据反映，实施暴力一般是拳打脚踢，但也不排除器械攻击以及暴力威胁或者侮辱性言语攻击。值得注意的是，女性监管人员选择的多为"器械攻击"。在该监狱，拥有器械的主要是监管人员，这也可能存在监管人员使用警棍等器械攻击罪犯的情形，当然罪犯在劳动改造的时候也可以利用器械。

（5）关于"监狱暴力行为发生的原因"的调查，统计数据是：

原因	不服从管理	刑讯逼供	牢头狱霸	罪犯心理问题	私人矛盾或恩怨	个人情绪	工作压力
次数	17	4	8	15	11	12	3

上述数据反映：监狱暴力行为发生的原因与不服从管理、罪犯心理问题、私人矛盾或恩怨和个人情绪有关，这也体现出监管人员的心理健康教育和法制教育，以及监狱对犯人的改造和心理教育还有待改进。另外，"牢头狱霸"现象的存在是监狱在管理上出现了问题，还应当进一步加强对于"牢头狱霸"的打击力度。对于有私人矛盾或者恩怨的罪犯，可以考虑采取隔离监管的方式。

（6）关于"本单位内对向被监管人实施暴力行为的监管人员的处理方式"的调查，统计数据是：

方式	不作处理	批评教育	警告	记过、记大过	降级	撤职	开除公职	移送司法机关处理
次数	1	11	15	2	0	0	0	5

上述数据表明：对于本单位内对向被监管人实施暴力行为的监管人员的处理，主要限于警告和批评教育。值得注意的是，"移送司法机关处理"也有五个选择。由于移送司法机关处理的一般是发生了很严重的暴力行为和伤害后果，这一选择似乎也间接表明该监狱存在一定程度上的严重暴力。在这些选择中，"降级""撤职""开除公职"作为较轻后果"批评教育""警告""记过、记大过"和最重后果"移送司法机关处理"之间的过渡手段，却没有被使用。这也表明，该监狱对于向被监管人实施暴力行为的监管人员的处理，似乎介于畸轻畸重的两端，未能达到均衡发展。

（7）关于"监管人员拒绝对被关押人员实施殴打或体罚等暴力行为的

原因"的调查，统计数据是：

原因	内心道德、职业道德约束	本单位规定约束	担心报复	相关法律法规约束
选择次数	13	7	0	12

上述数据反映，内心道德、职业道德教育，相关法律法规约束，本单位规定约束是最重要的原因，没有监管人员担心罪犯被打时或出狱后进行报复。这揭示了监狱遏制监管者对罪犯实施暴力行为的有效途径：完善规范规定，进一步加强法制教育、心理教育和职业道德教育。

3. 监管者对监狱体制改革的建议

改革建议	选择次数
加强被关押人员的心理疏导和法制教育，减少被关押者的不满情绪	21
强化监狱管理人员的法律意识和人权意识，提高其业务素质和道德品质	20
改革监狱、看守所、拘留所等羁押场所管理体制	8
改革司法体制	7
建立健全法律监督和社会监督体制	15
健全完善相关法律法规	18
其他措施	0

上述数据表明："加强被关押人员的心理疏导和法制教育，减少被关押者的不满情绪""强化监狱管理人员的法律意识和人权意识，提高其业务素质和道德品质""健全完善相关法律法规""建立健全法律监督和社会监督体制"最为关键，因此朝着四个方向努力就有很大必要。

(二) 对被监管者的调研分析

1. 被监管者的基本情况

在回收的31份被监管者有效的调查问卷中，男性在押人员共30人，女性在押人员仅1人。当调研人员询问为何女犯如此之少时，监管人员介绍说绝大多数女犯都关押在专门的女子监狱中，每个省、直辖市、自治区一般会专门设有一个女子监狱；特殊的省份，例如云南、江苏，还设有两个女子监狱。在年龄分布方面，20岁以下的0人，20~30岁的14人，30~40岁的8人，40~50岁的6人，50岁以上的2人，还有1人未作回答，由此可见，该监狱关押的罪犯主要以 20~50 岁的人为主。

在进入监狱关押之前，这些调查对象的职业分别是：

职业	工人	农民	公务员	国有企事业单位工作人员	个体工商户或者私营企业主	自由职业者	无业
选择	6	14	3	4	1	0	3

上述数据表明，调查对象的职业主要是农民和工人，包括无业者。

关于这些在押人员的关押期限，关押期限在一年以下的没有，一年至三年的有 8 人，三年至十年的 21 人，十年至二十年的 1 人，二十年以上的 0 人，另外还有 1 人未填。

关于"被关押的原因"，统计结果如下：

原因	政治型犯罪	暴力型犯罪	财产型犯罪	毒品型犯罪	其他类型犯罪
选择	3	8	13	3	4

上述数据表明：调查对象最主要是财产型犯罪、暴力型犯罪的犯人，特别是犯了抢劫、盗窃、抢夺、诈骗、故意伤害、走私、贪污、挪用公款、行贿等罪行的人，也有涉及非法吸收公众存款罪、妨害公务罪的。有的罪犯把"对抗"政府的行为，例如妨害公务罪，视为"政治型犯罪"。据监管人员介绍，该监狱里关押涉及危害国家安全、恐怖主义等真正政治型犯罪的罪犯寥寥无几。

在关押次数的统计方面，统计结果是：

关押次数	一次	二次	三次	四次	五次	六次以上
选择次数	24	5	2	0	0	0

上述数据表明：调查对象被关押次数主要是一次，不过，也有 7 人属于累犯，占据被抽查的总人数的比例接近 20%，这是一个不小的比例。

在接受法制教育的调查方面，有 27 人接受过法制教育，4 人未作回答。但是，关于"接受的法制教育次数统计"表明，这 31 人全部接受过法制教育。关于"一年内接受的法制教育次数"的统计结果如下：

教育次数	一次	二次	三次	四次	五次	六次以上
选择次数	3	11	5	2	0	10

上述数据显示：调查对象接受法制教育每年两次以上的一共有28人，其中六次以上的有10人，这表明监狱对于犯人的法制教育大大加强了。同时问卷上还反映了教育的方式以普法教育为主，普法教育有18人选择，实际案例教育有6人选择，互动式教育有1人选择，其他方式有7人选择，有1人同时选择了普法教育和其他方式教育。从实际上看，普法教育成果并不明显，应该更多采用实际案例教育和互动式教育帮助犯人接受改造。不过，也有被访谈的监管人员指出：普法教育是其他形式的法制教育的基础，罪犯有了一定的法律知识之后，才能更好地实施其他形式的法律教育。

在接受过心理健康教育的调查方面，有26人回答接受过心理健康教育，有4回答未接受过心理健康教育，另有1人未作回答。但是，在关于"您在一年内接受过几次心理健康教育?"的调查问卷的回答中，有30人进行了明确回答，这说明事实上至少有30人接受过心理健康教育。

教育次数	一次	二次	三次	四次	五次	六次以上
选择次数	9	10	6	1	0	4

问卷反映了每年接受两次以上的心理健康教育的人为21人次，这充分体现了监狱对犯人的心理健康的关注。在心理健康教育的方式方面，有18人选择"心理公开课"，有5人选择"一对一心理疏导"，有4人选择"亲情连线"，剩下4人选择"其他方式"。

2. 对被关押人员的调研分析

这一部分调研总共有八个大问题，统计结果和分析依次如下：

（1）关于"在关押期间，是否受到过殴打或体罚等暴力行为?"的调查，统计结果如下：

暴力行为出处	监管人员	被监管人员	其他人员	未受到过任何暴力行为
选择次数	4	9	0	18

从上述数据可以看出，有 18 人未受到过任何暴力行为，超过被抽查人数的一半，这似乎表明监狱暴力已经控制在较少的程度上。但是，仍然有 13 人受到过暴力行为，比例超过被抽查人数的三分之一，这说明监狱暴力问题还是存在，并且不容忽视。同时，被监管人员之间的互犯要高于监管人员的暴力行为。

（2）关于"监管人员实施殴打或体罚等暴力行为的原因"的调查，统计结果是：

暴力行为原因	不服从管理	工作压力	个人情绪	其他
选择次数	20	3	9	1

上述数据表明，监管人员的暴力行为多属于惩罚那些"不听话"的罪犯。不过，也有 12 个选择属于"工作压力"和"个人情绪"等监管者个人因素的原因，这些在被监管者罪犯看来，都属于监管者的主观行为，不是基于客观的"违反规范"的理由，因此显得正当性理据不足。对于因"个人情绪""工作压力"等主观性原因实施的暴力行为，应该尽可能减少、消除。在这方面，进一步加强对监管人员的法制教育、心理教育和规范约束，更为重要。

（3）关于"同犯之间实施殴打或体罚等暴力行为的原因"的调查，统计结果是：

暴力行为原因	牢头狱霸	私人矛盾或恩怨	个人情绪	其他
选择次数	12	9	12	0

上述数据表明，"牢头狱霸"和"个人情绪"属于最主要的原因，而"私人矛盾或恩怨"也是重要原因。对于"牢头狱霸"的问题，监狱应该进一步加强监控，严厉打击，从外部消除这种暴力行为的起因。对于"个人情绪"和"私人矛盾或恩怨"，则应该进一步加强对罪犯的心理健康教育，有效影响罪犯的心理，让其拥有良好的心态。

（4）关于"遭受殴打或体罚等暴力行为所造成的伤害情况（未遭受过暴力行为可不答）"的调查，统计结果是：

伤害情况	肿痛	皮肉伤	骨折	伤残	其他严重情况
选择次数	13	5	1	1	0

有20人回答了这个问题，11人未作回答，其原因主要是未遭受过殴打或体罚等暴力行为。受殴打或体罚等暴力行为所造成的伤害情况主要是肿痛和皮肉伤，但也存在着个别的严重情况，例如骨折乃至伤残。这些严重情况应该完全消除。

（5）关于"您或同犯受到的殴打或体罚等暴力行为的主要方式"的调查，统计结果是：

伤害方式	拳打脚踢	器械攻击	冻饿晒等行为	暴力威胁或侮辱性言语攻击
选择次数	19	4	1	6

上述数据表明，受到的殴打或体罚等暴力行为的主要方式是拳打脚踢，而"暴力威胁或侮辱性言语攻击"也占据了突出比例，占据五分之一。由此可见，遏制监狱暴力，不仅仅要消除外在的行为攻击，还应该关注外在的言语攻击。这类攻击同样会严重影响罪犯的心理，造成恶劣的伤害后果。

（6）关于"被监管人员受到同犯的殴打或体罚等暴力行为后，监管人员对施暴者的处理方式"的调查，统计结果是：

处理方式	无人管理	批评教育	减少亲属会见次数	增加劳动强度	扣分	采取强制措施（如隔离、禁闭）
选择次数	6	13	1	0	8	11

上述数据表明，受到同犯的殴打或体罚等暴力行为后，监管人员对施暴者的处理方式以批评教育和采取强制措施为主，但也存在着明显的不处理的问题，并且比例并不低。

（7）关于"监管人员对被监管人员实施殴打或体罚等暴力行为后，监管人员受到的处罚方式"的调查，统计结果是：

方式	不作处理	批评教育	警告	记过、记大过	降级	撤职	开除公职	移送司法机关处理
次数	5	11	6	1	1	2	1	6

上述数据表明，监管人员对被监管人员实施殴打或体罚等暴力行为后，监管人员受到的处罚方式主要是批评教育、警告和移送司法机关处理，不作处理的问题同样明显存在。

（8）关于"当受到殴打或体罚等暴力行为时，您是怎么做的？"的调查，统计结果是：

反映方式	忍受	反抗	报告	通过其他途径反映
选择次数	5	3	19	3

上述数据表明，大多数罪犯采取"报告"的形式维护自己的权益。如果再加上"通过其他途径反映"这种变相的报告形式，大概有 22 人选择这种形式，占回答该问题的 30 人中的 70% 以上。对于这种方式，监狱应该进一步拓宽反映途径。不过，也有 5 人选择"忍受"，占据回答人数的六分之一。对于这些"受伤害"的罪犯，监狱应该进一步加强外部监控，及时、主动、积极地调查此类行为，充分维护被监管人的正当权益。

3. 被关押人员认为"预防殴打或体罚等暴力行为的最好方法"

改革建议	选择次数
加强被关押人员的心理疏导和法制教育，减少被关押者的不满情绪	12
强化监狱管理人员的法律意识和人权意识，提高其业务素质和道德品质	14
改革监狱、看守所、拘留所等羁押场所管理体制	13
改革司法体制	7
建立健全法律监督和社会监督体制	21
健全完善相关法律法规	10
其他措施	0

这一选择答案与前面关于拘留所、看守所以及监管者对于监狱改革的回答都不同。被监管者尤其注重"建立健全法律监督和社会监督体制"。据访谈了解，罪犯特别希望监狱管理公开、透明、阳光，因为只有这样，暴力行为等阴暗面才会得以曝光，才能受到社会充分关注，并引起上级领导重视，最终消除这些问题。

(三) 监狱调研小结

分析监管者的调查问卷和被监管者的调查问卷,在排除合理误差的情况下,在很多方面都体现出了一致性。首先,这两份问卷反映了监狱暴力确实存在,但是未必有人们想象的那么严重。其次,监狱对于监管人员和被监管人员都有法律教育和心理健康教育,但是方式没有太大的针对性,通过交流普遍反映作用欠佳。再次,对于监管人员和被监管人员实施暴力行为后的处理方式上都存在不处理的情况,并且即便处理也是批评教育,震慑力不大。监狱应该多创造一些供遭受暴力行为袭击的被监管人员"报告""投诉"的途径。例如,有些监狱里设有监狱长信箱和检举信箱,犯人可以通过信件进行举报;在监狱里,犯人与外界之间的通信要经过检查,但是,寄给监狱长和检察机关以及监狱上级机关的信件,狱警不得拆开。这种"检举报告"的方式,就是一种值得提倡的新方式。此外,检察机关对于监所暴力的监督作用必须得到充分发挥。以上海市闵行区检察院驻北新泾监狱检察室为例,2005~2009年,北新泾监狱共新收罪犯3438人,提请抗诉案件5件5人,仅占新收罪犯的0.15%,关于监所暴力的检察监督几乎没有。[①] 本次调研的监狱也存在监督不力的问题。此外,监狱可以大力推行公开制度,让更多的社会主体参与监督,以更好地保障罪犯的正当权益,建立"和谐监狱"。

五 调研结论与改革建议

(一) 调研结论

1. 关于拘留所

与看守所、监狱相比,拘留所的暴力伤害后果要轻很多。绝大多数被关押者由于期限较短等缘故,没有遭受过暴力侵害行为。而且,拘留所的暴力伤害后果绝大多数是皮肉伤,骨折、伤残等严重情况极少发生,但是这也不排除其他严重情况的发生。被拘留人自身的心理问题,是拘留所暴力发生的主要原因。拘留所的法制教育和心理教育严重缺乏,甚至根本不存在。虽然拘留所不存在明显的暴力伤害行为,但是"暴力威胁或侮辱性

---

① 戴承欢、蔡永彤:《驻监检察监督抗诉案件的实证研究——以驻北新泾监狱检察室2005—2009年抗诉案件为视角》,《北京政法职业学院学报》2010年第2期。

言语攻击"却大量发生，而这一问题在监所暴力遏制的管理上是受到忽视的。大多数人在遭受暴力行为袭击的时候，都是采取忍受的方式，消极处理。

2. 关于看守所

看守所暴力行为比较普遍，拳打脚踢、暴力威胁和侮辱性言语等人身攻击等仍然广泛存在。看守所暴力行为发生的原因，主要有被拘押人的犯罪心理问题、不服从管理、"牢头狱霸"、刑讯逼供等四种。不同地方看守所的法制教育和心理健康教育参差不齐，这在很大程度上取决于看守所领导的重视程度和管理水平。当被关押人员与同案犯发生殴打或体罚等暴力行为时，监管者基本上都采取批评教育、采取强制措施等；当被监管人员严重不服从监管或发生紧急情况时，监管人员共同的处理方式主要是口头批评教育和上报上级领导处理。看守所监管警力不足的问题普遍存在，这对看守所暴力行为的遏制工作产生了严重影响；看守所的技防设备不完善，都有待进一步提高；监管民警工作时间长、工作强调大、工资待遇低、进步空间小，难以吸引优秀人才加入，无法鼓舞监管民警的上进心和爱岗敬业精神，这些都对监管工作造成了难以估量的影响。看守所监管工作不受领导机关重视。

3. 关于监狱

监狱暴力也在一定程度上存在，不同地区监狱的管理水平和程度不同，暴力行为是否发生及其严重程度也不同。监狱的管理较为规范化，对于监管人员和被监管人员都有普遍的法律教育和心理健康教育。"牢头狱霸"和"个人情绪"属于罪犯之间暴力行为最主要的原因，而"私人矛盾或恩怨"也是重要原因。被监管人受殴打或体罚等暴力行为所造成的伤害情况主要是肿痛和皮肉伤，但也存在着个别的严重情况，例如骨折乃至伤残。受到的殴打或体罚等暴力行为的主要方式是拳打脚踢，而"暴力威胁或侮辱性言语攻击"也占据了突出比例。受到同犯的殴打或体罚等暴力行为后，监管人员对施暴者的处理方式以批评教育和采取强制措施为主，但也存在着明显的不处理的问题，并且比例并不低。遭受暴力行为之后，监狱中的大多数罪犯采取报告或其他形式维护自己的权益。由于有专门的管理机构，监狱工作受到司法行政部门的高度重视。

(二) 改革建议

(1) 制定新的《拘留所条例》《看守所条例》《监狱法》。国务院 1990 年制定的看守所条例已经严重过时，层级较低，不符合《立法法》第 8 条"对公民政治权利的剥夺、限制人身自由的强制措施和处罚"的事项只能制定法律的规定，需要制定看守所法或羁押法。《看守所条例》用"人犯"这个称呼来指称"羁押依法被逮捕、刑事拘留"的犯罪嫌疑人，这本身就包含了浓厚的歧视色彩。

(2) 进一步充实监所警力，坚持从优待警，提高职级待遇。按照上级规定的监所警力配备标准配备警力，因地制宜根据各个监所的不同情况配置协警、工勤人员，替换非执法岗位民警，以缓解警力不足问题。在充实警力时，要新老搭配，做到既有年轻民警，也要有经验丰富的老同志，同时，要注意把懂监管改造和犯罪心理学知识的人员吸收、补充到监所民警队伍中来，以提高看守监管工作的专业化水平。认真落实好监所监管人员职级待遇的相关规定，并以文件形式，对监所民警的各项福利待遇和特殊岗位津贴提出明确要求，创造各种受奖励表彰和工作交流的机会，让监所民警能安心做好本职工作。

(3) 切实保障监所各项经费，积极争取项目资金。加强各个监所的硬件技防设施。健全完善各级公安、检察监管信息系统，大力加强监所监控等装备建设与应用，着力构建人防、物防、技防、联防相结合的安全防范体系，从整体上提升监所安全管理水平；严禁使用留所服刑罪犯管理在押人员，严禁使用留所服刑罪犯从事工勤工作，留所服刑罪犯一律不得出监区劳动；要坚决铲除"牢头狱霸"现象；并从源头上防止被监管人员死亡事件的发生。

(4) 加强对于监管人员和被监管人员的法制教育和心理健康教育。加强对在押人员和释放人员的思想改造，真正使看守所管理体现人性化。坚持依法管理、严格管理、做好耐心细致的思想教育工作，严禁打骂、体罚虐待在押人员。留所服刑罪犯要和未决犯分开关押，并根据留所服刑罪犯的服刑长短，分别制订教育改造计划（如拘役和有期徒刑就应有所区别）。要牢固树立保障人权理念，切实保障在押人员的合法权益，进一步建立和完善被监管人员合法权益告知、法律援助和约见驻所检察官等制度，切实保障其辩护、上诉、申诉、举报、控告等合法权益，建立和完善侦查阶段律师会见犯罪嫌疑人的具体措施，确保律师辩护工作依法正常开展。同时要积极落实看守所服刑（含刑期在一年以上）人员的减刑、假释权利。在押人员伙食等给养费用要严格按照国家规定标准供给，不得以任何理由挤占、挪用，从而实现科学、文明的人性化管理。要建立看守所留所执行刑罚罪犯刑满释放工作与相关部门的衔接机制，延伸改造和教育工作；同时结合司法行政部门近期开展的社区矫正等工作，动员各方面力量共同做好释放人员的思想教育，最大限度地预防和减少重新违法犯罪，真正使他们脱胎换骨。

（5）遏制暴力威胁或侮辱性言语攻击的大量发生，加强监管人员执法的客观性，提高其执法的文明程度。相当一部分被拘留者认为，监管人员是出于"工作压力"和"个人情绪"等主观因素实施暴力行为的。主观因素与客观因素相比，公正性往往很受质疑。在监管实践中，监管人员应该提高其行为的客观性程度，减少主观臆断色彩，维护其执法的公正性。

（6）加强外部监督，特别是检察机关和社会监督。监所内部的警告、批评教育、记过和记大过等内部处理方式是绝对主要的选择。只有在发生非常严重的情况、"纸包不住火"，违纪违法的监管人员才会被移交司法机关处理。与监管人员的选择不同的是，"建立健全法律监督和社会监督体制"也受到被关押者的高度重视。人是理性主体，一般根据自己的利益最大化做出选择。本课题研究的是如何遏制监所暴力、更为充分地保障被关押者的合法权益，因此，从这一角度出发，"建立健全法律监督和社会监督体制"这一措施应当受到高度重视并推广、践行。检察院在内部设立了监所检察部门，专门负责对监狱、看守所的刑罚执行和监管活动进行法律监督，全国共有近12000名监所检察人员从事监所检察工作，检察院在大型监狱或者监狱集中的地区设立了80个派出检察院，在近95%的监狱、看守所和劳教所设立了3000多个派驻检察室，对其他小型看守所或者少数地处偏远的监狱实行巡回检察，[①] 应充分发挥它们的法律监督作用。

[①] 最高人民检察院"监狱监督制度比较研究"课题组：《我国监狱监督制度存在的问题与完善》，《法学》2011年第4期。

附录二
近十余年曝光的监所非正常死亡案例

说明：

①通过查询大众媒介报道，新中国成立以来至 2000 年在押人员非正常死亡事件基本没有被披露，故载入本书的案例均为 2001 年以后。

②本书收录的案例非本课题组成员撰写，而是均直接引用了相关媒体报道内容。收录本书时均注明了案例的出处。

③考虑到本课题设计实证调查问卷的需要，案例以事发时间和羁押场所为脉络整理，以便于查阅。

④死亡案例均注明了报道原始出处，部分案例没有经主管部门公布的最终调查的确定致死结论。

1. 殴打死（2001 年 7 月 21 日）北京市西城区看守所

贾小兵，男，2001 年 7 月 21 日在北京市西城区看守所被殴打致死。根据西城分局 2001 年 7 月 22 日对打人者之一孟繁荣的讯问笔录，孟在交代伤害贾小兵的过程中曾有这样一段供述："20 日凌晨 12 点到 2 点间，我值班的时候，曾用手、脚打过、踹过贾的胳膊和腿，用鞋底打过他的头、手和脚。"同日该分局对另一名打人者凌炜的讯问笔录中，凌炜称，有人叫他起来换班，当凌晨 2 点起来时，同监室的何瑞告诉他，10 分钟前贾小兵还在自言自语，现在没动静了。从这些交代中可以看出，夜里在押人员轮流起来值班，每人两个小时。本应由看守所执行的值班职责，竟然落在了被监管人员身上。①

2. 劳教死（2003年4月26日）辽宁省葫芦岛市劳动教养院

2002年9月，辽宁省朝阳市农民张斌因盗窃被送入辽宁省葫芦岛市劳动教养院劳教一年半，张斌在葫芦岛市教养院被劳动教养期间，遭到了以张树利为首的八名劳教人员的数次施暴摧残。张树利在临时担任一大队大队长期间，经常以张斌干活慢、完不成劳动任务等理由，伙同齐洪国等另外七名被劳教人员，在张斌的宿舍、食堂、外役劳动现场、水房等地方，强行让张斌脱光衣服趴在地上，持塑料棒、锹把、镐把、锤把、木板、木棒、荆条及用拳脚多次击打张斌的头、面、胸、背、腰、臀、腿部等处。令人发指的是，有时在毒打完张斌后，张树利等八名劳教人员还惨无人道地在受害人背部、腰部等伤口处抹辣椒面、盐水。2003年4月16日晚，张斌被折磨致死。②

3. 虐待死（2004年7月14日）黑龙江省哈尔滨市呼兰区第一看守所

2004年7月14日黑龙江省哈尔滨市呼兰区农民迟文斌因涉嫌犯罪被羁押于呼兰区第一看守所，在羁押期间，同一监舍的袁某（另案处理）、孙某等人以其不守监规等为由，持续六天对迟文斌实施拳打脚踢、捆绑、浇凉水等虐待行为，而在该看守所值班的原所长赵连贵、原副所长李大明两人（均另案处理）在先后两次值班过程中，虽已听到迟文斌被殴打时的呼救声，却不履行职责。2004年7月19日21时30分，李大明接到迟文斌有病的报告，才联系看守所医务人员把迟文斌送进医院。7月21日零时30分，迟文斌经抢救无效死亡。经司法鉴定，迟文斌生前系受钝性物体外力多次打击，造成急性肾小管坏死、肾功能衰竭死亡。事发后，经讯问迟文斌同监的11名在押人员，其中有10人供述对迟文斌进行了不同程度殴打。③

4. 用秋衣自缢死（2005年3月19日）河南省郑州市修武县看守所

2005年3月19日，刘建民在河南省修武县看守所上吊自杀。三天后，

---

① 《看守所死人案，折射看守职责》，http://www.china.com.cn/chinese/law/491339.htm，最后访问日期：2013年3月3日。

② 《葫芦岛一名劳教人员遭虐致死主犯被执行死刑》，http://news.xinhuanet.com/newscenter/2006-07/10/content_4814969.htm，最后访问日期：2013年3月3日。

③ 《呼兰农民被抓进看守所6天后死亡，案件进入审理阶段》，http://heilongjiang.dbw.cn/system/2005/04/19/050019907.shtml，最后访问日期：2013年3月3日。

看守所将此消息通知了刘建民的家人。刘建民的妻子王芳说，按照规定，犯罪嫌疑人在看守所内自杀，看守所应该在第一时间通知家属，修武县警方为何要在三天后才通知家属呢？这中间究竟发生了什么？记者拿着刘建民的死亡鉴定书请教了郑州市公安局法医鉴定中心一位不愿透露姓名的人士。这位人士指出，这份鉴定书有许多地方表述模糊，有些地方不符合上吊死亡者的特征。例如：刘建民上吊死亡的时间是早晨7时50分，而看守所的开饭时间是早晨7时，这个时候正是人多的时候，刘建民在这个时候选择自杀时机不对；同时，看守所是一个防范很严密的地方，根本不可能挂那么高的铁丝，如果刘建民要自杀，很快就会被人发现制止；鉴定书上说刘建民自缢身亡，懂医术的人都明白自缢的人有个明显特征，就是肺部大量充血，鉴定书对死者肺部状况丝毫没有提及；刘建民身上的外伤，鉴定书上说是在抢救过程中造成的，也说不通。①

5. 殴打死（2006年7月31日）黑龙江省亚布力林业地区看守所

2006年6月22日，黑龙江省亚布力林业局亮河经营所职工马志新因涉嫌诈骗罪被黑龙江省亚布力林业地区公安局刑事拘留，羁押在亚布力林业地区看守所。39天后，马志新死在了看守所。经调查，马志新是被监友暴力殴打致死。解剖时发现，马志新的肋骨折了11根，脖子也断了，据负责马志新案的"7·31"专案组负责人介绍，亚布力林业公安局看守所在马志新伤害致死一案中有重大责任，该所的当班副所长得知马志新在监所被打情况后，竟然无动于衷，一直在值班室看电视。②

6. 体罚死（2007年4月2日）广西壮族自治区桂林市兴安县看守所

2007年4月1日上午9时30分许，广西壮族自治区兴安县看守所值班民警周耀弟在对关押在14监舍的在押人员黎朝阳解除脚镣手铐戒具洗澡时，发现黎朝阳手脚红肿不宜再戴戒具，遂将此事报告了所长盘定龙并提议将黎朝阳捆绑约束起来。盘定龙表态："黎朝阳如果在监舍里吵闹就给他戴戒具，如果戴不了，你要请示、汇报。"当日下午5时许，王万安和周耀弟（广西兴安县看守所民警，另做处理），为处理黎朝阳违反监规的行为，指

---

① 《河南越野冠军车手看守所内离奇死亡》，http://news.sina.com.cn/c/2005-04-06/04405566629s.shtml，最后访问日期：2013年3月3日。
② 《嫌犯被打断11根肋骨死在看守所》，http://news.sina.com.cn/c/2006-11-10/071910460177s.shtml，最后访问日期：2013年3月3日。

使该所留所服刑罪犯陈宇义、唐祖军、宾小小、龙明辉等人，用布条将黎朝阳捆绑于14监舍的通气窗铁枝上。直至4月2日上午8时30分左右被解下，送医院抢救，黎朝阳经抢救无效死亡。在押人员黎朝阳死亡事件发生后，兴安县检察院、桂林市政法委调查组先后开展调查取证工作，盘定龙未将真实情况如实报告，反而主动分别找知情的值班民警王万安、周耀弟等人谈话，统一口径不让把黎朝阳死前被捆绑的事实真相讲出去，并安排值班民警周耀弟、王万安分别找参与捆绑的留所服刑罪犯和14监舍的在押人员谈话，威胁不能乱讲，统一口径讲黎朝阳是躺在铺上已经昏迷的。结果导致桂林市政法委的两次调查结论是：黎朝阳在羁押期间，没有发现监管民警对其有体罚打骂虐待的情况。

2008年5月30日，曾与黎朝阳一同关押在兴安县看守所14号监舍的死刑犯黄于新在行刑前，突然向法官提出了揭发检举立功的请求。随即黄于新交代了黎朝阳死亡的经过，并称"干部多次找14监舍的人谈话，不得外泄看到的一切"。此后黄于新被停止执行死刑。黎朝阳案也出现重大转机。①

7. 呼吸死（2007年4月18日）河北省赞皇县看守所

郅国玉，此前在石家庄市某集团当保安，河南省焦作市孟州化工镇人。2006年9月因一起刑事案件被羁押在赞皇县看守所。2007年4月19日6时，郅国玉的父亲郅专新突然接到看守所电话，说他儿子病重，要他"速来"。但见到儿子时，儿子已死了18小时。公安局领导告诉他，郅国玉是"呼吸衰竭"致死。家属不认可，要求进行法医鉴定，但看守所提出要他们拿5万元鉴定费，他们说生活都得靠"借债乞讨"，哪支付得起这么大一笔费用。结果是看守所不给鉴定。后经协商，鉴定费由石家庄市某集团出3.5万元（其中两个月应得工资，八个月看守所内工资），看守所出了1.5万元。郅专新怀疑儿子死因不明，本不同意签字，但一家人在石家庄市吃住一个月，经济上支撑不住，只好拿钱回家。②

---

① 《广西平乐县法官在看守所死亡，所长隐瞒真相被捕》，http://news.sina.com.cn/c/2009-03-02/075815241644s.shtml，最后访问日期：2013年3月3日。

② 《疑犯被逼喝凉水致残续，两疑犯曾暴毙该看守所》，http://news.ifeng.com/society/1/200907/0702_343_1229910_1.shtml，最后访问日期：2013年3月3日。

8. 不明不白死（2009年11月29日）河北省赞皇县看守所

"儿子死得惨啊，看着他的尸首真是目不忍睹啊。"方国兰和焦书彦回忆说，他们第一眼看到儿子的尸体时，儿子正直挺挺地躺在医院的大厅里，袜子套在脚趾头上，下身穿件秋裤，而且这件秋裤根本不是他自己的。记者看到尸检报告中有这样的描述："……鼻根部有0.3cm×0.3cm表皮脱落，生活反应不明显。双侧鼻腔有血性液体。左侧外耳道有少量血性液体。左颈部有两处直径为0.1cm的针孔样表皮损伤，并有4.5cm×2.4cm皮下出血。左肘窝有直径为0.1cm的针孔样表皮损伤……左大腿上段内侧有5.0cm×3.5cm青紫斑，右大腿中下段有15.0cm×8.0cm青紫斑……"方国兰说，这期间，赞皇县公安局的人一直催促他尽早埋葬尸体。但方国兰一直觉得"儿子死得不明不白，应该保留证据"。直到2007年12月7日，也就是方江伟死后的第9天，县公安局的人找到他们夫妇，要签订一份"协议书"。协议的甲方是赞皇县公安局，乙方是方江伟父母。记者看到协议中第一条约定就是：甲方一次性支付乙方困难补助金9万元。按协议第二条约定，"此协议签订之后，乙方应将方江伟尸体及时埋葬，在尸体埋葬后五天内，甲方一次性将困难补助金支付给乙方。"[①]

9. 冲凉死（2008年3月14日）河南省开封市劳教所

2008年3月14日，学员穆大民在河南开封劳教所内死亡，目击者称他是被强行冲冷水，导致脑血管破裂。举报人分别叫李孝永和王德宝，还有一人不愿意透露姓名，他们都是当时开封市劳教所学员，三人都称亲眼看见这起劳教所内的非正常死亡事件。

李孝永说："我亲眼看见劳教所一名大队长指使两名学员，把50多岁的学员穆大民脱得精光在自来水管下面冲水，当时穆大民被冷水冲得面无血色晕倒了过去，后来被送到医院后就死掉了。"据李孝永介绍，穆大民是因为偷了一辆自行车被送到劳教所的，因为他是独身一人，没有家属，因此外界基本没有人知道穆大民在劳教所死亡的事情。他说："穆大民在那天并没有犯什么错，劳教所的人是想杀鸡给猴看。"还有一名不愿意透露姓名的举报人说，他也亲眼看见了穆大民冲凉水后晕倒被送医院的情况。"穆大

[①] 《疑犯被逼喝凉水致残续，两疑犯曾暴毙该看守所》，http://news.ifeng.com/society/1/200907/0702_343_1229910_1.shtml，最后访问日期：2013年3月3日。

民冲完水倒在地上后,劳教所的工作人员以为他没事,后来用针去刺他,发现没反应,这才知道出事了把他送往医院,后来就死了。"劳教所工作人员向记者表示:"我们看守所调查了这件事情,很多学员都说没看见穆大民被冲凉水的情况。"而李孝永表示,开封市劳教所是在推卸责任。李孝永说:"我们当时几十名学员都看见了穆大民被虐待死的情况,我愿意对我说的话负责。"记者就此事多次致电开封市司法局,司法局接电话的几名工作人员均表示,对穆大民死亡一事不知情。①

10. 洗澡死(2009年1月6日)云南省昆明市盘龙区第一看守所

2009年1月6日,15岁的抢劫嫌疑人封林君在昆明市盘龙区第一看守所刑拘期间颅部受伤,不治身亡。看守所所长李红中解释说,封林君是洗澡时不慎滑倒受伤。家人们在封林君救治期间拍下了他的照片。这些照片显示,死者下巴及阴部上方有伤痕,左脚踝红肿,右脚的第一、二、三脚趾亦有伤痕。这些伤痕让死者家属猜疑不断。②

11. 躲猫猫死(2009年2月12日)云南省昆明市晋宁县看守所

云南玉溪北城镇24岁男子李乔明因盗伐林木被刑拘,在看守所度过11天后却因重伤入院,因"重度颅脑损伤"于2009年2月12日凌晨不治身亡。警察称其与狱友玩"躲猫猫"游戏时,遭到狱友踢打并不小心撞到墙壁而导致受重伤。记者在医院与李乔明的家属一起见到了李乔明的遗体。尽管其身体其余部位并没有明显伤痕,然而其头部左后方有一个大约5厘米的伤口,而在李乔明的左太阳穴附近,一块肿起来的头骨清晰可见。而在医院提供的一份X光片上,同样可以看到李乔明受伤的颅骨上,有明显的骨裂现象。据昆明市第一人民医院神经外科李建明医生介绍,尽管人类的颅骨十分脆弱,然而要对一名成年男子造成如此大如此致命的伤害,一定要有巨大外力才可能导致,而"一般的不小心摔倒或撞击中,人有自我保护意识,很难造成这样大的伤害"。③

---

① 《河南开封劳教所学员"冲凉死"举报人见证全程》,http://news.sohu.com/20100413/n271465225.shtml,最后访问日期:2013年3月3日。
② 《15岁少年看守所受伤不治身亡 死因扑朔迷离》,http://view.news.qq.com/zt/2009/kanshousuo/index.htm,最后访问日期:2013年3月3日。
③ 《云南男子看守所身亡,民警称其因玩躲猫猫撞墙》,http://news.sohu.com/20090216/n262267297.shtml,最后访问日期:2013年3月3日。

12. 中毒死（2009 年 2 月 16 日）河北省保定市顺平县看守所

2009 年 2 月 16 日，河北保定市顺平县看守所在押人员翟军保在羁押期间死亡。法医鉴定，翟军保系大叶性肺炎（化脓性）合并支原体感染导致中毒性休克死亡。由于死者家属对死因表示质疑，目前当地已成立调查组展开事实调查工作。顺平县看守所所长现已被停止执行职务。①

13. 审讯死（2009 年 3 月 8 日）陕西省洛阳市丹凤县公安局

2009 年 2 月 10 日凌晨，一个名叫彭莉娜的女高中生在陕西丹凤县城丹江边上被杀害。经公安机关侦查，就读于丹凤中学高三（10）班的徐梗荣和吴明有重大犯罪嫌疑。2 月 28 日晚 11 时，丹凤县公安机关传唤徐梗荣。3 月 1 日早 7 时许，徐梗荣向警方供述了作案经过。当天，徐梗荣被刑事拘留。3 月 1 日晨 7 时许，徐梗荣的同学吴明在睡梦中被几名民警按住，送上警车。3 月 8 日上午 10 时 30 分，在审讯过程中，徐梗荣突然出现脸色发黄、呼吸急促、脉搏微弱、流口水等情况，审讯人员立即将徐送往丹凤县医院抢救，11 时，徐经抢救无效死亡。一位目睹了尸检全过程的死者亲属事后如此描述：徐梗荣两个手腕上有清晰的环状伤痕，皮都翻了出来，两只手掌肿得像馒头，鼻腔里全是血，头顶外表皮完好。法医将徐梗荣的头皮揭开，发现很多面积为 1.5 厘米 ×1.5 厘米的瘀血点，头盖骨内的脑子出现水肿。

据吴明说，警察把他带到了县公安局刑警大队，一进去就给他戴上了背铐（双手在背后铐着）。警察似乎是认定徐梗荣和他杀死了彭莉娜，开始就说："事情已经烂包了（方言，意为露馅了），赶快交代过程。"吴明说，审讯过程中，来了几个上级单位的警察，有人问他，这件事发生后你后悔不，但他坚称自己什么也不知道。后来，警察就给他加刑，三个人把他按在桌子上，给他上斜背铐，还有人打他耳光，扇得他流鼻血。下午 4 时，他的两条胳膊已经失去知觉，审讯的警察又给他在背上加了一块砖。当时他都感觉不到疼了。等到换班的审讯警察到来时，给他打开手铐，他的胳膊便直直地就掉了下去。吴明记得，他是 3 月 1 日上午 8 时许进的公安局，在里边总共待了 50 多个小时。这么长的时间内，警察一直在审讯，他没能睡

---

① 《河北顺平县看守所一在押人员死亡　看守所长被停职》，http://view.news.qq.com/zt/2009/kanshousuo/index.htm，最后访问日期：2013 年 3 月 3 日。

觉。有警察放话:"我们只要把你带来,就绝不可能让你出去了。"徐梗荣家人不敢想象:吴明都遭到了这样的逼供,作为重点怀疑对象的徐梗荣又会被折腾成什么样子?[1]

14. 审讯死(2009年3月12日)湖南省湘潭县公安局

2009年3月12日,正在湖南省湘潭县公安局接受讯问的犯罪嫌疑人胡奋强突然死亡。湘潭县政法委书记谭勇说,目前,有关部门正对胡奋强的遗体作法医鉴定,分析其死亡原因,与事件有关的公安民警,已经被停职接受调查。[2]

15. 从床上摔下死(2009年3月23日)福建省福州市第二看守所

2009年3月23日傍晚时分,年仅20岁的福建上杭县男青年温龙辉在福州市第二看守所猝死。看守所称其没有挨过打,他的死亡,是因为从床上摔下来,属于猝死或病理原因。接到消息的温龙辉的伯父、叔叔等人从福建各地紧急赶往福州。在那里,他们看到儿子的左额头出现了明显的伤疤,身体已出现浮肿。温龙辉在看守所穿的衣服也已被更换,其嘴里尚有残余米饭。3月24日,经再三要求,亲属在看守所看了监控录像。按照温友群的说法,录像显示,一男子蹲在床上,被一块黑布蒙住头部,遭到四人殴打,整个过程持续了近20分钟,随后,该男子倒在地板上,有人紧张地按了三次门铃,找管教,并且大喊:"快点快点,人不行了。"但是,3月25日,当死者家属再去看监控录像时,那一段被殴打的过程不见了。家属们怀疑,那个被黑布蒙住头部、遭到痛打的就是温龙辉,这也是他猝死的主要原因。但此说法并未得到看守所方面的承认。[3]

16. 做噩梦死(2009年3月27日)江西省九江市修水县看守所

2009年3月27日,家住武汉汉阳郭茨口的李文彦在刑拘期间,在江西九江看守所猝死。让家人没有想到的是,死者额头上有几处青紫伤痕。据了解,李文彦被刑拘是因为偷电缆。对于李文彦的死,看守所称其是在半

---

[1] 《学生猝死公安局续:死者同学讲非人遭遇》,http://news.sohu.com/20090322/n262933763.shtml,最后访问日期:2013年3月3日。

[2] 《湖南湘潭一名疑犯在公安局接受讯问时突然死亡》,http://news.ifeng.com/mainland/200903/0316_17_1063420.shtml,最后访问日期:2013年3月3日。

[3] 《福州男青年疑在看守所被打死》,http://news.163.com/09/0410/10/56HIRETK000120GU.html,最后访问日期:2013年3月3日。

夜做噩梦后突然死亡。李文彦家属一直希望异地尸检,"我们不相信江西省内的法医,担心他们有所偏袒,我们希望能请外地的法医来尸检。"李文彦家属的上述要求遭到了九江检方的拒绝,检方说,如果李文彦家属对尸检报告有所怀疑,可以申请二次尸检。李文甫于22日13时左右在同意尸检的文件上签了字,检方说会在14时尸检。结果到了14时,检方以"尸体尚未解冻,无法尸检"为由,将尸检时间推迟到23日10时。15时左右,九江公安局的人将李文彦的家属送回了宾馆。李文甫放心不下的,是哥哥的遗体,"今晚我哥的遗体应该就能解冻,不明白检方为什么推迟尸检,今晚到明天上午10点钟,检方或者公安局的人会不会对尸体动手脚?他们有充足的时间啊。"尸检过程中法医表示"死者头上青紫伤痕是锐器造成的"。[①]

17. **洗澡死（2009年3月3日）海南省儋州第一看守所**

57岁的海南儋州男子罗静波,因涉嫌非法买卖、私藏枪支弹药和爆炸物于2009年2月28日被刑拘,羁押于儋州第一看守所。2009年3月2日,罗静波遭同监仓数名嫌犯殴打致颈椎断裂,次日死亡。据有关人员透露:检察院办案人员从看守所的监控录像中清晰地看见有三四名同监仓的人员参与殴打了罗静波,打人的整个过程都很清楚。几名涉嫌参与殴打罗静波的同监仓嫌犯已被隔离接受调查。据办案人员了解:事发当时,同监仓的嫌犯叫罗静波脱衣服洗澡,因当天天气比较冷,57岁的罗静波怕冷,不肯脱衣洗澡,结果遭到同监仓其他嫌犯的殴打。儋州市人民检察院驻儋州市第二看守所监察室的曾检察官告诉记者,许多监所内不同程度存在"牢头狱霸"的现象,"牢头狱霸"恃强欺弱,往往因一些小事就动手打人,扰乱监所秩序,对监所中的"牢头狱霸"必须依法严厉打击。

目前,看守所所长、副所长与当日值班民警已停职接受调查。[②]

18. **发狂死（2009年6月26日）广东省吴川市第二看守所**

2009年6月25日,毕业于中山大学的林立峰,因精神错乱劫持少年被

---

① 《疑犯猝死看守所续:今日将尸检》,http://news.163.com/09/0423/16/57JKCOO100011229.html,最后访问日期:2013年3月3日。《李文彦猝死九江看守所尸检结果:锐器造成》,http://www.iyaxin.com/content/2009-04/24/content_962108.htm,最后访问日期:2013年3月3日。

② 《在押者疑因拒脱衣遭嫌犯群殴致死,看守所长停职》,http://news.163.com/09/0314/02/54B4NSLV00011229.html,最后访问日期:2013年3月3日。

送进广东省吴川市第二看守所。第二天,他的母亲就接到了他的死讯。林立峰的家属在医院见到了林的尸体,发现林身上有多处伤痕,腹部肿胀。对于死因,医院写的是"不详",而公安机关给出的解释是林立峰是在看守所"发狂而死",检方最终认定称是"心源性猝死"。其母李女士说,湛江市人民检察院给林立峰做了死亡鉴定,检察院告诉家属林全身有多处伤痕,多处发瘀,七根肋骨骨折,左侧胸腔有较多血块,左肺严重挫伤,肺组织较多瘀血和水肿,内腔大量出血,头部左右颞侧头皮下大量瘀血,脑组织挫伤,出血水肿。检察院给出的鉴定结果是心源性猝死,并鉴定说林立峰身上的伤痕和骨折是抢救时按压所致,不予立案。为了求证李女士的说法,潇湘晨报滚动新闻记者致电负责林立峰一案的湛江市人民检察院梁泉副检察长梁泉。在提出采访要求之后,梁泉对记者说:"我凭什么相信你是记者?"记者请他致电到潇湘晨报社核实,但梁泉大声说:"你怎么可以随便就打电话给我这个政法机关的领导?一点规矩都不懂。"然后就挂断了电话。记者查阅了相关规定,并没有发现在采访政法机关领导之前需要经过任何特别的程序。[1]

19. 宫外孕死(2009年11月8日)内蒙古呼和浩特市戒毒所

2010年3月,多家互联网站有帖子热传"貌美19岁少女在呼和浩特戒毒所遭强奸殴打致死"事件。死者的母亲高秀花表示,2009年11月9日接到死亡通知后,她到该市女子戒毒所认尸时才知道女儿在2009年9月22号被关进呼和浩特市戒毒所,不过她的女儿并没有吸毒。高秀花接到郗红死亡的时间是2009年11月8日下午6点45分,死于内蒙古呼和浩特市女子戒毒所。高秀花的朋友刘先生表示,郗红是一个年轻貌美的女孩子,她的尸体有明显的外伤,还有遭到强暴的证据。[2]

20. 激动死(2009年12月12日)陕西省咸阳市三原县派出所

2009年12月11日,陕西三原县女子王会侠被警方带走,"问话"20小时后非正常死亡,12月13日,在富平县医院太平间,亲属见到了王会侠的尸体。"手腕脚腕上有明显勒痕,双下肢有明显青伤和肿胀,背部和腰部有

---

[1] 《青年看守所死亡7根肋骨骨折,公安称其发狂而死》,http://news.sina.com.cn/s/2010-03-11/055819838083.shtml,最后访问日期:2013年3月3日。

[2] 百度百科"郗红",http://baike.baidu.com/view/3370507.htm,最后访问日期:2013年3月3日。

出血点，嘴上还有血印。"2009年12月15日，李侠接到通知，下午在医院做尸检。"这是我们第二次见到尸体，发现上次看到的腿部轻伤和瘀血痕迹几乎没有了，只能看到很浅的一道类似划伤的血印子。"一个月后，尸检结果出炉：王会侠系生前患有原发性心肌猝死，情绪激动紧张为死亡的诱发因素。富平县公安局主管刑侦的副局长杨宽让告诉中国青年报记者，没有刑讯逼供，也就不存在赔偿问题。善后工作中，警方之所以愿意给亲属一笔费用，是因为不管死因如何，毕竟人是在公安局审理过程中死亡的。

记者在采访中发现，这起执法过程中涉案人非正常死亡的案件并非个案。记者通过"百度"输入关键词"公安局死亡"，找到约570万个相关网页。①

21. 纸币开手铐，鞋带自缢死（2009年12月16日）云南省昆明市小南门派出所

2009年12月16日，云南省昆明市公安局就盗窃嫌疑人邢鲲在小南门派出所死亡事件情况做出通报：犯罪嫌疑人邢鲲系用纸币捅开手铐，用携带的鞋带自缢身亡，死者伤痕为群众制服过程中所致。网友一边倒地质疑调查结果。②

22. 摔跤死（2012年2月16日）江西省九江市修水县看守所

2010年2月16日，江西九江市修水县看守所在押的犯罪嫌疑人陈绪金突然死亡。得知舅舅死亡消息的朱敏随即来到修水县殡仪馆，眼前的尸体令他疑窦丛生。死者的眼睛是睁开的，眼眶、额头、鼻梁、前胸有多处醒目的伤痕和血渍，颈部还有一片明显瘀青。警方先是称其系上厕所时摔倒猝死，后医院诊断死于心肌梗塞，尸检报告又鉴定其死于多种慢性病导致的"心、肺等多器官系统功能衰竭"。而家属怀疑他是被打死的。目前，修水县看守所所长已被免职。③

23. 喝开水死（2010年2月21日）河南省鲁山县某看守所

2010年2月18日，河南一名男青年被公安机关带走，三天后其亲属被

---

① 《陕西女子被警方带走后死亡，尸检称其"激动死"》，http://news.163.com/10/0330/08/630QQV5K000146BB.html，最后访问日期：2013年3月3日。
② 百度百科邢鲲，http://baike.baidu.com/view/3089216.htm，最后访问日期：2013年3月3日。
③ 《江西修水看守所嫌犯猝死，警方称上厕所摔死》，http://news.163.com/10/0316/07/61SLPLOJ00011229.html，最后访问日期：2013年3月3日。

告知，其已在鲁山县某看守所内死亡。2月22日，家人在医院停尸房见到了王亚辉的尸体，脱掉他所穿衣服后，家人发现，他身上遍布伤痕。王亚辉的尸体照片显示，他的背部、手臂有大块瘀青和伤痕，头部破了一个洞，乳头被割掉，生殖器也有伤痕。看到这种情景，王亚辉家人对王的死亡充满疑问。鲁山县公安局方面却表示，王亚辉是在提审时喝开水突然发病死亡的。[1]

24. 如厕死（2010年3月2日）内蒙古呼和浩特市托县看守所

2010年3月2日，一名身上有多处伤痕的重刑犯被紧急送往内蒙古呼和浩特市托县医院救治。医生尚未查出是何病因，重刑犯便莫名死亡了。这名重刑犯名叫任怀光，来自内蒙古呼和浩特市托县看守所，对于其身上的伤痕，托县警方对其家属解释是夜里上厕所时跌倒所致。其弟任林光表示"他脸部、耳孔、胸部、腿部有10多处伤痕，跌倒怎么能摔得全身是伤？而且还能摔伤耳孔？"3月7日，任林光告诉记者，那几天他总是接到匿名恐吓电话，让他"快点了结此事，否则后果自负"。昨日，任林光告诉记者，前几天，托县公安局的一位民警给他打电话称，让他去一趟托县公安局。第二天，他与家人赶到托县公安局，见到了该局局长皇悦智、副局长董玉祥。对方表示，想给他们3000元钱，让他们为任怀光准备衣服和骨灰盒。[2]

25. 殴打死（2011年5月10日）陕西省渭南市临渭区看守所

渭南农妇杜会茜因涉嫌贩毒，5月5日被警方抓获，到了5月10日下午，在渭南市临渭区看守所受到殴打后，送往医院抢救无效死亡。渭南市公安局党委于5月12日、30日先后两次召开专题会议，研究部署了相关措施，对"5·10"事故进行深刻剖析，认为：这次事故的发生正值全省公安机关深入开展涉案人员非正常死亡专项活动整治期间，事故特别严重、教训特别惨痛、影响特别恶劣；全力配合检察机关对案件进行调查和处理，不遮丑、不护短，确保案件得到公正处理；全市公安机关尤其是监管单位要认真吸取临渭看守所事故教训，举一反三，引以为戒，开展全市监管场

---

[1]《河南青年在看守所死亡 警方称喝开水后发病》，http://news.sina.com.cn/c/2010-02-26/031717130254s.shtml，最后访问日期：2013年3月3日。

[2]《内蒙古重刑犯莫名死亡，警方称其如厕时曾摔伤》，http://news.163.com/10/0319/11/624TG3LC00011229.html，最后访问日期：2013年3月3日。

所安全隐患排查专项整顿活动,围绕队伍管理、监所管理、打击"牢头狱霸"等十八项重点工作进行排查整顿,杜绝类似事故的再次发生。有关部门目前已对临渭分局主管监管工作的副局长王辉予以停职;对看守所所长王劲和副所长曹树让、李有良予以免职;刘朝晖、王银巧、李有良三名涉案民警被检察机关刑事拘留。①

26. 莫名死(2011年8月30)湖北省石首市看守所

2011年8月30日,湖北省石首市看守所一名在押人员死亡。石首官方对外发布新闻通稿称,死者姚俊开因病在医院抢救无效死亡,石首检察院调查后证实死者未遭他人殴打。据在石首市殡仪馆见过死者遗体的家属称,姚头部有很多块状青紫痕迹,双腿有大量烟头大的黑点。②

---

① 《陕西渭南看守所长因嫌犯非正常死亡被免职》,http:// news. qq. com/a/20110531/000737. htm,最后访问日期:2013年3月3日。
② 《湖北石首男子看守所死亡,检方称其未遭殴》,http:// photos. caixin. com/2011 - 09 - 01/100297370. html,最后访问日期:2013年3月3日。

附录三
公安部监管局依法保障
被羁押人诉讼权利

诉讼权利是犯罪嫌疑人、被告人最为重要的权利。修改后的刑事诉讼法对如何保障犯罪嫌疑人、被告人诉讼权利进行了充分完善。被羁押的犯罪嫌疑人、被告人由于其人身自由受到限制，其诉讼权利特别是辩护权如何得以充分保障受到社会广泛关注。

公安部监所管理局作为全国看守所的主管部门，积极适应法治建设进步和修改后刑事诉讼法的要求，正确定位看守所职能，将保障办案机关依法办案和保障被羁押人、律师依法参与刑事诉讼放在同等的保障地位，推出了一系列贯彻落实措施。2012年11月9日，公安部监管局和司法部律师公正司、中华全国律师协会组织召开贯彻落实修改后刑事诉讼法工作座谈会，2012年12月22日，公安部监所管理局和中国人民大学诉讼制度与司法改革研究中心联合举办新刑事诉讼法实施与在押人员权利保障学术研讨会，听取司法部律师公证司、中华全国律师协会和部分专家、学者、律师对看守所如何贯彻修改后刑事诉讼法、保障律师依法执业等问题的意见和建议，并就健全相关工作机制进行了交流。

2012年9月、12月，公安部监所管理局下发《关于贯彻落实修改后刑事诉讼法—切实加强看守所工作的通知》《关于切实依法保障辩护律师会见权的通知》，两个通知中重点阐述了辩护权是犯罪嫌疑人、被告人所有诉讼权利中最为重要的权利，依法保障犯罪嫌疑人、被告人的辩护权，对于保证案件得到公正准确的处理，维护犯罪嫌疑人、被告人的诉讼权利和其他合法权益，具有十分重要的意义。两个通知要求看守所转变观念，既要保证办案机关依法办案，也要保证被羁押人参与刑事诉讼。看守所要切实保障被羁押人依法获得辩护权。被羁押人要求委托辩护人的，如果有书面委托，看守所应当将其及时转交办案机关；如果口头委托，受理民警应当做好记录，由本人签名捺印后交办案机关；如果在押人员只有委托辩护人的请求，提不出具体的辩护人或者律师事务所的，看守所应当将其请求转达办案机关。对在押人员的上诉、申诉、控告等材料，应当及时转递。提倡看守所通过举办法律知识讲座、提供法律书籍等形式，为被羁押人提供法律帮助。两个通知还要求看守所积极与当地司法部门联系，在看守所设立法律咨询机构，为在押人员提供法律咨询。

依法保障辩护律师会见被羁押的犯罪嫌疑人、被告人，是修改后刑事诉讼法的重要内容，是社会各界高度关注的焦点问题。公安部监管局认为，依法保障辩护律师会见是看守所严格执法、保障人权的重要体现。如果贯彻落实不好，必将直接影响看守所的执法公信力，破坏法律的严肃性和权威性。各级公安监管业务指导部门和看守所要切实增强敏锐性和大局意识，高度重视，采取切实有力的措施，不折不扣地贯彻落实好修改后刑事诉讼法关于辩护律师会见的有关规定，坚决依法保障辩护律师的会见权利。第一，辩护律师要求会见犯罪嫌疑人、被告人的，看守所应当查验律师执业证、律师事务所证明和委托书或者法律援助公函。对于危害国家安全犯罪、恐怖活动犯罪、特别重大贿赂犯罪案件，侦查机关已经事先书面通知看守所的，还应当查验侦查机关许可会见的证明。看守所未事先接到书面通知的，不应当查验此项证明。手续齐全的，看守所应当及时安排会见。因为办案机关正在讯问等特殊情况无法及时安排会见的，应当向律师说明原因，并在48小时内安排会见。第二，要求各地建立辩护律师会见、办案机关讯问预约平台，防止会见和讯问发生冲突，减少辩护律师和办案人员的等候时间，提高工作效率。看守所对预约的时间等情况要进行登记，在保证侦查机关在拘留、逮捕后的24小时以内进行讯问的法定前提下，按照先预约先安排的原则安排会见、提讯，但安排辩护律师会见至迟不得超过48小时。第三，辩护律师会见犯罪嫌疑人、被告人时，看守所应当进行安全监控，但不得以任何形式进行监听。第四，律师会见室数量不足的，在立足根本和长远、加快律师会见室建设的同时，要采取临时措施，确保辩护律师能够在48小时内会见。对于需要临时借用讯问室安排律师会见的，应当事先征得辩护律师同意，并关闭音频和录音设备。

公安部监管局要求各地加强与当地司法行政部门和律师协会的联系与沟通，及时掌握、协调解决辩护律师会见工作中存在的问题。要求各级公安监管业务指导部门加强对辩护律师会见工作的督促检查指导，及时发现、解决问题。

当前，公安部监管局正积极与司法部律师公正司沟通，力求实现律师执业信息共享，方便看守所查验律师执业证，规范律师执法行为。

参考文献

1. 汪建成：《冲突与平衡——刑事程序理论的新视角》[M].北京：北京大学出版社，2006。

2. 陈卫东：《羁押制度与人权保障》[C].北京：中国检察出版社，2005。

3. 孙长永：《侦查程序与人权保障——中国侦查程序的改革和完善》[M].北京：中国法制出版社，2009。

4. 郎胜、熊选国：《荷兰司法机构的初步考察和比较》[M].北京：法律出版社，2003。

5. Claus Roxin：《德国刑事诉讼法》（中译本）[M].台湾三民书局，1998。

6. 〔法〕卡斯东·斯特法尼等：《法国刑事诉讼法精义》（下）中译本[M].北京：中国政法大学出版社，1998。

7. 汪建成，冀祥德：《中国未决羁押制度的批判性重构》[J].北京：人大复印资料，2004，(5)。

8. 王敏远：《中国刑事羁押的司法控制》[J].北京：环球法律评论，2003，冬季号。

9. 陈瑞华：《审前羁押的法律控制——比较法角度的分析》[J].北京：中国政法大学学报，2001，(4)。

10. 冯建仓：《国际人权公约与中国监狱人权保障研究》[J].北京：中

国司法，2004，(6)。

11. 冀祥德：《比较法中的羁押制度》[A]．陈卫东．《羁押制度与人权保障》[C]．北京：中国检察出版社，2005.62~64。

12. 陈卫东、陆而启：《羁押启动权与决定权配置的比较分析》[A]．陈卫东．《羁押制度与人权保障》[C]．北京：中国检察出版社，2005.97~103。

13. 田口守一：《逮捕后的人身羁押》[A]．《日本刑事法的形成与特色》(中译本)[C]．北京：法律出版社，1999。

14. 李伟：《国际刑事司法准则视角下的中国审前羁押制度》[A]．陈卫东．《羁押制度与人权保障》[C]．北京：中国检察出版社，2005.82~86。

15. 岳礼玲：《刑事诉讼程序中预防性羁押的国际标准》[A]．陈光中．〔德〕汉斯－约格，阿尔布莱特．《中德强制措施国际研讨会论文集》[C]．北京：中国人民公安大学出版社，2003.52。

16. 韩大元：《宪法文本中"人权条款"的规范分析》[A]．陈卫东．《羁押制度与人权保障》[C]．北京：中国检察出版社，2005.10。

17. 宋英辉：《日本刑事诉讼法简介》[A]．《日本刑事诉讼法》(中译本)[C]．北京：中国政法大学出版，2000。

18. 孙本鹏、王超：《比较法视野中的未决羁押场所设置》[A]．陈卫东．《羁押制度与人权保障》[C]．北京：中国检察出版社，2005.72~76。

19. 余澳：《关于我国刑事拘留运行状态的实证研究》[D]．四川大学，2005。

20. 马静：《羁押率研究》[N]．今日信息报，2007-4-20 (3)。

21. http://www2.ohchr.org/english/bodies/cat/.

22. http://blog.sina.com.cn/s/blog_5e3ab8d80100chju.html.

23. http://www.dadunet.com/24-30-view-30-201004-18651-7.html.

24. http://wh.goodcar.cn/10/0331/000110871_10.shtml.

图书在版编目(CIP)数据

遏制监所暴力与监所体制改革/冀祥德等著—北京:社会科学文献出版社,2014.12
 ISBN 978 - 7 - 5097 - 6527 - 2

Ⅰ.①遏… Ⅱ.①冀… Ⅲ.①监狱-管理-体制改革-研究-中国 Ⅳ.①D926.7

中国版本图书馆 CIP 数据核字(2014)第 224495 号

遏制监所暴力与监所体制改革

| 著　　者 / 冀祥德　程　雷　等 |
| 出 版 人 / 谢寿光 |
| 项目统筹 / 刘骁军 |
| 责任编辑 / 张瑞华　赵瑞红　关晶焱 |
| 出　　版 / 社会科学文献出版社·社会政法分社(010)59367156 |
|　　　　　地址:北京市北三环中路甲29号院华龙大厦　邮编:100029 |
|　　　　　网址:www.ssap.com.cn |
| 发　　行 / 市场营销中心(010)59367081　59367090 |
|　　　　　读者服务中心(010)59367028 |
| 印　　装 / 北京季蜂印刷有限公司 |
| 规　　格 / 开　本:787mm×1092mm　1/16 |
|　　　　　印　张:16　字　数:263 千字 |
| 版　　次 / 2014 年 12 月第 1 版　2014 年 12 月第 1 次印刷 |
| 书　　号 / ISBN 978 - 7 - 5097 - 6527 - 2 |
| 定　　价 / 58.00 元 |

本书如有破损、缺页、装订错误,请与本社读者服务中心联系更换

△ 版权所有 翻印必究